Frommer's®

GUIA DE BOLSO
Las Vegas para Não Jogadores

Tradução da 4ª Edição

por Mary Herczog

Eis o que os críticos dizem sobre a série Frommer's:

"Surpreendentemente fácil de usar. Bastante compacto e bastante completo."

- *Booklist*

"Informações detalhadas, precisas e fáceis de ler para todas as faixas de preço."

- *Glamour Magazine*

Frommer's Las Vegas para Não-Jogadores: Guia de Bolso - Tradução da 4º Edição Copyright © 201
da Starlin Alta Editora e Consultoria Ltda. ISBN:978-85-7608-429-7

Produção Editorial
Starlin Alta Ed. e Con. Ltda

Gerência Editorial
Anderson da Silva Vieira

Supervisão de Produção
Angel Cabeza
Augusto Coutinho
Leonardo Portella

Equipe Editorial
Andréa Bellotti
Cristiane Santos
Deborah Marques Requena
Heloísa Pereira
Sérgio Cabral
Sergio Luiz A. de Souza
Taiana Ferreira

Tradução
Sophia Luciana O. Lang
Alice Corbett

Revisão Gramatical
Eliane Gazola
Maria Clara N. Fernandes

Revisão Técnica
Ricardo Sanovick
Paulo Roberto Cesaro

Diagramação
Cido Coelho

Fechamento
Sergio Luiz A. de Souza

2ª Reimpressão, 2012

Translated From Original Frommer's Portable Las Vegas by Mary Heczog, ISBN 978-0-470-40293-1 Copyright © 2009 by Wiley Publishing, Inc. All rights reserved including the right of reproduction in whole or in part in any form. This translation was published by arrangement with Wiley Publishing, Inc. Portuguese language edition Copyright © 2010 da Starlin Alta Ed. Con. Ltda. All rights reserved including the right of reproduction in whole or in part in any form. This translation was published by arrangement with Wiley Publishing, Inc

Todos os direitos reservados e protegidos pela Lei 9.610 de 19/02/98. Nenhuma parte deste livro, sem autorização prévia por escrito da editora, poderá ser reproduzida ou transmitida, sejam quais forem os meios empregados: eletrônico, mecânico, fotográfico, gravação ou quaisquer outros. Todo o esforço foi feito para fornecer a mais completa e adequada informação. Contudo, a editora e o(s) autor(es) não assume(m) responsabilidade pelos resultados e usos da informação fornecida.

Erratas e atualizações: Sempre nos esforçamos para entregar ao leitor um livro livre de erros técnicos ou de conteúdo. Porém, nem sempre isso é conseguido, seja por motivo de alteração de software, interpretação ou mesmo quando há alguns deslizes na versão original de alguns livros que traduzimos. Sendo assim, criamos em nosso site, www.altabooks.com.br, a seção Erratas, onde relataremos, com a devida correção, qualquer erro encontrado em nossos livros.

Avisos e Renúncia de Direitos: Este livro é vendido como está, sem garantia de qualquer tipo, seja expressa ou implícita.

Marcas Registradas: Todos os termos mencionados e reconhecidos como Marca Registrada e/ou comercial são de responsabilidade de seus proprietários. A Editora informa não estar associada a nenhum produto e/ou fornecedor apresentado no livro. No decorrer da obra, imagens, nomes de produtos e fabricantes podem ter sido utilizados, e, desde já, a Editora informa que o uso é apenas ilustrativo e/ou educativo, não visando ao lucro, favorecimento ou desmerecimento do produto/fabricante.

Impresso no Brasil

O código de propriedade intelectual de 1º de julho de 1992 proíbe expressamente o uso coletivo sem autorização dos detentores do direito autoral da obra, bem como a cópia ilegal do original. Esta prática, generalizada, nos estabelecimentos de ensino, provoca uma brutal baixa nas vendas dos livros, a ponto de impossibilitar os autores de criarem novas obras.

ALTA BOOKS
EDITORA

Rua Viúva Cláudio, 291 - Bairro Industrial do Jacaré
CEP: 20970-031 - Rio de Janeiro – Tel: 21 3278-8069/8419 Fax: 21 3277-1253
www.altabooks.com.br – e-mail: altabooks@altabooks.com.br

Sumário

Lista de Mapas	vi

1 Apresentando Las Vegas — 1

1 Experiências Favoritas em Las Vegas..2
2 Melhores Opções de Hotéis..4
3 Melhores Opções de Restaurantes...7

2 Planejando Sua Viagem a Las Vegas — 9

1 Informações aos Visitantes...9
Websites Vencedores...10
2 Requisitos de Entrada & Alfândega...11
3 Quando Ir...12
O Calendário de Eventos de Las Vegas..14
Véspera de Ano Novo em Las Vegas..16
4 Chegando Lá & Conhecendo o Lugar..17
5 Layout da Cidade..24
6 Dinheiro & Despesas...25
7 Recursos de Viagem Especializados...30

3 Onde Ficar — 33

1 Os Principais Hotéis..36
Para que sua Viagem Corra Bem...43
2 Os Melhores Hotéis-Cassino...44
3 Melhores Hotéis sem Cassino..59
4 Quando os Outros estão Lotados..63
Vida no Spa..64

4 Onde Jantar — 70

1 South Strip...72
É Preciso um Tema..80
2 Mid Strip..82
3 North Strip...95

	4 East da Strip...99
	Las Vegas é para os Amantes (do Vinho)................................102
	5 West Las Vegas...108
	6 Centro..113
	7 Buffets & Brunches de Domingo..114

5   O Que Ver & Fazer em Las Vegas   122

	Itinerários Sugeridos...123
	1 As Principais Atrações...124
	Free Vegas...130
	Quando Bate a Tentação...134
	2 Casando-se..138
	Fotógrafos..142
	3 Especialmente para Crianças...143
	Os Fliperamas nos Hotéis..147
	Ficando Vegas...148
	4 Excursões Organizadas..148
	5 Olha a Frente! Golfe no Grande Deserto..................................150
	6 Permanecendo Ativo...152
	Conselhos Para Caminhadas no Deserto..................................155

6   Compras   156

	1 Os Shopping Centers..157
	2 Outlets...158
	3 Galerias de Compras em Hotéis...159
	4 Roupas Clássicas...163
	5 Lembranças...164
	6 Doces...165
	7 Antiguidades...165
	8 Perucas..166

7   Las Vegas Após o Anoitecer   167

	1 As Principais Produções..169
	Espetáculos Adequados para Famílias......................................171
	2 Salões de Eventos...180

    3 Clubes de Comédia..182
    4 Bares Gays...183
        Supremo dos Pilantras..185
    5 Outros Bares..185
    6 Danceterias...192
    7 Clubes de Strip..198

8   Viagens Paralelas de Las Vegas   202

    1 Hoover Dam & Lake Mead...203
    2 Valley of Fire State Park..211
    3 Red Rock Canyon..214

Apêndice: Fatos Rápidos   217

Índice Remissivo   223

    Índice Geral...223
    Índice de Acomodações..229
    Índice de Restaurantes...230

Lista de Mapas

Visão Geral de Las Vegas 28

Acomodações na Strip 37

Onde Jantar na Strip 71

Acomodações, Restaurantes & Vida Noturna ao East da Strip 101

Restaurantes & Vida Noturna ao West da Strip 109

Atrações de Las Vegas 125

Excursões de Las Vegas 205

Sobre a Autora

Mary Herczog escreve muitos livros para a série Frommer's (*Frommer's Las Vegas, Frommer's New Orleans, California For Dummies* e *Las Vegas For Dummies*, entre outros) e vive na esperança de escrever ainda muitos mais. Quando ela não está viajando ou escrevendo, ela mora em Los Angeles e trabalha pra *Hollywood*. Ela passou mais de uma semana em Vegas e não chegou a tocar em nenhuma máquina papa-níquel.

Nota Adicional

Esteja ciente de que as informações de viagem estão sujeitas a alterações, a qualquer momento; isso se aplica especialmente aos preços. Portanto, sugerimos que você escreva ou ligue, com antecedência, para obter uma confirmação ao fazer seus planos de viagem. Os autores, organizadores e a editora não podem ser responsabilizados pelas experiências dos leitores ao viajar. No entanto, sua segurança é importante para nós, por isso, encorajamos que você permaneça alerta e atento ao ambiente em que se encontra. Fique de olho em suas câmeras, bolsas e carteiras, esses são os alvos preferidos de ladrões e batedores de carteira.

Classificação Por Estrelas, Ícones e Abreviações Frommer's

Todos os hotéis, restaurantes e atrações listados neste guia foram classificados quanto à sua qualidade, valor, atendimento, cortesias e características especiais, utilizando um **sistema de classificação por estrelas**. Nos guias por país, estado e região, nós também classificamos as cidades e regiões para ajudá-lo a selecionar suas opções e dividir seu tempo de acordo. Os hotéis e restaurantes são classificados em uma escala de zero (recomendado) a três estrelas (excepcional). As atrações, lojas, boates, cidades e regiões são classificadas de acordo com a seguinte escala: zero estrelas (recomendado), uma estrela (altamente recomendado), duas estrelas (muitíssimo recomendado) e três estrelas (obrigatório).

Além do sistema de classificação por estrelas, nós também utilizamos **sete ícones característicos** que indicam os melhores negócios, conselhos de especialistas e experiências únicas que separam os viajantes dos turistas. Em todo o livro procure por:

Achados — Aqueles lugares que apenas a população local conhece

Fatos Engraçados — Fatos engraçados – detalhes que tornam os viajantes mais informados e sua viagem mais divertida

Crianças — Melhores apostas para crianças e conselhos para toda a família

Momentos — Momentos especiais – aquelas experiências que compõem as memórias

Superestimado — Lugares ou experiências que não valem o seu tempo e dinheiro

Dicas — Dicas de especialistas – grandes maneiras de economizar tempo e dinheiro

Econômico — Grandes valores – onde conseguir os melhores negócios

As seguintes **abreviações** são utilizadas para cartões de crédito:

AE	American Express	DISC	Discover	V	Visa
DC	Diners Club	MC	MasterCard		

Frommers.Com

Agora que você possui esse guia para ajudá-lo a planejar uma grande viagem, visite nosso website em **www.frommers.com** para obter informações de viagem adicionais sobre mais de 4.000 destinos. Nós atualizamos os recursos regularmente para oferecer a você acesso instantâneo às informações de planejamento de viagem mais atuais disponíveis. No Frommers.com, você encontrará informações sobre as melhores tarifas aéreas, taxas de acomodação e ofertas de aluguel de carro. Você poderá, até mesmo, reservar sua viagem online, por meio de nossos parceiros confiáveis de reserva de viagem. Outros recursos populares incluem:

- Atualizações online de nossos guias de viagem mais populares
- Promoções de férias e prêmios de concursos
- Informativos, destacando as tendências de viagem mais quentes
- Podcasts, mapas interativos e listas de eventos atualizadas a cada minuto
- Entradas de blog com opiniões, do próprio Arthur Frommer
- Message boards online de viagens apresentando discussões sobre viagens

Apresentando Las Vegas

Las Vegas é a cidade do pecado e da ilusão, a cidade que Bugsy construiu. Ela não se parece com nada que você já tenha visto – a fachada de uma fachada, coberta com algum néon. E você está aqui em Vegas! Mas você... não é um jogador! Minha nossa!

Não é preciso, porém, entrar em desespero. Las Vegas é muitas coisas: a Cidade do Pecado, a Disneylândia dos Adultos, A Stopover on a Drive Through the West (uma pequena parada ao dirigir pelo Oeste), o Convention Central (a central de convenções) – e só porque você não está tão interessado na principal atração, não quer dizer que não possa se divertir para valer. É claro que Vegas ainda preferiria que você esvaziasse seus bolsos da maneira tradicional, por isso, você encontrará cassinos e máquinas caça-níquel em praticamente todos os lugares que for. No entanto, com a nossa instrução, você não apenas conseguirá evitar de se expor muito às máquinas, como também encontrará muitas outras coisas com as quais preencher seu tempo.

Como alguém que não joga, seu maior problema será encontrar um hotel onde a ênfase não esteja nos jogos. Há alguns, a maioria são hotéis de cadeias que não possuem cassinos, como o elegante Four Seasons, que ainda permanece imaculado. Mas até mesmo os hotéis-cassino oficiais se acostumaram com a ideia de que jogar pode não ser o principal motivo de todo mundo que vai a Vegas. Dois desses hotéis (o THEhotel no Mandalay Bay, e o Venezia Tower de Venetian) foram construídos especificamente como alternativas aos hotéis-cassino, embora ainda sejam ligados a eles. Os turistas agora têm lindas piscinas, spas de luxo e alguns dos melhores restaurantes do país. Contudo, se tudo isso ainda não significa férias para você, então você também pode ter acesso às maravilhosas trilhas no Red Rock Canyon, diversão na água do Lake Mead, visitas estonteantes ao deserto no Valley of the Fire State Park e as maravilhas da engenharia e da arquitetura no Hoover Dam. De volta à cidade, existem vários espetáculos, alguns cafonas e outros que estão no nível dos melhores do mundo. Há, ainda, alguns verdadeiros museus, com obras primas atuais.

CAPÍTULO 1 · APRESENTANDO LAS VEGAS

Há, porém, algumas coisas que você deve manter em mente ao explorar Vegas e evitar a tentação dos dados, das cartas ou dos caça-níqueis. Primeiro, não é fácil evitar os cassinos. Geralmente, eles ficam entre você e, praticamente, tudo o que você quer. Quando você está dentro de um hotel, às vezes, pode haver um cassino entre você e todo o mundo lá fora. No capítulo 3, você saberá como o cassino em questão (se ele houver) pode ser importuno e o quanto pode tornar-se um obstáculo. Qualquer pessoa que esteja viajando com crianças deverá prestar atenção especial a estas descrições: não é permitida a entrada de crianças nos cassinos, mas se o acesso aos quartos não for possível sem passar pela área de jogos, obviamente a regra não se aplica (as crianças, nesse caso, devem ater-se às passagens entre as máquinas). Muitas das que já pararam no meio do caminho (e quem pode culpá-las?), porque sua atenção foi atraída pelo barulho ou pelas luzes brilhantes, foram levadas pelos seguranças, que as expulsam imediatamente. Se isso soa como o oposto de diversão, talvez seja melhor que você evite um hotel cassino.

Em segundo lugar, os dias da pechincha em Vegas estão, em grande parte, acabados. É claro que os preços dos hotéis podem ficar bastante baixos (considerando que você viaje fora de temporada ou reserve um quarto nas noites de domingo a quinta), mas o preço de todas as outras coisas é alto. Os melhores restaurantes são os caros, com preços que se aproximam do nível da cidade de Nova York. Os melhores museus cobram muito. Tratamentos em spas? Ai! E os melhores espetáculos cobram preços exorbitantes pelos ingressos.

No entanto, você está de férias. Ou talvez esteja na cidade para uma convenção. De qualquer modo, você merece um pouco de foie gras. Ou uma massagem. Veja o Cirque du Soleil e se encante. Depois, saia e veja as luzes de Las Vegas. Você já viu alguma coisa parecida? É claro que não. Lembre-se, é por isso mesmo que você está aqui.

1 Experiências Favoritas em Las Vegas

- **Caminhando na Strip:** É claro que se trata de um horizonte constituído inteiramente por vistas de outras cidades, mas onde mais você poderia ver uma pirâmide iluminada, um deslumbrante leão de cobre gigante, uma versão em miniatura da cidade de Nova York, um vulcão, os monumentos de Paris e Veneza, e tudo num só dia? A Strip, conhecida oficialmente como Las Vegas Boulevard South, é onde tudo isso está: por "isso" nós queremos dizer hotéis enormes e gigantes, a maioria com um tema", e por "tema" nós queremos dizer "cópias, às vezes fiéis, de alguns dos grandes monumentos do mundo, além de outras coisas exclusivas de Vegas".

Então, isso, caminhe pela Strip durante o dia e dê algumas risadas. Depois, volte à noite, quando as luzes transformam tudo aquilo em mágica. Entre em seu carro e passeie, para ter um efeito maior.

- **Conferindo o lado de dentro dos hotéis:** Lembra daquela parte sobre os temas? Em alguns casos, eles continuam do lado de dentro – e como! Roma, Veneza, Paris, só para mencionar alguns – todas essas cidades são carinhosamente e caricaturalmente relembradas do lado de dentro. E, muito embora a tendência seja ir menos em direção ao tema e mais em direção à elegância, tal grandeza beira tanto o nível do ridículo que as oportunidades de ridículo ainda são abundantes.

- **Atrações e espetáculos gratuitos:** Para atraí-lo ainda mais, muitos dos hotéis oferecem entretenimento gratuito, com diversos níveis de qualidade. Os melhores, e que não devem ser perdidos, são as fontes do Bellagio, que se erguem e se abaixam em ritmos coreografados, com melodias que vão desde Sinatra à ópera, ocorrendo durante o dia e parte da noite. O vulcão do Mirage "explode" (jorra luz e fogo). Os piratas do Treasure Islands lutam contra "sereias" pouco vestidas, em um espetáculo realmente absurdo. E o MGM Grand permite que você chegue perto de um ou dois leões. Além disso, há lounges com música gratuita, ao vivo ou não, em quase todos os hotéis.

- **O Habitat dos Golfinhos no *Mirage*:** Golfinhos no deserto? Não se preocupe, esses golfinhos do Atlântico têm um dos melhores (e assumidamente artificiais) habitats do mundo. E eles são mimados, acarinhados e estimulados por maravilhosos cuidadores. Assisti-los brincarem, saltarem, girarem e, até mesmo, jogarem bolas de um lado para o outro, é uma verdadeira delícia. É a melhor atração de Vegas.

- **Comendo fora:** Tendo deixado de ser a piada do cenário culinário, Vegas atraiu muitos dos chefs mais proeminentes do país, desde os favoritos do Food Network como Puck e Emerll, a Jean-Georges, Julian Serrano e outros, incluindo Joel Robuchon, considerado um dos melhores chefs vivos. É provável que você faça a refeição da sua vida aqui.

- **Comendo compulsivamente nos buffets:** É claro que os buffets geralmente significam quantidade e não qualidade, mas nada diz "férias"

para nós como as porções ilimitadas de camarão e uma quantidade infindável de costela de primeira.
- **Cirque du Soleil:** O ingresso é caro, mas também se trata de entretenimento de nível mundial. O Cirque, no momento em que este livro é escrito, tem sete shows em cartaz, com muitos mais a caminho. O mágico *Mystère* (no Treasure Island), o quase cinemático *KA* (no *MGM Grand*), e o *O*, do outro mundo, (no Bellagio) – onde as acrobacias, marca registrada da companhia, e a produção surreal acontecem sobre, acima, ao redor e dentro da água – são os melhores espetáculos, mas até que você pode considerar pular o *Zumanity* e Criss Angel. E há o novo show baseado nos Beatles, LOVE, que pode ser algo que você deve ver, mas poderá achar este um espetáculo de preço um tanto excessivo e redundante, ou ainda uma imitação burlesca; dependendo do quanto os Beatles são sagrados para você. O último show é o Viva Elvis, um tributo a vida e a música do Rei do Rock. É perfeito para os fãs deste ícone que até hoje encanta multidões.
- **Red Rock Canyon e Valley of the Fire State Park:** Ao visitar esta Maravilha do Mundo Artificial, é importante lembrar-se do Mundo Natural; e há melhor maneira de se fazer isso do que com as formações de rochas inspiradoras do deserto? Nenhum empresário alucinado por dinheiro construiu este local e as formações rochosas continuarão de pé, mesmo quando Vegas já tiver acabado.
- **Compras:** O que dissemos acima não significa que não tenhamos o nosso lado material e, embora Vegas ofereça pouco em termos de lojas singulares, ela tem praticamente todas as lojas que você pode querer. Embora fazer compras numa loja da Gap não seja nada especial, fazer compras numa Gap montada em um coliseu romano ou em uma Veneza de mentira é um tanto especial.
- **Liberace Museum:** Enquanto muita confusão – um tanto dela até justificada – já foi feita quanto às contribuições de Vegas ao cenário cultural, você provavelmente não deveria perder a atração mais Vegas de Vegas, o Liberace Museum. Quem precisa de obras primas quando se tem imitações?

2 Melhores Opções de Hotéis

- **O melhor para quem viaja a negócios:** Se você tiver uma boa conta de despesas, vá até o **Four Seasons**, 3960 Las Vegas Blvd. S. (𝒞

877/632-5000; www.fourseasons.com), e deixe que eles o mimem e o deixem confortável. Do contrário, você pode juntar-se às outras pessoas que viajam a negócio e que fizeram do **Las Vegas Hilton,** 3000 Paradise Rd. (© **888/732-7117;** www.lvhilton.com), seu ponto de parada por muitos anos, ou você pode se esticar no conforto dos miniapartamentos encontrados no Residence Inn, 3225 Paradise Rd. ((© **800/331-3131;** www.marriott.com).

- **O melhor para famílias:** O **Four Seasons** (veja as informações para contato acima) é o único hotel da cidade que realmente estica o tapete vermelho para as crianças (eles oferecem berços, brinquedos, mimos, e até mesmo quartos seguros para bebês). Além disso, os hóspedes têm acesso à área da piscina super adequada a crianças do Mandalay Bay. Caso você queira preços mais baixos e pouca ou nenhuma exposição à Strip, experimente o **Desert Rose Resort,** *5051* Duke Ellington Way (© **888/732-8099;** www.shell hospitality.com), a apenas alguns quarteirões de distância, com um buffet de café da manhã gratuito, uma boa piscina e quadras de basquete e vôlei; além disso, é permitida a entrada de animais de estimação.

- **Os melhores resorts de luxo:** Você vai ter que jogar a moeda para escolher entre o **Four Seasons** (veja as informações para contato acima) e o **Ritz-Carlton, Lake Las Vegas** (1610 Lake Las Vegas Pkwy., Henderson, NV; © **800/ 241-3333**; www.ritzcarlton.com), ou o hotel de preços mais moderados **Green Valley Ranch Resort (2300 Paseo Verde Dr., Henderson, NV;** © **866/782-9487**; www.greenvalleyranchresort.com), que também recebe aprovação e, o mais caro, **Red Rock Resort** (10973 W. Charleston Rd.; © **866/767-7773**; www.redrockstation.com), com um lugar bem merecido na lista. O Four Seasons fica na parte superior do Mandala Bay, mas parece ficar a um mundo de distância, enquanto que é realmente isso o que acontece com o Ritz-Carlton (ele fica a cerca de 30 min. de distância, em Henderson) – tanto é assim (e agora estamos nos referindo à teoria gestalt e não à geografia) que, depois de chegar, é muito difícil de ir embora. O Green Valley Ranch é uma combinação bem sucedida da elegância do Ritz-Carlton e a modernidade do W Hotel. O Red Rock fica próximo ao cenário de outro mundo do cânion, do qual o hotel tirou seu nome, por isso, é possível ficar longe de toda aquela ostentação, sem sacrificar nenhum pouco do luxo. Se você quiser ficar próximo à *Strip*, aliado ao conforto que a marca oferece, o *Four Seasons* é para você. Se estiver procurando por uma genuína experiência em um resort de luxo, então vá ao *Ritz*. Se você também quiser uma pechincha, experimente o *Green Valley Ranch*. Ou se quiser ver o que a Britney está fazendo, tente o *Red Rock*.

- **A melhor piscina:** O vencedor são os 11 acres de diversão aquática (incluindo uma praia artificial com ondas regulares, além de um grande e relaxante rio) do **Mandalay Bay,** 3950 Las Vegas Blvd. S. (© 877/ 632-7800; www.mandalaybay.com). Em Segundo lugar, há um empate entre a selva fantástica do **The Mirage,** 3400 Las Vegas Blvd. S. (© 800/374-9000; www.mirage.com), e a do **The Flamingo Las Vegas,** 3555 Las Vegas Blvd. S. (© 800/732-2111; www.flatningolv.com). Ambas têm muitos tobogás e cascatas de água, além de muitas folhagens suntuosas.

- **O melhor spa**: Os designers do **Mandara Spa,** no **Planet Hollywood** (antigamente Aladdin), 3667 Las Vegas Blvd. S. (© 866/ 935-3647 www.aladdincasino.com), foram mandados ao Marrocos para se inspirarem e o resultado é o mais lindo spa de Vegas. Esperamos que os novos proprietários do Planet Hollywood não mexam nele, assim como prometeram. O maior número de serviços pode ser encontrado no altamente renomado (e altamente caro) **Canyon Ranch Spa** *no* **The Venetian,** 3355 Las Vegas Blvd. S. (© 877/220-2688; www.venetian.com), que também possui o melhor clube de saúde e bem-estar (health club).

- **Os melhores quartos:** O **THEhotel** *em* **Mandalay Bay,** 3950 Las Vegas Blvd. S. (© 877/632-7800; www.thehotelatmandalaybay.com), com suítes completas com um só quarto e banheiros impressionantes, ganha do **The Venetian** (consulte a seção acima para obter o endereço; © 877/883-6423), cujos quartos incluem salas de estar afundadas. O **Wynn Las Vegas** tem os melhores quartos sem suíte, todos confortáveis, espaçosos e limpos (3131 Las Vegas Blvd. S.; © 888/320-9966; www.wynnlasvegas.com).

- **As melhores camas:** **Ritz-Carlton, Lake Las Vegas,** e **Green Valley Ranch Resort** (consulte as informações para contato acima), ambos têm camas de veludo, lençóis com bordados de contas e grandes acolchoados, tudo dentro de um casulo do qual você não vai querer sair. O **Palms Casino Resort,** 4321 W. Flamingo Rd. (© 866/942-7777; www.palms.com), tem uma filosofia semelhante em relação ao conforto durante a noite.

MELHORES OPÇÕES DE RESTAURANTES

- **Os melhores banheiros:** O **THEhotel** em **Mandalay Bay** (consulte as informações para contato na página anterior) encabeça um conjunto de hotéis (que inclui o Mandalay Bay, o Ritz, o Four Seasons, o Green Valley Ranch, o Bellagio, o Wynn Las Vegas e o The Venetian), que possuem banheiras de mármore e grandes box com chuveiros em vidro e mármore, mas o THEhotel inclui ainda uma TV de plasma de tela plana e uma banheira até a altura do queixo.

- **Os melhores restaurantes de hotel:** De um lado, é difícil ganhar do time formado pelo **Bellagio, Picasso, Le Cirque, Circo, Prime Steakhouse** – estes representam alguns dos nomes mais importantes no mundo dos restaurantes. Mas, a energia de **Mandalay Bay – Fleur de Lys, Aureole, Border Grill** e até mesmo o divertido **Red Square** – pode nos animar ainda mais. E nós estimamos a linha dura do **Wynn Las Vegas** quando se trata de chefs de renome; eles realmente são postos ao trabalho no local. Os resultados – os chefs Bartolotta e Alex são os principais entre eles – demonstram porque isso é importante.

3 Melhores Opções de Restaurantes

- **Os melhores buffets:** Você come de acordo com o quanto paga, por isso, na categoria dos mais caros, experimente a incrível variedade oferecida no **Wynn Las Vegas** (consulte as informações para contato na página anterior) ou o **Buffet** do Bellagio (© 888/ 987-6667), ou ainda o buffet no restaurante com tema regional francês, **Le Village Buffet** (© 702/946-7000) no **Paris**. Na categoria moderada, experimente o favorito local, **Rio's Carnival World Buffet** (© 702/252-7777). E na categoria mais barata, siga para o centro, onde o **Garden Court** *do* **Main Street Station** (© 702/ 387-1896) oferece um buffet bom e com preços ótimos.

- **Os melhores para famílias:** Os buffets funcionam bem para alimentar adolescentes que parecem poços sem fundo, mas o **Monte Carlo Pub & Brewery** (© 702/730-7777) tem uma grande variedade de refeições para a família (Buffalo wings, pizza, costelas, saladas grandes) por preços ainda melhores. O **Cypress Street Marketplace** *no* Caesars Palace (© 702/731-7110) tem uma variedade tão grande de barracas de alimentos (de saladas a cachorros quentes gordurosos de Chicago, a wraps, a tigelas de macarrão vietnamita) que lá deve haver algo até mesmo para as famílias com gostos mais variados.

CAPÍTULO 1 · APRESENTANDO LAS VEGAS

- **Os melhores para um jantar romântico:** É difícil ganhar da vista que encontramos no Alizé (✆ **702/951-7000**) – na área superior do Palms, com mais nenhum outro prédio alto ao redor para obscurecer as luzes brilhantes da cidade, vistas das três paredes feitas de janelas. É surpreendente.

- **Melhor lugar para impressionar alguém em um encontro:** Leve a pessoa até o **Joël Robuchon** no **Mansion** (✆ **702/891-7925**). Se as obras de arte culinárias – preparadas por um super chef e consideradas como estando entre as melhores comidas francesas do mundo – não impressionarem, a conta (uma pequena fortuna, mas vale a pena) com certeza impressionará.

- **Melhor restaurante italiano autêntico:** Tão simples, tão sublime. Pegue um peixe trazido diretamente do mediterrâneo e, então, grelhe-o. Um pouco de azeite de oliva, um pouco de tomate fresco sauteé. Diga "grazie" ao **Bartolotta** (✆ **888/352-3463**).

- **O melhor para comidas e um jantar *sexy*:** Queremos dizer no sentido adulto, não de uma maneira provocativa e luxuriosa. As misturas divertidas e provocantes do sedutor **Fleur de Lys** (✆ **877/632-7800**) faz com que as outras tentativas de restaurantes finos da cidade pareçam fracas. A comida aqui é sensual em todos os sentidos.

- **A melhor seleção de vinhos:** O **Aureole**, de Mandalay Bay (✆ **877/632-7800**) é renomado por seus "anjos do vinho," garotas vestidas de *colants* que sobem até o topo de uma torre de quatro andares de garrafas de vinho para buscar as escolhas dos clientes. É um truque que pode enganar; eles possuem uma seleção maravilhosa, bem como computadores de mão que o guiam através das seleções.

- **O melhor bife:** Há uma briga entre muitos restaurantes. Mas, não na nossa opinião. Nós achamos que o melhor é o **Charlie Palmer Steak,** no Four Seasons (✆ **702/632-5120**). Mas, outras pessoas acham que o melhor bife pode ser encontrado no **Austins Steakhouse** (✆ **702/631-1033**).

- **O melhor bistrô:** Thomas Keller, "O Melhor Chef dos EUA", tem um estabelecimento em Vegas; o **Bouchon** no The Venetian (✆ **702/414-6200**) supera o original, em Napa. Não há nenhum passo em falso no cardápio.

- **A melhor decoração:** Há obras genuínas do mestre nas paredes (e os arranjos de flores mais agradáveis e casuais possível), no **Picasso** (✆ **877/234-6358**), ou a diversão satírica por cima da Cortina de Ferro do **Red Square** do Mandalay Bay (✆ **702/632-7407**).

Planejando Sua Viagem a Las Vegas

2

Antes de qualquer viagem, você precisa fazer um pouco de planejamento e com antecedência. Precisa decidir se um pacote turístico faz sentido para você, quando ir e mais. Nas páginas seguintes, você descobrirá tudo o que precisa saber para lidar com os detalhes práticos de planejar sua viagem a Las Vegas com antecedência: linhas aéreas e aeroportos da área, um calendário de eventos, uma lista das principais convenções que você pode querer evitar, recursos para portadores de necessidades especiais, entre outros.

Nós também sugerimos que você confira o capítulo 7, "Las Vegas Após o Anoitecer", antes de sair de casa; caso você queira ver os espetáculos mais populares, é uma boa ideia ligar com bastante antecedência e solicitar ingressos para evitar frustração. (O mesmo vale caso você queira comer em um dos principais restaurantes da cidade; vá até o capítulo 4, "Onde Comer", para obter críticas completas e informações para contato).

1 Informações aos Visitantes

Para obter informações, entre em contato com o **Las Vegas Convention and Visitors Authority,** 3150 Paradise Rd., Las Vegas, NV 89109 (© **877/ VI-SIT-LV** [847-4858] ou 702/892-0711; www.visitlasvegas.com). Eles podem lhe enviar um pacote abrangente com brochuras, um mapa, um guia de espetáculos, um calendário de eventos e uma lista de atrações; ajudá-lo a encontrar um hotel que atenda às suas especificações e a fazer as reservas; além de informá-lo se uma grande convenção está marcada durante a época em que você gostaria de visitar Las Vegas. Eles ficam abertos diariamente, das 6h às 21h.

Outra fonte de informações excelente é o **Las Vegas Chamber of Commerce,** 3720 Howard Hughes Pkwy., #100, Las Vegas, NV 89109 (©

702/735-1616; www.lvchamber.com). Este Guia de Visitantes contém informações completas sobre acomodações, atrações, excursões, atividades infantis etc. Eles podem responder a todas as suas perguntas sobre Las Vegas, inclusive aquelas sobre casamentos e divórcios. Ficam abertos de segunda a sexta, das 8h às 17h.

> ### *Dicas* Websites Vencedores
>
> Quando consideramos a enorme popularidade de Las Vegas, não deveria ser uma surpresa a existência de centenas de websites devotados a este destino. Há muitas informações boas – e ruins – sobre tudo, desde os hotéis-cassino até sugestões de restaurantes.
> Inicie sua viagem online à Cidade do Pecado em **www.vegas4visitors.com**. Este pequeno empreendimento familiar é repleto de informações, críticas imparciais, informações para contato, mapas, fotos e links para hotéis, restaurantes etc. Há também uma coluna semanal de notícias e eventos.
>   Se você quiser entrar na cabeça da população local – e para quem é melhor perguntar sobre a vida em Las Vegas? – vá até o **www.lasvegasweekly.com**. Você descobrirá aonde os moradores de Vegas vão para se divertir e pode navegar pelas críticas de bares, cafés, clubes noturnos, restaurantes e parques de diversão.
>   Para acessar a fonte mais abrangente sobre restaurantes de Vegas da Web, vá para **www.nightonthetown.com**. O site oferece uma variedade de restaurantes por tipo de cozinha e localização, para que você possa encontrar o que e onde quiser.
>   Se quiser obter as informações com uma pitada de humor, então acesse o **www.cheapovegas.com**. Este site divertido oferece muitas críticas atrevidas e imparciais, especialmente sobre os hotéis-cassino de Las Vegas. Há também uma pequena seção sobre como ganhar brindes enquanto estiver na cidade.

Para obter informações sobre todo o estado de Nevada, incluindo Las Vegas, entre em contato com o **Nevada Commission on Tourism** (© **800/638-2328;** www.travelnevada.com). Se você ligar ou acessar o website, eles lhe enviarão um pacote de informações completo sobre Nevada.

Além disso, todos os principais hotéis de Las Vegas oferecem informações abrangentes aos turistas, em seus balcões de recepção e/ou de turismo e espetáculos.

2 Requisitos de Entrada & Alfândega

REQUISITOS DE ENTRADA

Para informações sobre como obter um passaporte e visto, veja "Passaportes" e "Vistos" na seção "Apêndice".

O U.S. State Department possui um **Visa Waiver Program** (Programa de Renúncia de Visto) que permite que os cidadãos dos seguintes países (informação válida na época da impressão do livro) entrem nos Estados Unidos sem um visto para estadias de até 90 dias: Andorra, Austrália, Áustria, Bélgica, Brunei, Dinamarca, Finlândia, França, Alemanha, Islândia, Irlanda, Itália, Japão, Liechtenstein, Luxemburgo, Mônaco, os Países Baixos, Nova Zelândia, Noruega, Portugal, San Marino, Cingapura, Eslovênia, Espanha, Suécia, Suíça e o Reino Unido. Os cidadãos desses países apenas precisam de um passaporte válido e uma passagem de ida e volta aérea ou de cruzeiro, mediante sua chegada. Se tais cidadãos entrarem primeiro nos Estados Unidos, eles também podem visitar o México, o Canadá, Bermudas, e/ou as ilhas caribenhas e voltar aos Estados Unidos, sem um visto. Informações adicionais são disponibilizadas em qualquer embaixada ou consulado dos Estados Unidos. Os cidadãos canadenses também podem entrar nos Estados Unidos sem visto; eles só precisam de um passaporte (se chegarem por terra ou mar, alguns outros documentos de identificação podem ser aceitos, mas com as alterações de requisitos de entrada, um passaporte ainda é altamente recomendado).

Os cidadãos de todos os outros países devem possuir (1) um passaporte válido que vença pelo menos 6 meses após o final programado de sua visita aos Estados Unidos e, (1) um visto de turista que pode ser obtido sem cobrança de taxas em qualquer consulado dos Estados Unidos.

ALFÂNDEGA
O QUE VOCÊ PODE LEVAR PARA LAS VEGAS

Cada turista, com mais de 21 anos de idade, pode levar sem pagar encargos os seguintes itens: (1) um litro de vinho ou bebida destilada; (200) duzentos cigarros; (100) cem charutos não cubanos ou (1,3 kg) um quilo e trezentas gramas de tabaco para fumo; e (3) três presentes no valor de US$100. Essas isenções são oferecidas a turistas que passarem pelo menos 72 horas nos Estados Unidos e que não as declararam durante os 6 meses precedentes. É completamente proibido levar gêneros alimentícios para dentro do país (especialmente frutas, carnes cozidas e bens enlatados), além de plantas (vegetais, sementes, plantas tropicais e afins). Os turistas estrangeiros podem entrar ou sair com até U$10.000, em moeda americana ou estrangeira, sem formalidades; quantias maiores devem ser declaradas à Alfândega americana, ao entrar ou sair do país, o que inclui preencher um formulário CM 4790. Para obter detalhes em relação ao U.S. Customs and Border Protection consulte a embaixada ou consulado dos Estados Unidos mais próxima de você, ou então o próprio **U.S. Customs and Border Protection** (*©* **202/927-1770;** www.customs.ustreas.gov*)*.

O QUE VOCÊ PODE LEVAR PARA CASA DE LAS VEGAS

CIDADÃOS BRASILEIROS   Brasileiros podem trazer até 500 dólares em bens para uso pessoal, mas trazendo ou não bens, devem entregar um formulário declarando se compraram ou não acima dos 500 dólares. Valores acima de 500 dólares, devem ser declarados. A alfândega cobrará 50% sobre o valor que ultrapassar a cota. Caso o fiscal federal encontre bens não declarados, o sonegador terá que pagar 100% de multa no período de até 90 dias à Receita Federal, senão os produtos ficarão retidos.

É obrigatório declarar a compra de celular no exterior. Caso contrário a operadora telefônica não habilita o equipamento. Brasileiros também podem comprar até 500 dólares nas lojas "Duty Free" ao Brasil, este valor não interfere na cota de compra no exterior.

CIDADÃOS CANADENSES   Para obter um resumo claro das regras canadenses, escreva solicitando o livreto *I Declare*, emitido pela **Canada Border Services Agency** (*©* **800/461-9999** no Canadá, ou 204/983-3500; **www.cbsa-asfc.gc.ca***)*.

CIDADÃOS DO REINO UNIDO   Para obter informações, entre em contato com o **HM Revenue &** *Customs* em *©* **0845/010-9000** (de fora do Reino Unido, 020/ 8929-0152), ou consulte o *website* em **www.hmrc.gov.uk.**

3 Quando Ir

Já que a maior parte das férias em Las Vegas é passada em lugares fechados, é possível divertir-se aqui o ano inteiro. As estações mais agradáveis são a primavera e o outono, principalmente se você quer experimentar o ar livre.

Os dias de semana são ligeiramente menos cheios do que os fins de semana. Nos feriados, geralmente, multidões são encontradas, acompanhadas pelos altos preços dos hotéis. Os preços dos quartos também sobem às alturas quando grandes convenções e eventos especiais estão ocorrendo. As épocas mais calmas do ano são junho e julho, a semana antes do Natal e a semana após o Ano Novo.

Se uma grande convenção for realizada durante sua viagem, talvez seja melhor mudar sua data. Entre em contato com o **Las Vegas Convention and Visitors Authority** (p. 9), já que as datas das convenções geralmente são alteradas.

O TEMPO

Primeiramente, nem sempre faz calor em Vegas, mas quando faz, é *muito* calor. Uma coisa que você ouvirá repetidas vezes é que, embora faça muito calor em Las Vegas, o calor seco do deserto não é insuportável. Isso é verdade (nós sabemos disso porque passamos alguns dias lá com um clima de 104°F/40°C e sobrevivemos para dizer: "Não foi tão mau, nem tanto"), exceto na maioria das áreas das piscinas dos hotéis, visto que elas são cercadas por grandes prédios cobertos por vidro espelhado, que agem como uma gigante lupa sobre as pessoas, que parecem pequenas formigas. Ainda assim, em geral, a umidade chega, em média, a uma baixa de 22% e, mesmo nos dias muito quentes, há a possibilidade de haver brisas. Além disso, exceto nos dias mais quentes de verão, há um alívio à noite, quando as temperaturas geralmente caem a até 20°F (cerca de - 6 °C).

Temperaturas Médias de Las Vegas (°F/°C) e Precipitações

	Jan	Fev	Mar	Abr	Maio	Jun	Jul	Ago	Set	Out	Nov	Dez
Temp. Média (°F)	47	52	58	66	75	86	91	89	81	69	55	47
(°C)	8	11	14	19	24	30	33	32	27	21	13	8
Temp. Méd. Alta (°F)	57	63	69	78	88	99	104	102	94	81	66	57
(°C)	14	17	21	26	31	37	40	39	34	27	19	14
Temp. Méd. Baixa (°F)	37	41	47	54	63	72	78	77	69	57	44	37
(°C)	3	5	8	12	17	22	26	25	21	14	7	3
Precip. Média (pol.)	0,59	0,69	0,59	0,15	0,24	0,08	0,44	0,45	0,31	0,24	0,31	0,40
(cm)	1,5	1,8	1,5	0,4	0,6	0,2	1,1	1,1	0,8	0,6	0,8	1,0

Estamos falando do deserto, que não é quente o ano inteiro. Pode fazer bastante frio, especialmente no inverno quando, à noite, a temperatura pode baixar para 30°F (-1°C) ou até menos. No inverno de 2008-09, chegou a nevar em Vegas, caindo cerca de 2 pol. de neve na Strip. Não há nada como ver a Esfinge do Luxor coberta de neve. A brisa também pode se tornar um frio mordaz e um forte vento de até 65 Km p/ hora ou mais. Por isso, há partes inteiras do ano em que você não vai usar nada daquela piscina do hotel (e mesmo que você queira, esteja avisado de que a maioria dos hotéis fecham grandes partes daquelas fabulosas áreas de piscinas para "a estação", que pode durar desde o Labor Day ao Memorial Day). Se você não for viajar, no auge do verão, traga um agasalho. Além disso, lembre-se de trazer seu protetor solar e um chapéu – mesmo que não esteja tão quente, pois você pode queimar muito facilmente e rapidamente (você tem que ver todas aquelas pessoas vermelhas, feito camarões, brilhando nos cassinos, à noite!).

O CALENDÁRIO DE EVENTOS DE LAS VEGAS

Você pode se surpreender pelo fato de que Las Vegas não oferece tantos eventos anuais quanto a maioria das cidades turísticas. O motivo é exatamente a sua razão de viver: a indústria dos jogos. Esta cidade quer que seus turistas gastem dinheiro nos cassinos, não em feiras ou desfiles, celebrando a Renascença.

Quando estiver na cidade, verifique o jornal local e ligue para o Las Vegas Convention and Visitors Authority (✆ **877/VISIT-LV [847-4858]** ou 702/892-7575; www.lvcva.com) ou a **Chamber of Commerce** (✆ **702/735-1616**; www.lvchamber.com) para saber sobre os eventos programados durante sua visita.

Março

Copa NASCAR/Winston. *O* **Las Vegas Motor Speedway,** 7000 N. Las Vegas Blvd. (✆ **800/644-4444;** www.lvms.com), tornou-se um dos principais empreendimentos do país, atraindo corridas e pilotos de todos os tamanhos e formas. As maiores corridas do ano são a Sam's Town 300 e a UAW-DaimlerChrysler 400, realizadas em março, geralmente trazendo mais de 150.000 fãs do automobilismo à cidade.

Junho

CineVegas Film Festival. Este evento anual, geralmente realizado no início de junho, está crescendo em termos de popularidade e prestígio, com estreias de filmes tanto de estúdios independentes quanto dos grandes estúdios, além das várias celebridades que aparecem para as grandes festas. Ligue ✆ **702/992-7979** ou visite o *website* em **www.cinevegas.com.**

World Series of Poker. Quando o Harrah's Entertainment comprou o lendário *Binion's Horseshoe* no centro de Vegas, impedindo que ele falisse, eles rapidamente venderam o hotel, mas mantiveram os direitos de realizar este aclamado evento e alteraram sua localização e espaço no calendário. Agora, realizado no **Rio All-Suite Hotel and Casino** (3700 W. Flamingo Rd.; **800/PLAY-RIO** [752-9746]), em junho, julho e agosto, ao invés de abril e maio, o evento apresenta jogadores de alto escalão e personalidades do *showbiz* competindo por prêmios de seis dígitos. Há eventos diários com os preços de entrada indo de US$125 a US$5.000. Para entrar no *World Championship Event* (prêmio: US$1 milhão), os jogadores têm que pagar US$10.000. Não custa nada para se amontoar ao redor das mesas e assistir à ação (que, em 2003, foi televisionada pela primeira vez no *Travel Channel*). Em 2005, eles incluíram até a primeira convenção de pôquer e uma feira de exposição para capitalizar sobre a crescente popularidade do jogo. Para obter mais informações, visite o *website* oficial em **www.worldseriesofpoker.com.**

Setembro

Oktoberfest. Este tumultuoso feriado de outono é celebrado do meio de setembro até o final de outubro no **Mount Charleston Resort** (✆ **800/955-1314** ou 702/872-5408; www.mtcharlestonlodge.com) com música, dançarinos tradicionais, músicos ao redor de uma fogueira, decorações especiais e refeições bávaras ao ar livre.

Outubro

Frys.com Open. Este evento de golfe, com um campeonato de quatro dias, realizado em três campos locais (o campo principal é o TPC Summerlin), é televisionado pela ESPN. Para obter detalhes, ligue ✆ **702/242-3000**.

Novembro

The Comedy Festival. Inaugurado em 2005, este festival foi um sucesso tão grande que desde então transformou-se em um sucesso anual. Alguns dos principais grupos de cômicos e comediantes do mundo se apresentam, e o evento também inclui oficinas, festivais cinematográficos, entre outros. É realizado no meio de novembro e, embora os eventos aconteçam em diversas localizações, o principal hotel anfitrião é o Caesars Palace. Para obter detalhes, ligue para o hotel em ✆ **800/634-6661** ou confira o website do festival em **www.thecomedyfestival.com.**

> **Momentos** **Véspera de Ano Novo em Las Vegas**
>
> Cada vez mais pessoas têm escolhido Las Vegas como seu destino para os festejos da Véspera de Ano Novo. Na verdade, algumas estimativas indicam que mais pessoas se reúnem no Ano Novo em Nevada do que em Times Square, em Nova York.
> A partir de nossa experiência, nós podemos dizer que há muitas pessoas que vêm até aqui em 31 de dezembro. Quer dizer, muitas pessoas. Imagine só todos os lugares lotados. O trânsito é um pesadelo, estacionar é quase impossível e nenhum centímetro quadrado do lugar deixa de ser ocupado por um ser humano.
> Uma grande parte da Strip fica fechada, mandando as massas e suas grandes quantidades de álcool para as ruas. A comemoração de cada ano é um pouco diferente, mas geralmente inclui apresentação ao ar livre por uma grande celebridade, confetes, a obrigatória contagem regressiva, fogos de artifício e, se você tiver sorte, talvez até um prédio sendo implodido. Este se tornou um dos maiores eventos anuais da cidade.

Dezembro

Western Athletic Conference (WAG) **Campeonato de Futebol.** Este campeonato acadêmico acontece na primeira semana de dezembro no Sam Boyd Stadium. Ligue ✆ **702/731-5595** para obter informações sobre os ingressos. Os preços vão a partir de cerca de US$20 e chega a mais de US$100, para os melhores lugares.

National Finals Rodeo. Este é o *Super Bowl* dos rodeios, assistido por quase 170.000 pessoas todos os anos e oferecendo quase US$5 milhões em prêmios, em dinheiro. Os 15 maiores peões, estrelas do rodeio, competem em seis eventos diferentes: laçar o bezerro, lutar com o boi, cavalgar no touro, laçada em grupo, cavalgar em cavalo não domado com sela e cavalgar sem sela. As 15 melhores mulheres competem na corrida com barris. Um "Cowboy do Ano" geral é escolhido. Juntamente a este evento, os hotéis colocam estrelas country em suas exposições e há até mesmo uma oportunidade de compras para os cowboys – o **NFR Cowboy Christmas Gift Show,** uma feira de exposições de equipamentos do oeste – em Cashman Field. O *NFR* acontece por 10 dias durante as primeiras 2 semanas de dezembro no Thomas and Mack Center, com 17.000 lugares, na Universidade de Nevada, Las Vegas (UNLV). O evento geralmente começa na primeira sexta-feira de dezembro e vai até o domingo seguinte. Peça seus ingressos com a maior antecedência possível (✆ **702/895-3900)**. Para mais informações, consulte **www.nfrexperience.com**.

Las Vegas Bowl Week. Um campeonato de futebol no meio de dezembro coloca os vencedores do Mid-American Conference contra os vencedores do Big West Conference. A ação acontece no Sam Boyd Stadium, com 32.000 lugares. Ligue ✆ **702/ 895-3900** ou visite **www.lvbowl.com** para obter informações sobre os ingressos.

Véspera de Ano Novo. Este é um grande evento (reserve seu quarto de hotel cedo). No centro, no Fremont Street Experience, há uma grande festa pública com duas dramáticas contagens regressivas para a meia-noite (a primeira às 21h, meia-noite na Costa Leste). A Strip geralmente fica fechada para o trânsito de carros e centenas de milhares de pessoas lotam a área para as festividades. É claro, há fogos de artifício.

4 Chegando Lá & Conhecendo o Lugar

CHEGANDO LÁ
DE AVIÃO

A maioria das grandes linhas aéreas norte-americanas e uma série de linhas aéreas regionais, oferecem voos marcados regularmente para o **McCarran International Airport** de Las Vegas, 5757 Wayne Newton Blvd. (✆ **702/261-5211;** www.mccarran.com).

COMPANHIAS AÉREAS

As companhias aéreas que realizam voos do Brasil para E.U.A./Las Vegas, normalmente fazendo conexão em Miami, Denver, Atlanta ou Nova York, são **TAM** (✆ **4002-5700**; www.tam.com.br), **Delta Air Lines** (Brasil ✆ **0800-881-2121**; www.delta.com), **American Air Lines** (Rio de Janeiro: ✆ **21-4502-5005**, São Paulo: ✆ **11-4502-4000**; www.aa.com.br), **United** (Brasil ✆ **0800/162323**; www.united.com.br).

DE CARRO

A principal estrada que liga Las Vegas ao resto do país é a *I-15*; liga Montana, Idaho e Utah ao sul da Califórnia. A viagem de Los Angeles é bastante popular e, graças à estrada estreita, com duas pistas, ela pode ficar bastante congestionada nas tardes de sexta e de domingo, com esperançosos jogadores de fim de semana indo a Vegas.

Vindo do leste, pegue a I-70 ou a I-80, em direção oeste a Kingman, Arizona e, em seguida, a U.S. 93, na direção norte, até o centro de Las Vegas (Fremont St.). Vindo do sul, pegue a I-10, na direção oeste a Phoenix e, então, a U.S. 93 na direção norte até Las Vegas. De São Francisco, pegue a I-80 ao leste até Reno e, então, a U.S. 95 na direção sul até Las Vegas. *Nota:* se você for dirigir até Las Vegas, assegure-se de ler as precauções de direção neste capítulo.

DE TREM

A **Amtrak** (📞 800/872-7245; www.amtrak.com) não oferece atualmente serviço de trens direto a Las Vegas. No entanto, você pode pegar o trem até Los Angeles ou Barstow, Califórnia - a *Amtrak* o leva até Vegas de ônibus.

CONHECENDO O LUGAR

Localizada nos arredores da extremidade sul de um grande e plano vale, Las Vegas é a maior cidade do estado de Nevada. Embora ela seja uma das cidades com crescimento mais acelerado nos Estados Unidos, para fins turísticos, a cidade é um tanto compacta.

CHEGANDO AO AEROPORTO DE LAS VEGAS

Las Vegas é atendida pelo **McCarran International Airport**, 5757 Wayne Newton Blvd. (📞 702/261-5211; www.mccarran.com). Ele fica apenas a alguns minutos de carro da extremidade sul da Strip. Este grande e moderno aeroporto é, talvez, único, devido ao fato de que ele inclui diversas áreas de cassinos com mais de 1.000 máquinas caça-níquel. Aqueles que não jogam economizarão muito dinheiro ignorando as máquinas (elas podem ser evitadas).

Chegar ao seu hotel do aeroporto é fácil. A **Bell Trans** (📞 800/274-7433 ou 702/739-7990; www.bell-trans.com) opera miniônibus para 20 passageiros entre o aeroporto e todos os principais hotéis e motéis de Las Vegas, diariamente, das 7h45 à meia-noite. Diversas outras empresas possuem empreendimentos semelhantes – tudo o que você tem que fazer é ficar parado na calçada e um desses ônibus será chamado para você. O ônibus do aeroporto sai a cada 10 minutos. Quando você quiser fazer o check out em seu hotel e voltar ao aeroporto, ligue com pelo menos 2 horas de antecedência por segurança (embora geralmente você possa simplesmente fazer sinal para um ônibus de shuttle do lado de fora de qualquer grande hotel). O custo é de US$5,50 por pessoa, para cada lado da strip e para os hotéis da área do Convention Center, US$7 para o centro ou outras propriedades fora da Strip (qualquer lugar ao norte do Sahara

---

Dicas Socorro para Viajantes Aflitos

A **Traveler's Aid Society** é uma organização de serviço social que trabalha para auxiliar os turistas em situações de dificuldade. Se você está em apuros, procure-os. Em Las Vegas, há um escritório da Traveler's Aid no McCarran International Airport (📞 **702/798-1742**; diariamente, das 8h às 17h). Serviços semelhantes são oferecidos pela **Help of Southern Nevada** (📞**702/369-4357**; www.helpsonv.org; de segunda a sexta, das 8h às 16h).

CHEGANDO LÁ & CONHECENDO O LUGAR

Hotel e a oeste da I-15). Outros shuttles com preços semelhantes operam 24 horas, diariamente, e podem ser encontrados no mesmo lugar.

Mais baratos do que os *shuttles* são os ônibus da **Citizens Area Transit (CAT)** (© **702/CAT-RIDE [228-7433]**; www.catride.com). O ônibus número 108 sai do aeroporto e o leva até Stratosphere, onde você pode fazer transferência para o Deuce (p. 23). O ônibus número 109 vai do aeroporto até o Downtown Transportation Center, no Cassino Center Boulevard e na Stewart Avenue. A tarifa é de US$1,25, para adultos, US$0,60, para pessoas com mais de 62 anos e crianças de 5 a 17, e gratuito para crianças com menos de 4 anos. (O Deuce, p. 23, custa US$2, $1 para idosos e crianças de 5 a 17 anos, para passagens só de ida ou US$5 para uma passagem para o dia inteiro). Nota: você pode ter que fazer uma longa caminhada desde o ponto do ônibus até a sua porta (mesmo se a parada for bem em frente ao seu hotel); lembre-se disso caso você esteja carregando bagagens muito pesadas.

Todas as principais empresas de aluguel de carros são representadas em Las Vegas. Consulte "Alugando um Carro", abaixo.

DE CARRO

Se você planeja se ater a apenas uma parte da Strip (ou um passeio por ela) ou ao centro, seus pés serão suficientes. Do contrário, nós recomendamos fortemente que os turistas aluguem um carro. A Strip é muito longa para caminhadas (e geralmente faz muito calor ou muito frio para que os passeios sejam agradáveis). O centro fica longe demais para que as viagens de táxi permaneçam baratas e o transporte público, no melhor dos casos, é ineficaz. Além disso, outras visitas pedem uma exploração de partes ainda mais distantes da cidade e um carro traz liberdade (especialmente se você quiser fazer alguma viagem paralela – as excursões de ônibus são disponibilizadas, mas um carro permite que você explore o lugar de acordo com seu próprio ritmo).

Você deve observar que lugares com endereços a cerca de 60 quadras a east (leste) ou a west (oeste) da Strip ficam, na verdade, a uma distância de menos de 10 minutos de carros – considerando que não haja trânsito.

Tendo defendido o aluguel de um carro, nós devemos avisar que a crescente população de Vegas significa um aumento proporcional no número de carros. O trânsito está piorando e está ficando cada vez mais difícil de andar pela cidade com rapidez. Uma regra geral é evitar dirigir na Strip sempre que puder, e evitar dirigir durantes os horários de pico, principalmente se você tiver hora marcada.

Estacionar, geralmente, é um prazer porque todos os hotéis, com cassino, oferecem serviço de valet. Isso significa que, por uma mera gorjeta de US$ 1 a US$2, você pode estacionar na porta (embora o serviço de *valet* geralmente fique lotado nas noites mais atribuladas).

Alugando um Carro

As empresas nacionais de aluguel de carros, com estabelecimentos em Las Vegas, incluem a **Alamo** (© 877/227-8367; www.alamo.com), a **Avis** (© 800 230-4898; www.avis.com), a **Budget** (© 800/527-0700; www.budget.com), a **Dollar** (© 800/800-3665; www.dollar.com), a **Enterprise** (© 800/736-8227; www.enterprise.com), a **Hertz** (© 800/654-3131; www.herrz.com), a **National** (© 800/227-7368; www.nationalcar.com), a **Payless** (© 800/729-5377; www.paylesscar-rental.com), e a **Thrifty** (© 800/847-4389; www.thrifty.com).

As taxas para o aluguel de carros variam ainda mais do que as tarifas aéreas. O preço que você pagará vai depender do tamanho do carro, de onde e de quando você o escolhe e de como o devolve, da duração do período de aluguel, por onde e qual a distância que você percorrerá com o carro, se você adquiriu um seguro e uma série de outros fatores. Algumas questões chave devem fazer com que você economize centenas de dólares.

- Os preços de fim de semana são mais baixos do que os preços de dia de semana? Pergunte se o preço é o mesmo para retirada na sexta de manhã, por exemplo, do que para retirada na quinta à noite.
- A taxa semanal é mais barata do que a diária? Mesmo que você precise do carro apenas por 4 dias, pode ser mais barato ficar com ele por 5.
- A agência estipula uma taxa de entrega se você não devolver o carro para o mesmo lugar de onde o retirou? É mais barato retirar o carro no aeroporto do que num estabelecimento no centro?
- Há taxas promocionais especiais disponíveis? Se você vir um preço anunciado em seu jornal local, assegure-se de pedir por aquele preço específico; do contrário, o preço padrão pode ser cobrado. Os termos são alterados constantemente e os agentes de reserva são famosos por não mencionar os descontos disponíveis, a menos que você pergunte.
- Descontos são disponibilizados para membros da AARR, da AAA, de programas de viagens frequentes ou de sindicatos trabalhistas?
- Quanto de imposto será incluído à conta do aluguel?
- Quanto custa para incluir o nome de um motorista adicional ao contrato?

CHEGANDO LÁ & CONHECENDO O LUGAR

- Quantos quilômetros gratuitos estão inclusos no preço? A quilometragem gratuita geralmente pode ser negociada.
- Quanto a empresa de aluguel cobra para reabastecer o tanque de gasolina se você devolver o carro e o tanque não estiver cheio? Embora a maioria das empresas de aluguel digam que esses preços são "competitivos", o combustível que você compra por si só quase sempre é mais barato.

Algumas empresas oferecem "pacotes de reabastecimento", nos quais você paga por um tanque cheio de gasolina, com antecedência. O preço geralmente é bastante competitivo, em relação aos preços locais da gasolina, mas você não ganha crédito por nenhuma quantidade de gasolina que sobre no tanque. Se parar em um posto de gasolina no caminho para o aeroporto fará você perder o avião, então, sem dúvida, aproveite esta opção de compra. Do contrário, dispense-a.

Muitos pacotes são disponibilizados que incluem passagens aéreas, acomodações e um carro alugado com quilometragem ilimitada. Compare estes preços com o custo de reservar uma passagem aérea e alugar um carro separadamente para ver se essas ofertas são um bom negócio.

As fontes da Internet podem tornar as comparações de preço mais fáceis. Um excelente website de aluguel de carros é o **BreezeNet**, em **www.bnm.com**.

DESMISTIFICANDO O SEGURO DAS LOCADORAS Antes de começar a dirigir um carro alugado, certifique-se de possuir um seguro. Presunções apressadas quanto ao seu seguro pessoal do automóvel ou uma cobertura adicional da agência de aluguel podem acabar custando a você dezenas de milhares de dólares – mesmo que você esteja envolvido em um acidente que foi claramente culpa do outro motorista.

Se você já possui uma política de **seguro de automóvel** privada, muito provavelmente você estará coberto nos Estados Unidos quanto à perda ou dano a um carro alugado e quanto à responsabilidade em caso de dano a qualquer outra parte envolvida em um acidente. Certifique-se de descobrir se você está coberto na área que irá visitar, se sua política se estende a todas as pessoas que dirigirão o carro alugado, quanto da responsabilidade é coberta caso uma parte externa seja prejudicada em um acidente e se o tipo de veículo que você está alugando está incluído em seu contrato. O aluguel de caminhões, veículos esporte e veículos de luxo como um Jaguar não pode ser coberto.

A maioria dos **principais cartões de crédito** também oferecem algum nível de cobertura – considerando que eles sejam usados para pagar pelo aluguel. Os termos variam amplamente, no entanto, por isso, assegure-se de ligar para sua empresa de cartão de crédito diretamente, antes do aluguel.

Se você **não tiver seguro**, o cartão de crédito que você usar para alugar o carro pode oferecer uma cobertura primária, considerando que você recuse o seguro da agência de aluguel. Isso significa que a empresa do cartão de crédito cobrirá os danos por furto de um carro alugado pelo valor pleno de seu veículo. Se você já possui seguro, seu cartão de crédito poderá oferecer uma cobertura secundária – que basicamente cobre sua franquia. Os *cartões de crédito não cobrirão* a responsabilidade ou o custo por dano a uma parte externa e/ou dano ao veículo de uma parte externa. Lembre-se de que cada empresa de cartão de crédito tem suas próprias peculiaridades; ligue para sua para obter detalhes, antes de confiar na cobertura de um cartão de crédito. Se você não tiver uma política de seguro, talvez seja melhor pensar seriamente em adquirir um seguro de responsabilidade adicional, da sua empresa de aluguel. Entretanto, assegure-se de conferir os termos. Algumas agências de aluguel cobrem a responsabilidade apenas se a pessoa que alugou o carro não tiver culpa no acidente; mesmo nesse caso, a obrigação da empresa de aluguel varia de estado para estado.

A cobertura básica de seguro, oferecida pela maioria das empresas de aluguel de carros, conhecida como **renúncia de perda/dano**, **(LDW)** na sigla em inglês ou **renúncia de dano por colisão (CDW)**, pode custar até US$20 por dia. Ela geralmente cobre o valor total do veículo, sem franquia, se uma parte externa causar um acidente ou outro dano ao carro alugado. Em todos os estados, exceto na Califórnia, você provavelmente também estará coberto, em caso de roubo. A cobertura por responsabilidade varia de acordo com a política da empresa e a lei estadual, mas o mínimo geralmente é de US$15.000. Se a culpa por um acidente foi sua, no entanto, você estará coberto para o valor total de substituição do carro – mas não pela responsabilidade. Alguns estados permitem que você adquira uma cobertura adicional por responsabilidade em tais casos. A maioria das empresas de aluguel requer um boletim de ocorrência da polícia, para processar quaisquer reivindicações que você abra, mas sua seguradora privada não será notificada quanto ao acidente. Verifique suas próprias apólices e seus cartões de crédito antes de pagar mais por este seguro extra porque você pode já estar segurado.

DE TÁXI

Já que os táxis param em fila na frente de todos os principais hotéis, um jeito fácil de andar pela cidade é de táxi. Os táxis cobram US$3,20, no taxímetro, e US$0,25, para cada 200 metros adicional, com uma taxa adicional de US$1,20, para todas as tarifas com início no aeroporto e multas, com base no tempo se você ficar parado no trânsito. Um táxi, do aeroporto até a Strip, custará de US$12 a US$20, do aeroporto até o centro, de US$15 a US$20 e, entre a Strip e o centro, cerca de US$10 a US$15. Você geralmente pode economizar dinheiro dividindo um táxi com alguém que está indo para o mesmo destino (até cinco pessoas podem andar pela mesma tarifa).

Se você quiser pedir um táxi, qualquer uma das seguintes empresas podem oferecer um: **Desert Cab Company** (*©* 702/386-9102), **Whittlesea Blue Cab** (*©* 702/384-6111) e **Yellow/Checker Cab** (*©* 702/ 873-2000).

DE TRANSPORTE PÚBLICO

A **The Deuce** (*©* 702/CAT-RIDE [228-7433]; www.thedeucelasvegas.com) é uma frota de modernos ônibus, de dois andares, que percorrem a Strip e devem estar operando com rotas expandidas, até o centro, o McCarran Airport e a área de Paradise Road/Convention Center, até o momento em que você ler isso. Por uma tarifa notadamente baixa de US$5, você adquire uma passagem para o dia inteiro e pode subir e descer do ônibus quantas vezes quiser.

O **Las Vegas Monorail** (www.lvmonorail.com) sai do Sahara Hotel, zigue-zagueando até o Hilton e o Convention Center e, depois, desce novamente até a parte leste da Strip, fazendo diversas paradas em sua jornada de 6,4 quilômetros, antes de terminar a viagem no MGM Grand, depois voltando. Os preços são de US$5, só de ida, e US$9, para ida e volta.

Ou então, você pode subir em uma réplica de um bonde clássico operada pela **Las Vegas Trolley** (*©* 702/382-1404; www.striptrolley.com). Estes veículos, de cor verde escura e estilo antigo, possuem painéis interiores em carvalho e possuem confortáveis ar condicionados. Assim como os ônibus, eles percorrem em direção norte da Hacienda Avenue, parando em todos os grandes hotéis da rota, até o Sahara, depois, voltando pelo Las Vegas Hilton. No entanto, eles não vão até o Stratosphere ou até o centro. Os bondes saem a cada 15 minutos, diariamente, entre às 9h30 e às 2h. A tarifa é de US$4,25 (gratuito para crianças até 4 anos), para um passe que dura o dia inteiro, e é necessário dar o troco exato.

24   CAPÍTULO 2 · PLANEJANDO SUA VIAGEM A LAS VEGAS

Há também alguns serviços de transporte gratuitos que são cortesia dos cassinos. Por exemplo, um bonde gratuito faz serviço de shuttle entre o The Mirage e o Treasure Island.

5 Layout da Cidade

Há duas áreas principais em Las Vegas: a **Strip** e **Downtown** (o centro). Para muitas pessoas, Las Vegas é só isso. Mas, na verdade, há mais na cidade do que isso, talvez não tão brilhante e glamouroso – certo, definitivamente não – mas você encontrará ainda mais ação nos cassinos, na Paradise Road, e no leste de Las Vegas, lojas da cultura mainstream e alternativa, na Maryland Parkway, e diferentes opções de restaurantes por toda a cidade. Ater-se à Strip e ao centro é bom para um visitante de primeira viagem, mas os fregueses frequentes têm que sair e explorar a cidade. A Las Vegas Boulevard South (a Strip) é o ponto de origem dos endereços; qualquer rua que a cruza começa com 1 East e 1 West, em sua interseção com a Strip.

A STRIP

É, provavelmente, a extensão mais famosa de uma estrada, com quatro milhas de comprimento, do país. Chamada oficialmente de Las Vegas Boulevard South, ela possui a maioria dos principais hotéis da cidade e oferece quase todas as maiores opções de entretenimento. Os visitantes de primeira viagem irão e, provavelmente, é isso mesmo que eles devem fazer, passar muito tempo na Strip. Se a mobilidade é um problema para você, então nós sugerimos que você se instale em algum lugar ao Sul ou na Mid-Strip.

Para poder organizar este livro, nós dividimos a Strip em três seções. A **South Strip,** que consiste em, aproximadamente, a parte ao sul da Harmon Avenue e ao norte da Russell Road. Lar do MGM Grand, do Mandalay Bay, do Monte Carlo, do New York-New York, do Luxor, do novo CityCenter e muitos outros hotéis.

A **Mid-Strip** é uma longa extensão de ruas entre a Harmon Avenue e a Spring Mountain Road. Os hotéis que você encontrará aqui incluem o Bellagio, o Caesars, o The Mirage e o Treasure Island, o Ballys, o Paris Las Vegas, o Flamingo Las Vegas, o Harrahs, entre outros.

A **North Strip** estende-se ao norte da Spring Mountain Road até a Stratosphere Tower e exibe o Wynn Las Vegas, Stardust, Sahara, Riviera, e o Circus Circus, apenas para mencionar alguns.

Visão Geral de Las Vegas

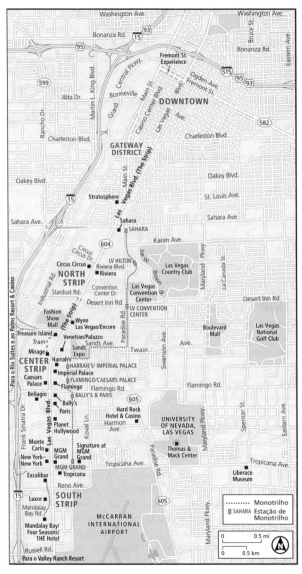

25

EAST DA STRIP/CONVENTION CENTER

Esta área cresceu ao redor do Las Vegas Convention Center. Las Vegas é uma das principais cidades para convenções do país, atraindo mais de 3 milhões de participantes de convenções a cada ano. O principal hotel desta seção da cidade é o Las Vegas Hilton, mas, nos anos mais recentes, o Marriott construiu o Residence Inn e propriedades do Courtyard aqui, além disso, o Hard Rock Hotel foi inaugurado. Você encontrará muitos e excelentes hotéis e motéis menores ao sul, ao longo da Paradise Road. Todos eles oferecem proximidade à Strip.

ENTRE A STRIP & O CENTRO

A área entre a Strip e o centro é uma faixa desgastada, repleta por capelas de casamento cafonas, agências de fiança, lojas de penhores e motéis baratos.

No entanto, a área conhecida como **Gateway District** (indo aproximadamente do norte ao sul do Charleston Blvd. até o oeste de Las Vegas Blvd. South) está gradualmente, mas com certeza, ganhando fama como uma verdadeira colônia de artistas. Os estúdios, pequenos cafés e outros sinais de vida estão surgindo e nós esperamos que este movimento dure.

CENTRO

Também conhecido como *"Glitter Gulch"* (ruas mais estreitas fazem com que as luzes néon pareçam mais brilhantes), o centro de Las Vegas, que tem seu centro na Fremont Street, entre as ruas Main e 9th, foi a primeira parte da cidade a construir hotéis e cassinos. Com exceção do Golden Nugget, que parece pertencer ao Monte Carlo, esta área é tradicionalmente mais casual que a Strip. Mas, com o advento da **Fremont Street Experience** (p. 127), o centro tem passado por uma revitalização. A área é limpa, as pessoas são discretas e amigáveis e o espetáculo de luzes acima é tão tolo quanto tudo o que há na Strip. Não deixe de conferir. A Las Vegas Boulevard South vai até a Fremont Street Downtown.

Não deve ser muito difícil encontrar seu caminho por Las Vegas. Mas lembre-se de que, devido aos enormes terrenos dos hotéis, ao trânsito cada vez maior e mais vagaroso e devido ao fato de que a há muitas outras pessoas como você, andar pela cidade pode levar mais tempo do que você imagina. Ora, pode levar de 15 a 20 minutos para chegar do seu quarto a outra parte do hotel! Sempre reserve bastante tempo para chegar do ponto A ao ponto B.

6 Dinheiro & Despesas

DINHEIRO

Os caixas eletrônicos, ligados à redes **Cirrus** (© 800/424-7787; www.mastercard.com) e **PLUS** (© 800/843-7587, www.visa.com), podem ser encontrados em todos os lugares em Las Vegas; ninguém quer que você fique sem o dinheiro que poderia gastar num caça-níquel! No entanto, tome cuidado com as taxas de saque, que podem chegar a US$2 ou US$3 (as taxas mais altas geralmente são para máquinas comerciais em lojas de conveniência e lobbies de hotel). Além disso, esteja ciente de que seu próprio banco pode impor uma taxa todas as vezes que você usar seu cartão em caixa eletrônico numa cidade ou num banco diferente. Para comparar as taxas de caixa eletrônico dos bancos dentro dos Estados Unidos acesse **www.bankrate.com.**

Quase todas as empresas de cartões de crédito possuem um número de emergência gratuito para o qual você pode ligar caso tenham roubado sua carteira ou bolsa. O número de emergência da **Visa** nos Estados Unidos é © 800/847-2911. Os portadores de cartões e cheques de viagem da American Express devem ligar para © 800/221-7282. Os clientes da **Master-Card** devem ligar para © 800/307-7309.

NEGÓCIOS PARA ECONOMIZAR DINHEIRO

Antes de você começar a procurar a passagem aérea mais baixa, talvez você queira considerar agendar seu voo como parte de um pacote de viagem.

Os pacotes de viagem não são a mesma coisa que viagens com guias. Eles são simplesmente uma maneira de adquirir passagens e acomodações (e às vezes alguns extras como passeios turísticos e ingressos para espetáculos, que são difíceis de conseguir) ao mesmo tempo. Ao visitar Las Vegas, um pacote pode ser uma opção inteligente. Em muitos casos, um pacote, que inclui passagem aérea, hotel e um carro alugado, custa menos do que sua conta de hotel custaria separadamente, caso você tivesse reservado o hotel por si próprio. Isso porque os pacotes são vendidos em grandes quantidades às agências de viagem, que, então, os revendem ao público, a um preço que é drasticamente mais barato do que as taxas padrão.

Os pacotes, no entanto, podem variar amplamente. Alguns oferecem uma classe melhor de hotéis do que os outros. Alguns oferecem os mesmos hotéis por preços menores. Em alguns pacotes, sua escolha de acomodações e dias de viagem pode ser limitada. Qual pacote é o certo para você vai depender inteiramente daquilo que você quer. Os preços variam de acordo com a estação, a disponibilidade de assentos, a opção de hotel, se você vai viajar no meio da semana ou no fim de semana, além de outros fatores. Mas já que até mesmo uma tarifa para viagem de ida e volta, adquirida com antecedência entre Nova York e Las Vegas, pode facilmente chegar a US$100 ou $200 a mais do que os preços mencionados abaixo, parece quase loucura não reservar um pacote mais barato, que inclua tantos extras.

Apenas para dar alguns exemplos, até o momento de impressão, um pacote de férias da **Delta Vacations**, saindo de Nova York, custa apenas US$478 por pessoa, com base em acomodação dupla, incluindo transporte aéreo de ida e volta de classe econômica, 2 noites em um dos diversos hotéis cassino de sua escolha, um carro alugado, transferências de aeroportos, descontos e entradas de bônus. Até o momento da impressão, a **Southwest Airlines Vacations** oferecia uma passagem aérea, de ida e volta, de Los Angeles, com 2 noites em diversos hotéis diferentes, a um preço por pessoa, baseado em acomodação dupla, de US$269 para o Bellagio (sem os impostos e taxas aplicáveis).

Aqui estão algumas dicas para ajudá-lo a distinguir um pacote do outro e descobrir qual é o melhor para você:

- **Leia este guia.** Faça um pouco de lição de casa. Compare as taxas que nós publicamos às taxas com desconto sendo oferecidas pelas agências de pacotes para ver que tipo de ofertas elas estão oferecendo – para ver se uma economia substancial está realmente sendo oferecida ou se elas apenas incrementaram as taxas padrão para fazer com que sua oferta parecesse um bom negócio. Se uma estadia em um hotel que nós não recomendamos está sendo oferecida, faça um pouco mais de pesquisa para conhecer o hotel, principalmente se não se tratar de uma franquia confiável. Não vai ser um bom negócio se você acabar em uma espelunca.

- **Leia as letras miúdas.** Assegure-se de que você saiba *exatamente* o que está incluso no preço orçado para você e o que não está. As taxas do hotel estão inclusas ou você terá que pagar um extra? Antes de se comprometer com um pacote, assegure-se de que você saiba quanta flexibilidade você tem se, digamos, seu filho ficar doente ou seu chefe, de repente, pedir que você ajuste seu período de férias. Algumas agências de pacotes exigem compromissos firmes, enquanto outras seguem o fluxo dos acontecimentos, cobrando apenas taxas mínimas para alterações ou cancelamentos.

DINHEIRO & DESPESAS

- **Use seu bom senso.** Fique longe dos caloteiros e das agências de pacotes duvidosas. Se um negócio parece bom demais para ser verdade, provavelmente é isso mesmo. Escolha uma empresa com reputação, com um histórico comprovado. É aqui que seu agente de viagem pode ser bastante útil, ele deve conhecer as diferentes agências de pacotes, as ofertas e a taxa geral de satisfação entre os clientes.

Então, como encontrar uma oferta de pacote? Talvez o melhor lugar para começar seja nas próprias linhas aéreas, que geralmente oferecem pacotes de seus voos, juntamente com acomodações. A **Southwest Airlines Vacations** (© 800/475-9792; www.swavacations.com) possui dezenas de voos, chegando e saindo de Las Vegas, todos os dias, por isso, o grande volume permite que eles ofereçam algumas ofertas de férias relativamente baratas, com muitas opções em termos de tempo de viagem e hotéis.

Outras linhas aéreas, que oferecem pacotes aéreos/terrestres, incluem a **American Airlines Vacations** (© 800/321-2121; www.aavacations.com), a **Continental Airlines Vacations** (© 800/301-3800; www.covacations.com), a **Delta Vacations** (© 800/654-6559; www.deltavacations.com), **United Vacations** (© 888/854-3899; www.unitedvacations.com), e a **US Airways Vacations** (© 800/455-0123; www.usairways vacations.com).

As maiores cadeias de hotéis, cassinos e *resorts* também disponibilizam ofertas de pacotes. Se você já sabe onde quer ficar, ligue para o próprio *resort* e pergunte se eles podem oferecer pacotes terrestres/aéreos.

Outro lugar para começar sua busca é pela seção de viagens de seu jornal local de domingo. Confira também os anúncios na parte de trás das revistas de viagem nacionais, como a *Travel Holiday,* a *National Geographic Traveler* e a *Arthur Frommer's Budget Travel.*

Uma das maiores agências de pacotes no Nordeste dos Estados Unidos, a **Liberty Travel** (© 888/271-1584; www.libertytravel.com), possui um anúncio de página inteira em muitos jornais de domingo. Você não vai conseguir muito, em termos de serviços deles, mas pode conseguir um bom negócio. A **American Express Vacations** (© 800/297-2977; http://travel.americanexpress.com) é outra opção.

Para comprar em apenas um lugar, a **Vacation Together** (© 877/444-4547; www.vacationtogether.com) permite que você procure e reserve pacotes para Las Vegas, oferecidos por uma série de operadoras de turismo e linhas aéreas.

Por fim, outra boa fonte de negócios, que economiza dinheiro, são os sites de planejamento de viagens online que, geralmente, oferecem pacotes com descontos para Las Vegas. Os sites mais antigos e com melhor reputação são o **Travelocity** (www.travelocity.com ou http://frommers.travelocity.com) e o **Expedia** (www.expedia.com), que oferecem excelentes opções e buscas para pacotes de férias completos. Os viajantes buscam por destino e datas e pela quantia a que estão dispostos a gastar.

O **Orbitz** (www.orbitz.com), um site lançado pelas linhas aéreas United, Delta, Northwest, American e Continental, oferece uma enorme variedade de tarifas aéreas e quartos de hotel, assim como pacotes de férias completos.

7 Recursos de Viagem Especializados

TURISTAS PORTADORES DE DEFICIÊNCIA

Por um lado, Las Vegas é bem equipada para pessoas portadoras de deficiência, sendo que, praticamente, todos os hotéis têm quartos acessíveis, rampas e outras necessidades. Por outro lado, a distância entre os hotéis (especialmente na Strip) faz com que seja praticamente obrigatório que a maioria dos turistas, portadores de deficiência, tenham algum tipo de veículo - pode ser extremamente desgastante e levar bastante tempo para ir de um lugar ao outro (mesmo dentro de um único hotel, devido às multidões). Mesmo que você não pretenda jogar, ainda tem que passar pelo cassino, e pode ser um tanto difícil se locomover nestes lugares, especialmente no caso de um hóspede com uma cadeira de rodas. Os cassinos, geralmente, ficam lotados e as máquinas e mesas, geralmente, são dispostas próximas umas às outras, com cadeiras, pessoas e outros bloqueando o acesso facilitado. Você também deve considerar que, normalmente, há uma longa viagem nos hotéis maiores entre a entrada e os elevadores dos quartos (ou, conforme for o caso, até qualquer lugar do hotel); além disso, inclua na equação um cassino lotado.

O **Southern Nevada Center for Independent Living,** 6039 Eldora St., Suite H-8, Las Vegas, NV 89146 (📞 **800/870-7003** ou 702/889-4216; www.sncil.org) pode recomendar hotéis e restaurantes que atendam às suas necessidades, ajudá-lo a localizar um atendente pessoal, aconselhá-lo quanto aos transportes e responder quaisquer outras perguntas. O **Nevada Commission on Tourism** (📞 **800/638-2328;** www.travelnevada.com) oferece um guia de acomodações gratuito para os hotéis de Las Vegas que inclui informações sobre acesso.

TURISTAS GAYS E LÉSBICAS

Para uma cidade tão liberada e permissiva, Las Vegas tem também seu lado conservador e esta não é a cidade mais adequada para *gays*. Isso não é manifestado em nenhum sinal de ultraje contra exibições abertas de afeição gay, mas significa que a comunidade gay local fica, em grande parte, confinada ao cenário dos bares. Isso pode estar mudando com as paradas locais de orgulho gay e outras atividades, ganhando força a cada ano, incluindo a primeira parada noturna da história pelo centro com a participação do prefeito, em 2001. Veja a lista de bares gays no capítulo 7, "Las Vegas Após o Anoitecer." Além disso, se você estiver na Web, confira o site **www.gaylasvegas.com** ou **Gayvegas.com,** ambos contendo conselhos úteis sobre acomodações, restaurantes e vida noturna.

A *QVegas,* uma revista mensal que atende a comunidade gay, oferece informações sobre bares, oficinas, política local, grupos de apoio, lojas, evento etc. Você pode encontrar a revista em bares, lojas de música e na maioria das bibliotecas e livrarias. Para obter detalhes, ligue ℂ **702/650-0636** ou confira a edição online, em **www.qvegas.com.**

IDOSOS

Idosos, não sintam vergonha em pedir desconto, mas sempre tenham consigo a identidade, principalmente se você tiver conservado seu brilho da juventude. Mencione o fato de que você é idoso ao fazer pela primeira vez suas reservas de viagem. A maioria das principais linhas aéreas domésticas oferecem programas de desconto para viajantes idosos, assim como a **Greyhound** (ℂ **800/231-2222**; www.greyhound.com).

Os membros da **AARP** (antigamente conhecida como Associação Americana de Aposentados), 601 E St. NW, Washington, DC 20049 (ℂ **888/687-2277**; www.aarp.org), possui descontos em hotéis, tarifas aéreas e aluguéis de carros. A AARP oferece aos membros uma ampla gama de benefícios, incluindo a revista *AARP The Magazine* e um boletim mensal. Qualquer pessoa com mais de 50 anos pode se associar.

VIAGEM EM FAMÍLIA

Vegas é uma cidade que oferece diversão para as pessoas com mais de 21 anos e não é o melhor destino para trazer as crianças. Em primeiro lugar, as crianças são terminantemente proibidas nos cassinos. Considerando que a maioria dos hotéis são dispostos de modo que você deve passar frequentemente pelos cassinos, veja como isso se torna uma dor de cabeça. Alguns hotéis-cassino não permitem que crianças de pessoas não hóspedes permaneçam no local após às 18h – e esta política é imposta com seriedade. Se você escolher viajar para cá com as crianças, procure os hotéis, restaurantes e espetáculos que tenham o ícone **Crianças,** nos capítulos 3, 4 e 7.

Se de fato você trouxer seus filhos a Las Vegas durante o verão, definitivamente será melhor que você reserve um lugar com uma piscina. Muitos hotéis também têm enormes galerias de vídeos e outras diversões.

TURISTAS MULHERES

Graças às multidões, Las Vegas é tão segura quanto qualquer outra cidade grande para uma mulher que esteja viajando sozinha. Tome as precauções comuns e esteja atenta a agitadores ou negociantes bêbados, que podem confundir uma mulher sozinha com uma "garota em serviço" (Ah! Propostas milionárias a la Robert Redford são uma raridade). Muitos dos grandes hotéis (a maioria dos hotéis MGM-Mirage, por exemplo) têm seguranças parados nos elevadores, à noite, para impedir que qualquer outra pessoa não hóspede suba para os andares dos quartos. Pergunte ao fazer suas reservas. Se estiver ansiosa, peça que um dos seguranças a acompanhe até seu quarto. *Sempre* tranque sua porta, *inclusive* com os trincos, para impedir que intrusos entrem no quarto.

Onde Ficar

As acomodações em Vegas, se jogar não for sua prioridade, são talvez a parte mais complicada da visita. Não porque haja falta de espaço em Vegas. De jeito nenhum; na última contagem, a cidade tinha quase 140.000 quartos de hotel e o número continuava a subir. É porque você não está lá especificamente para se envolver no passatempo mais comum dos jogos e os proprietários dos hotéis, muito provavelmente, farão o impossível para fazer você mudar de ideia.

Em todos os outros lugares do mundo, os hotéis são construídos próximos às principais atrações. Aqui, eles *são* as principais atrações. Os projetistas dos hotéis são considerados fracassados se não conseguiram fazer com que fosse desnecessário deixar o lugar; caso isso não seja explicitamente impossível você pode ver que sua escolha de acomodação será um desafio. Pois, por mais fantásticos que esses lugares monstruosos sejam, eles existem por uma única razão: encurralar seus clientes para usar máquinas caça-níquel. Ou as mesas de vinte e um. O que for.

Consequentemente, o design mais comum de um hotel cassino é feito para assegurar que todos os hóspedes tenham que passar, ou então atravessar o andar do cassino no caminho de seus quartos para qualquer outro lugar. O layout de muitos hotéis é feito da maneira mais confusa possível, na esperança de que você ficará tão exausto de tentar encontrar a saída, que simplesmente desistirá e comerá/jogará/apostará ali mesmo. Por que procurar por algum lugar curioso e étnico quando há comida chinesa ali mesmo? Por que ir ver um espetáculo em algum outro hotel quando eles têm um número circense ali mesmo? E, ah, eu estou com esses trocados na mão, é melhor eu usá-los para jogar em vez de ficar carregando-os... Há alternativas: Você sabe o que é um *hotel de cadeia*? Diga o nome de um, qualquer um, e ele está presente em Vegas. Eles são projetados para o conforto e o anonimato daqueles que viajam a negócios. É claro que eles são bons, mas não são nada de especial e, certamente, não oferecem nenhum deslumbramento. Por outro lado, eles não têm cassinos, o que diminui bastante seu quociente de barulho e caos. Nós listamos os melhores.

Há uma série de coisas para manter em mente ao reservar suas acomodações em Vegas. A primeira e a mais significativa é que os preços de tabela têm pouco a ver com os preços reais. Ninguém nunca paga os preços de tabela em Vegas. Nunca. Os hotéis de Vegas mudam de preço num piscar de olhos. O mesmo quarto pode custar US$39 em uma noite e algumas noites depois, custar US$239 caso haja uma convenção, o *Super Bowl* ou um feriado acontecendo.

É por isso que os preços listados nesse capítulo flutuam altamente em alguns casos. O que fazer? Fique de olho nas ofertas; a Internet será sua amiga, com websites como o **www.hotels.com** oferecendo um apanhado geral de preços baixos para quartos. Os jornais geralmente têm anúncios oferecendo excelentes preços para quartos. E você também pode ligar para um hotel e implorar para a pessoa que atender ajudá-lo. Observe que, por algum motivo, os hotéis cassino geralmente são consideravelmente mais em conta do que os hotéis de cadeia. Embora os dias dos preços de quartos baixíssimos, para os hóspedes sentirem-se confortáveis em gastar mais nas mesas, sejam coisa do passado, esse incentivo básico ainda permeia as mentes dos hotéis. Os hotéis de cadeias, *sem* cassinos, não têm esse tipo de motivação. Os sites de esclarecimento da Web, no entanto, geralmente o informam se o Marriott ou algum outro hotel está oferecendo algo especial.

Se tiver a oportunidade, ao reservar seu quarto peça uma unidade de esquina porque elas tendem a ser maiores e a ter mais janelas. Além disso, quanto mais alto for o quarto, melhor será a vista; quase todos os hotéis da Strip em Vegas têm alguma vista especial para oferecer. O Mirage com o vulcão em erupção, o Treasure Island com suas batalhas entre sereias e piratas, o Venetian e suas gôndolas e, para todos eles, as luzes brilhantes da Strip em toda a sua glória noturna. Um quarto em um andar mais baixo geralmente só oferece vista para os outros prédios.

Dicas Uma Maravilha da Web

Uma jóia pouco conhecida, o **Travelaxe (www.travelaxe.com)** oferece um programa gratuito, disponível para download, de comparação de preços que tornará a sua busca por um hotel em Las Vegas infinitamente mais fácil. O programa busca os hotéis e uma série de websites de viagem com descontos para obter os melhores preços para as datas da sua viagem. Clique no preço que você gostar e o programa o redirecionará diretamente para o website que está oferecendo tal preço. E, diferentemente da maioria dos websites, os preços do Travelaxe incluem as taxas do hotel para que você realmente veja o preço total do quarto.

Observe também que embora nós digamos que há diferenças nos quartos de Vegas, às vezes, pode ser difícil identificar tais diferenças. Parece haver algumas categorias básicas para os quartos – aqueles que são bons, aqueles que são um pouco melhores do que bons e aqueles que são ainda um tanto mais agradáveis – mas dentro dessas categorias, com poucas exceções, não há muito que distinga um quarto do outro. Afinal de contas, novamente nós estamos falando de refinados hotéis de cadeia ou de hotéis grandes, gigantes, enormes – é simplesmente difícil haver individualidade quando estamos falando de mais de 3.000 quartos. Falando nisso, se você estiver indo a Vegas porque você ouviu dizer que a cidade agora está se concentrando em ser uma cidade resort de luxo, lembre-se de que serviço completo e lençóis de algodão egípcio não são encontrados no atacado. Se você concorda conosco que esses não são componentes insignificantes no conceito de "luxo", dirija-se para os complexos menores.

Os resorts são muitos bons em termos do que oferecem, mas há armadilhas escondidas. Um exemplo é como aqueles gloriosos spas custam tão caro (p. 64), como as piscinas são rasas e as mais novas geralmente não têm muitas árvores, coberturas ou outras proteções para fazer sombra. Geralmente há as cabanas, mas você tem que pagar para usá-las. Na verdade, há um custo para tudo além do preço básico do seu quarto e as quantias são adicionadas.

Também vale a pena levar em consideração a localização do seu hotel. Todos os hotéis no centro são totalmente voltados para os apostadores e não seriam boas opções para quem não joga, por isso, não oferecemos críticas de nenhum deles aqui. Se você não vai jogar, mas você quer tomar parte no segundo passatempo mais popular de Vegas, passear pela Strip pronunciando variações de "Uau!," você precisará alugar um carro (os táxis são custosos e, embora muitos hotéis fora da Strip tenham serviço de shuttle, eles podem não ser muito confortáveis e flexíveis) ou se hospedar em um hotel localizado ao centro, ou na esquina da Tropicana Avenue com a Strip ou não mais ao norte do que o The Venetian. A Strip é longa, as propriedades são maiores do que parecem e faz muito calor no verão e muito frio e vento no inverno. Por outro lado, se você quer ter paz, fique longe da Strip e num hotel sem cassino; o fator de confusão diminui bastante.

Nota: As classificações por estrelas que nós atribuímos nesse capítulo refletem a adequação do hotel para aqueles que não jogam. Assim, um hotel que pode ter uma classificação de três estrelas para jogadores pode ser classificado apenas com duas estrelas para você.

1 Os Principais Hotéis

Os seguintes hotéis são os nossos favoritos absolutos para acomodações de quem não joga, graças à sua disposição ou aos seus serviços.

SOUTH STRIP
Four Seasons Las Vegas ✰✰✰ *(Crianças)* Nós adoramos os quatro hotéis com três estrelas nessa seção igualmente; cada um deles tem algo para recomendar aos outros. Mas damos uma pequena preferência ao Four Seasons devido à combinação da localização e dos serviços; ele fica na Strip (em oposição ao *Ritz* e ao *Green Valley Ranch*, ambos ficam próximos a Henderson). O *Four Seasons* é um dos principais conglomerados de hotéis do mundo, por isso, essas pessoas sabem tudo sobre mimá-lo. Desde o momento em que você entra pela porta todos estão preocupados com você.

Localizado nos andares superiores do Mandalay Bay, a entrada fica localizada do outro lado do hotel, para que você nunca precise ouvir o barulho de uma máquina de jogos, caso escolha. Os quartos, recentemente reformulados, têm muitos tons neutros e bom gosto suave. Os banheiros são luxuosos, repletos de caras cortesias da marca L'Occitane. O hotel possui instalações próprias, incluindo uma piscina de tamanho médio e um clube de saúde e bem-estar (health club) totalmente equipado sem taxa (único em Vegas). Apesar da atmosfera adulta, as crianças são bem vindas; os quartos podem ser adequados para bebês, as crianças ganham um presente de boas vindas como brinquedos e doces e por aí vai. Dentre os hotéis nessa categoria, este é o melhor lugar para as crianças (considerando que os pais tenham um bolso recheado).

O serviço é impecável; uma das hóspedes se lembra de ter pedido uma árvore de Natal em sua estadia durante o feriado e encontrou a árvore completamente decorada esperando por ela. Os restaurantes, Charlie Palmer Steak e Veranda Cafe, são bons demais, até mesmo para elogiar. Além disso, todos os extras escondidos dos outros hotéis – uso do clube de saúde e bem-estar (health club) e bem-estar (health club), cabanas na piscina, e assim por diante – estão inclusos na taxa do quarto, o que o torna ainda mais barato do que os outros hotéis elegantes. E caso você se canse da calmaria, o Mandalay Bay e todos os seus encantos ficam a apenas um corredor de distância.

3960 Las Vegas Blvd. S., Las Vegas, NV 89119. ✆ **877/632-5000** ou 702/632-5000. Fax 702/632-5195. www.fourseasons.com. 424 unidades. US$450 ou mais o quarto duplo; US$530 ou mais a suíte. Pessoa extra US$30. Crianças com até 17 anos têm estadia gratuita no quarto dos pais. AE, DC, DISC, MC, V. Estacionamento com valet US$18,

Acomodações na Strip

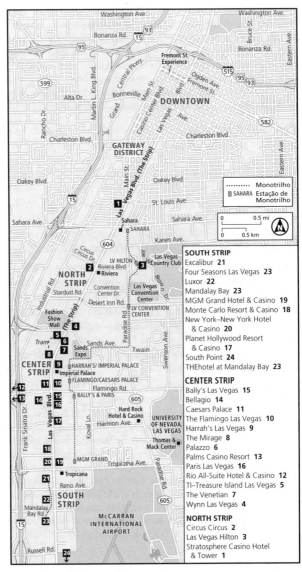

sem estacionamento próprio. Aceitos animais de estimação com até 11 kg. **Serviços**: 2 restaurantes; piscina externa aquecida; clube de saúde e bem-estar (health club) elegante (gratuito para os hóspedes) e spa; concierge; balcão de aluguel de carro; carro de cortesia; centro comercial com fax, entrega e serviço de secretária aberto diariamente durante o horário comercial; serviço de quarto 24 horas; massagem no quarto; serviço de lavanderia noturno; lavagem a seco noturna; quartos de nível executivo. *No quarto*: A/C, TV/DVD c/ filmes pagos, Wi-Fi (mediante taxa), minibar, refrigerador mediante solicitação, cafeteira, secador de cabelo, ferro/tábua de passar roupas, cofre.

Mandalay Bay ★★ Dentre todos os verdadeiros hotéis cassino da Strip, este pode ser o mais adequado para quem não joga. Sendo o único dentre todos os hotéis-cassino da Strip, aqui os hóspedes não têm que passar pelo cassino para chegar aos elevadores de hóspedes, embora o cassino esteja no meio do caminho entre todos os bons clubes e restaurantes. Existem muitos restaurantes aqui e dentro deles estão alguns dos interiores mais elegantes, em uma cidade que não dá muita atenção a ambientes de restaurantes amenos. Os quartos são amplos, bonitos e passíveis de serem esquecidos, mas os banheiros são os maiores da Strip nessa faixa de preço.

A área da piscina é soberba: com 11 acres, possui um grande e relaxante rio, 3 piscinas regulares e uma piscina com ondas que forma tubos de tamanho pequeno em intervalos regulares para os aspirantes a surfistas (extra para aluguel de boogie board). Por uma taxa extra (e exorbitante) você pode passear pelo calmo Shark Bay Reef. Entre os cenários quentes do Rumjungle e do House of Blues, a vida noturna é bem servida. Embora nós conheçamos algumas famílias que se hospedaram aqui e ficaram satisfeitas, observe que uma pessoa extra com mais de 14 anos custa um adicional de US$35.

3950 Las Vegas Blvd. S. (na Hacienda Ave.), Las Vegas, NV 89119. ✆ **877/632-7800** ou 702/632-7777. Fax 702/632-7228, www.rnandalaybay.com. 3.309 unidades (incluindo o THEhotel). A partir de US$99, quarto duplo; a partir de US$149 a suíte; a partir de US$149 os Quartos Assinatura do House of Blues. AE, DC, DISC, MC, V. Estacionamento gratuito próprio ou com valet. **Serviços**: Cassino; centro de eventos com 12.000 lugares; teatro de artes performáticas com 1.700 lugares; aquário; capelas para casamento; 22 restaurantes; 4 piscinas externas c/ rio relaxante e piscina com ondas; clube de saúde e bem-estar (health club); spa; Jacuzzi; sauna; equipamentos para esportes aquáticos/aluguéis; concierge; balcão turístico; centro comercial; serviço de quarto 24 horas; massagem no quarto; babysitter; serviço de lavanderia; lavagem a seco; quartos de nível executivo. *No quarto*: A/C, TV c/ filmes pagos, porta de dados, acesso à Internet de alta velocidade (mediante taxa), Wi-Fi (mediante taxa), secador de cabelo, ferro/tábua de passar roupas, cofre.

OS PRINCIPAIS HOTÉIS 39

THEhotel no Mandalay Bay ✯✯✯ Um hotel surpreendente e sofisticado, contemporâneo e clássico; a única coisa que o impede de ser nossa escolha número um para quem não joga – ou para qualquer pessoa – é o fato de que, diferentemente do Four Seasons ou do Ritz, este hotel ainda é "tamanho Vegas". O que significa que, embora ele pareça um hotel butique e aja como um hotel butique, ele simplesmente não pode ser administrado como um hotel butique. Se você reduzir essa belezinha e incluir alguns dos serviços de paparicação que você encontra no Ritz ou no Four Seasons, você terá algo capaz de competir com qualquer estabelecimento elegante de Manhattan. E, para ser justa, com todas as unidades sendo verdadeiras suítes de um quarto, possuindo nada menos do que três TVs de plasma tela plana, banheiros com banheiras tão fundas que a maioria das pessoas podem afundar até o queixo, roupões e chinelas e até mesmo lençóis decentes, a experiência é tão diferente de qualquer outra coisa em Vegas que nós não sabemos se precisamos de algo mais.

O THEhotel é estabelecido em um prédio completamente diferente do resto do Mandalay Bay, embora os dois hotéis sejam conectados por um longo corredor. Por isso, você, o hóspede que não joga, pode ficar em um ambiente calmo e maduro, embora esteja a uma distância curta de toda aquela tradição que Vegas tem a oferecer. Embora você possa não estar tão tentado assim, uma coisa é certa: essas acomodações elegantes (com sala de estar separada, bar molhado, até um meio banheiro), apesar do excesso de espelhos e uma iluminação um tanto escura demais, são feitos para fazer com que você permaneça no quarto.

Os preços são altos: o clube de saúde e bem-estar (health club) de alto padrão custa US$30 por dia, e os lustrosos cafés fazem você pagar por suas maravilhosas decorações. Ainda assim, se esse lugar chega perto de ser o que ele pretende ser, observe o restante de Vegas para ter uma ideia – e já não é sem tempo.

3950 Las Vegas Blvd. S. (na Hacienda Ave.), Las Vegas, NV 89119. ✆ **877/632-7800** ou 702/632-7777. Fax 702/632-9215. www.thehotelatmandalaybay.com. 1.120 unidades. A partir de US$160, a suíte. Pessoa extra US$30. Crianças com menos de 14 anos têm estadia gratuita no quarto dos pais. AE, DC, DISC, MC,V. Estacionamento gratuito próprio e com valet. **Serviços:** 2 restaurantes; bar; acesso aos restaurantes/piscina/cassino do Mandalay Bay; clube de saúde e bem-estar (health club); spa; balcão turístico; balcão de aluguel de carro; centro comercial; serviço de quarto 24 horas; serviço de lavanderia. *No quarto:* A/C, 3 TVs de plasma com tela plana c/ filmes pagos, DVD player, CD player, acesso à Internet de alta velocidade (mediante taxa), Wi-Fi (mediante taxa), impressora/fax, bar molhado, secador de cabelo, ferro/tábua de passar roupa, cofre.

O LADO EAST DA STRIP
Green Valley Ranch Resort ₢₢₢ Em uma cidade que insiste em dizer que ela agora oferece "verdadeiras opções de resorts" em contraste com a visão tradicional de Vegas sendo um lugar só para quem joga, é bom saber que pelo menos um lugar não está exagerando. É claro que o resort em questão fica em Henderson, mas é possível ver a Strip da área da piscina, estando a uma distância de apenas 15 minutos de carro de lá, dependendo do trânsito.

Então, o que faz esse lugar valer a pena a distância (que é realmente insignificante, a menos que você esteja no horário de rush)? A estranha e bem sucedida fusão do Green Valley, entre o luxo do Ritz-Carlton, com o estilo do W e do Hard Rock Hotel. Do lado de dentro tudo é elegante e imponente, um lobby ostentoso e clássico, quartos amplos com as camas mais confortáveis da cidade (roupas de cama bordadas com contas, camas de plumas, cobertores grossos) e luxuosos banheiros de mármore. Do lado de fora fica a área de piscina mais moderna, juntamente com a do Hard Rock Hotel, que é nossa preferida para relaxar. É em partes uma lagoa, e possui uma geometria moderna, com lugares rasos para ler e repousar, e seleção de equipamentos para descansar ao lado da piscina, que vão desde espreguiçadeiras de madeira com grossos colchões repletos de travesseiros, além de bebidas servidas do moderno Whiskey Beach. O uso do pequeno clube de saúde e bem-estar (health club) é gratuito e o charmoso spa é moderno e contemporâneo. À noite, o Whiskey Sky esquenta – mais colchões e poltronas repletos de travesseiros e os corpos mais sarados de Vegas – enquanto os DJ's tocam suas músicas e as pobres almas tentam passar pelo cordão de veludo. Você pode porque é hóspede aqui.

A área do cassino, completamente separada (que fica em outro prédio conjunto) oferece uma série de restaurantes, desde um café 24 horas à Pancake House e ao Hank's, com seus filés refinados e guloseimas fritas. Inclua também um cinema com múltiplas telas, e este é um resort que tem algo a oferecer para todas as demografias.

2300 Paseo Verde Dr. (na I-215), Henderson, NV 89052. ℂ **866/782-9487** ou 702/782-9487, Fax 702/617-6885. www.greenvalleyranchresort.com. 200 unidades. De domingo a quinta, a partir de US$129, quarto duplo; de sexta e sábado, US$189. Pessoa extra, US$12. Crianças até 18 anos têm estadia gratuita no quarto dos pais. Berço/carrinho gratuito. AE, DC, DISC, MC, V. Estacionamento gratuito próprio e com valet. **Serviços**: Cassino; clube noturno; cinema; 10 restaurantes além de uma praça de alimentação; piscina externa; clube de saúde e bem-estar (health club); spa; Jacuzzi; sauna; concierge; shuttle gratuito para a Strip e o aeroporto; centro comercial; galeria de lojas; serviço de quarto 24 horas; massagem no quarto; serviço de lavanderia; lavagem a seco; quartos de nível executivo. *No quarto*: A/C,

TV c/ filmes pagos, porta de dados, acesso à Internet de alta velocidade (mediante taxa), Wi-Fi (mediante taxa), cafeteira, secador de cabelo, ferro/tábua de passar roupa, cofre.

Ritz-Carlton, Lake Las Vegas ✰✰✰ *Crianças* Digamos que você não esteja vindo a Vegas para uma convenção ou para visitar parentes, duas coisas que poderiam necessitar de uma estadia na cidade, mas para um genuíno refúgio. Considere isto: não se hospede em Vegas. Fique fora da cidade. A cerca de meia hora e num cenário completamente diferente fica o artificial, mas ainda agradável, Lake Las Vegas, cercado, em uma das extremidades, por este incrível hotel, projetado como a Ponte Vecchio em Florença, Itália. Este é o nosso favorito absoluto na área. Há muito pouco incentivo para sair daqui. Em qualquer ocasião. O cenário – um lago azul vivo, cercado por montanhas austeras, repleto de serenidade – é o oposto completo da comumente agitada e esmagadora Vegas. O resultado é um verdadeiro resort com grande apelo. Não é nem um pouco esnobe, considerando que a bem treinada e solícita equipe mima todos os hóspedes, independentemente de sua roupa ou de seu bolso.

Com uma piscina e uma praia artificial com sombra (ambas com cabanas e guarda-sóis), aulas gratuitas de yoga e aeróbica, trilhas, passeios de bicicleta, contemplação das estrelas, esportes aquáticos e outras atividades por taxas adicionais e uma bela academia e um spa ainda melhor, esta é uma opção excelente para casais que procuram romance ou amigos viajando em um fim de semana para estreitar os laços. Todos os tipos de atividades saudáveis (ainda que geralmente você tenha que pagar uma taxa extra) e a distância da confusão de Vegas tornam esta uma excelente escolha também para as famílias. Os quartos têm um bom tamanho, construídos em tons pastéis agradáveis e neutros, com camas bem fofas e todos com vista para o lago ou para as montanhas. Considere a taxa noturna extra para o Club Level (cerca de US$100), que valerá muito a pena para os quatro serviços de comida diários e bebidas ilimitadas. A vila vizinha oferece algumas opções de restaurantes apropriadas, mas a comida no Ritz é (mesmo que mais cara) superior. O cassino nesse mesmo complexo não é tão bom, por isso, se a vontade de jogar bater, talvez você prefira dirigir até Vegas ou pegar os shuttles regulares até a Strip (eles operam aproximadamente das 9h às 21h e custam US$35).

1610 Lake Las Vegas Pkwy., Henderson, NV 89011. ✆ **800/241-3333** ou 702/567-4700, Fax 702/567-4777. www.ritzcarlton.com. 349 unidades. A partir de US$179. Crianças têm estadia gratuita no quarto dos pais. Cobrança adicional para bicama. AE, DC, DISC, MC,V. Estacionamento gratuito e próprio. Aceitos animais de estimação. **Serviços**: Restaurante;

bar; 2 piscinas; clube de saúde e bem-estar (health club); spa; algumas aulas gratuitas de exercícios; concierge; shuttle até a Strip; táxis aquáticos para as atrações próximas; centro comercial; serviço de quarto 24 horas; massagem no quarto; babysitter; serviço de lavanderia; lavagem a seco; quartos de nível executivo. *No quarto*: A/C, TV c/ filmes pagos, Nintendo, porta de dados, acesso à Internet de alta velocidade (mediante taxa), Wi-Fi (incluída na taxa do resort), minibar, secador de cabelo, ferro/tábua de passar roupas, cofre.

O LADO WEST DA STRIP

Red Rock Resort *✹✹✹* Custando menos US$1 bilhão – uma ninharia se comparado com os outros novos resorts, até que você note quão poucos quartos este hotel tem, relativamente – este é um dos mais novos e mais pretensiosos lugares da área. Localizado na ponta da Red Rock National Conservation Area (p. 214), uma surpreendente maravilha natural de formações rochosas em nuances vermelhas e uma paisagem de deserto, como o Ritz, fica a uma distância curta de carro da Strip, mas também como o Ritz, este é um verdadeiro resort para refúgio. Até mesmo vocês que não jogam vão querer dar uma espiada no cassino, um monstro de 7.400 m² que percorre o prédio repleto de madeiras naturais, pedras talhadas, esculturas de vidro e incríveis candelabros em cor âmbar. Os quartos são impressionantes maravilhas modernas com móveis e roupas de cama de alto padrão, TVs' de plasma de 42 pol., sistemas de som com iPods, banheiros gigantes, e mais, tudo envolto em linhas finas e simples e tons terra vibrantes.

Oito restaurantes servem uma grande variedade de opções de comidas incluindo um buffet e uma filial da famosa Salt Lick BBQ, diretamente de Austin, Texas. Até mesmo a praça de alimentação acerta em cheio com um estabelecimento da Capriotti's que oferece alguns dos melhores sanduíches submarinos que nós já provamos. Inclua a isso um cinema com 16 telas, uma creche, clubes noturnos e bares (incluindo dois de renome como o Rande Gerber do Whiskey Sky), um suntuoso spa e clube de saúde e bem-estar (health club), e uma área circular de 3 acres de "quintal" com uma praia com areia, com piscinas rasas e para nadar (os banhistas observadores puderam ver Britney Spears antes de anunciar sua segunda gravidez passando por aqui após brigar com seu marido, por isso você sabe que este é um lugar de encontro e um refúgio das celebridades instantâneas), Jacuzzis, cabanas privadas e um palco onde artistas de renome se apresentam e – o que eles poderiam ter esquecido? Possivelmente a economia; não obstante os preços listados a seguir, esteja preparado para ser cobrado até US$300 ou US$400 por noite, sem mencionar todos os tipos de cobrança extra escondidas.

Dicas Para que sua Viagem Corra Bem...

Parte do encanto dos complexos de resorts de Vegas são as maravilhosas piscinas – o que poderia ser melhor para aplacar o calor do verão? Mas há piscinas e piscinas, por isso, você vai precisar ter várias coisas em mente ao procurar a piscina certa.

Durante o inverno, geralmente faz frio ou vento demais para repousar nessa área, e mesmo se o tempo estiver ameno, os hotéis geralmente fecham parte de suas áreas de piscina durante o inverno e o início da primavera. As piscinas também, em sua maioria, não são aquecidas, mas geralmente elas não precisam ser.

A maioria das piscinas dos hotéis são rasas, no máximo, na altura do peito (os hotéis querem que você aposte, não que nade). É impossível mergulhar – não que alguma das piscinas permita isso. Alguns resorts, como o Mirage, o Venetian e o MGM Grand, oferecem áreas de piscina somente para adultos, onde você pode encontrar o tipo de energia de festa ao estilo dos clubes noturnos – e, ocasionalmente, mulheres tomando sol de topless – durante o dia (por uma taxa de US$20-US$40 por pessoa).

E, por fim, durante os dias de calor, esteja ciente de que sentar nas piscinas próximo a prédios com grandes janelas como o The Mirage e o Treasure Island permitirá que você experimente a mesma sensação que um inseto tem estando sob uma lupa, com um raio de sol direcionado diretamente para ele. Independentemente da época do ano, lembre-se de esbanjar do protetor solar; há um motivo para você ver tantas pessoas com a pele vermelho camarão passando pelas ruas. Muitas das áreas de piscina não oferecem muito em termos de espaços com sombra.

Em qualquer uma das piscinas você pode alugar cabanas (que geralmente incluem TVs, espreguiçadeiras especiais e serviço especial ao lado da piscina), mas elas têm que ser reservadas com a maior antecedência possível e, com exceção do Four Seasons e do Ritz, onde elas são oferecidas como cortesia, a maioria tem um preço alto. Se você for ficar em um hotel de cadeia, provavelmente encontrará uma piscina média, mas se você quiser passar um tempo numa melhor, esteja ciente de que a maioria dos atendentes das piscinas de hotéis cassino pedirá para ver a chave de seu quarto. Se eles estiverem ocupados, você poderá entrar de fininho ou, pelo menos, se misturar a um grupo maior.

10973 W. Charleston Rd., Las Vegas, NV 89135. ✆ **866/767-7773** ou 702/797-7625. Fax 702/797-7745. www.redrockstation.corn. 800 unidades. A partir de US$160 (até 4 pessoas). AE, DC, DISC, MC, V. **Serviços**: Cassino; bares, lounges e clube noturno; cinema com 16 telas; 8 restaurantes; praça de alimentação; piscinas externas e área da praia; clube de saúde e bem-estar (health club); spa; concierge; centro comercial; serviço de quarto 24 horas; massagem no quarto; babysitter; serviço de lavanderia; lavagem a seco; quartos para não fumantes. *No quarto*: A/C, TV c/ filmes pagos, porta de dados, acesso à Internet de alta velocidade (mediante taxa), Wi-Fi (mediante taxa), minibar, secador de cabelo, ferro/tábua de passar roupas, cofre.

CAPÍTULO 3 · ONDE FICAR

2 Os Melhores Hotéis-Cassino

Cada um dos seguintes hotéis tem algo para que o recomendemos, seja uma preponderância de atividades para aqueles que não jogam, uma disposição simples, ou simplesmente um tema particularmente agradável de Vegas. Cada um deles também tem suas próprias desvantagens. Escolha com base nas suas necessidades.

SOUTH STRIP

Excalibur Você pode se sentir tentado a ficar aqui porque o hotel tem a forma de um grande castelo e você se imagina como sendo o Rei Artur. Tudo bem, mas esteja ciente de que o lugar é imenso, amplo, e eles acabaram com muito do charme kitsch e não o substituíram por nada demais. As crianças enchem o lugar na esperança de encontrar Merlin; os adultos que deixaram as famílias em casa estão ali porque têm um quarto confortável, mas despretensioso por menos de US$60, economizando assim algum dinheiro para as máquinas de jogos. Observe que nenhum dos banheiros tem banheiras, apenas chuveiros. Além de ser difícil evitar a área esfumaçada do cassino, você não encontrará muito em termos de lojas ou restaurantes interessantes, embora eles tenham um Krispy Kreme no local. A área da piscina está sendo reformulada para incluir melhores vistas, cabanas elegantes e afins para possivelmente melhorar a simplicidade do local. Por outro lado, se você quer ter um casamento na Camelot de faz de conta, eles alugam as fantasias necessárias para vestir adequadamente tal evento.

3850 Las Vegas Blvd. S. (na Tropicana Ave.), Las Vegas, NV 89109. © **800/937-7777** ou 702/597-7700. Fax 702/597-7163. www.excalibur.com. 4.008 unidades. A partir de US$59, quarto duplo. Pessoa extra US$20. Crianças com menos de 13 anos têm estadia gratuita no quarto dos pais. AE, DC, DISC, MC, V. Estacionamento gratuito, próprio ou com valet. **Serviços**: Cassino; exposições; capela para casamentos; 5 restaurantes; praça de alimentação; piscina externa; galeria de vídeos; concierge; balcão turístico; balcão de aluguel de carros; galeria de lojas; serviço de quarto 24 horas; serviço de lavanderia; lavagem a seco. *No quarto*: A/C, TV c/ filmes pagos, porta de dado, acesso à Internet de alta velocidade (mediante taxa), secador de cabelo, ferro/tábua de passar roupas.

Luxor ⭐ Já tendo sido um dos hotéis mais melo temáticos da Strip, o extravagante Luxor inexplicavelmente decidiu que esta extravagância egípcia deveria se parecer com um hotel de luxo genérico, ainda que localizado em uma pirâmide de vidro. Os fãs do estilo kitsch de toda parte estiveram em luto profundo. Mas ficar em uma pirâmide de vidro pode ser bom o suficiente para você e, por isso, nós ainda o recomendamos.

Os quartos da Pyramid, acessíveis por um elevador conhecido como "inclinator", têm as paredes externas inclinadas, além de banheiros somente com chuveiros, por isso, os hóspedes que precisam de espaço podem ter problemas. Por outro lado, os quartos do canto da Pyramid são maiores e têm uma banheira Jacuzzi embutida ao canto das paredes, uma boa dica para quem procura romance. Os quartos da Pyramid também são dispostos ao redor do perímetro do cassino, embora, é claro, ele fique a muitos andares de distância, a menos que você reserve um quarto no primeiro ou no segundo andar. Os quartos da torre são mais espaçosos e distantes de toda a agitação (você pode muito bem evitar o cassino se quiser nesses quartos), e eles têm banheiros melhores. Fique atento, no entanto, em não reservar um quarto num andar muito baixo, pois sua vista pode ser para uma parede.

O buffet aqui é o melhor nessa faixa de preço. A área da piscina oferece cinco piscinas, mas elas ainda são um tanto simples; o clube de saúde e bem-estar (health club) é pequeno, mas bem equipado.

3900 Las Vegas Blvd. S, (entre as av. Reno e Hacienda), Las Vegas, NV 81119. ✆ **800/777-0188** ou 702/262-4000. Fax 702/262-4478. www.luxor.com. 4.400 unidades. A partir de US$69, quarto duplo; a partir de US$149 suíte com banheira; US$249-US$800 outras suítes. Pessoa extra US$30. Crianças até 12 anos têm estadia gratuita no quarto dos pais. Berço US$15; carrinho US$25. AE, DC, DISC, MC, V. Estacionamento gratuito próprio e com valet. **Serviços**: Cassino; exposições; 8 restaurantes; praça de alimentação; 5 piscinas externas; clube de saúde e bem-estar (health club); spa; galeria de vídeos com 1.600 m2; concierge; balcão turístico; balcão de aluguel de carros; centro comercial; galeria de lojas; serviço de quarto 24 horas; lavagem a seco; quartos de nível executivo. *No quarto*: MC, TV c/ filmes pagos, porta de dados, acesso à Internet de alta velocidade (mediante taxa), secador de cabelo, ferro/tábua de passar roupas.

MGM Grand Hotel & Casino ✯ Nós passamos a gostar muito desse hotel conforme ele gradualmente se livrou de sua casca de "diversão em família" para algo mais maduro. Isso se traduz, em grande parte, nas muitas apresentações atrevidas, clubes e bares que, por sua vez, traduzem-se em uma clientela que é uma mistura entre mocinhas sorridentes, que acham que a Paris e a Britney são exemplos de superioridade, e fãs de meia idade de Jimmy Buffett, que estão na cidade para um show. O hotel pode ser um horror para qualquer pessoa que não está interessada em jogar; entre você e o mundo externo fica o maior cassino de Vegas e passar por ele faria o melhor explorador chorar. Tendo dito isso, caso você se encontre aqui, descobrirá alguns confortos: Os quartos são uma delícia: tons pálidos pastéis ou de terra evocam a elegância das curvas do estilo de Hollywood dos anos 30, com fotos em branco e preto de ídolos das matinês nas paredes. É o lugar com o melhor estilo e espaço para o preço, com certeza.

A área da piscina também é maravilhosa nos meses de verão – cinco grandes piscinas, além de um rio relaxante – mas é provável que, em outras épocas, esses espaços estejam fechados. Se você estiver sem os filhos e quiser evitar os filhos das outras pessoas, esteja ciente de que muitas crianças quase sempre estão presentes na área da piscina. O spa é um retiro zen-asiático, esbanjando sua atmosfera, completo com uma sala de ginástica de bom tamanho. A seção do restaurante tem uma variedade melhor do que muitos dos outros hotéis, e há o Studio 54, que ainda não é a boate que nós esperávamos que fosse. O espaço de vidro de Exposição de Leões é muito bom; diferentes leões passeiam pelo lugar, algumas horas por dia. Os espetáculos incluem o vigoroso *La Femme* e a impressionante produção do *Cirque du Soleil, KÀ*.

3799 Las Vegas Blvd. 5. (na Tropicana Ave.), Las Vegas, NV 89109. ✆ **800/929-1111** ou 702/891 -7777, Fax 702/891-1030. www.mgmgrand.com. 5.034 unidades. A partir de US$99, quarto duplo; a partir de US$159, suíte. Pessoa extra US$30. Crianças com até 13 anos têm estadia gratuita no quarto dos pais. Berço gratuito; carrinho US$30 por noite. AE, DC, DISC, MC, V. Estacionamento gratuito próprio e com valet. **Serviços**: Cassino; arena de eventos; salão de exposições; teatro cabaré; 2 capelas de casamento; 15 restaurantes; 5 piscinas externas c/ rio relaxante; clube de saúde e bem-estar (health club); spa; Jacuzzi; sauna; galeria com salão de jogos/vídeo; concierge; balcão turístico; balcão de aluguel de carros; centro comercial; galeria de lojas; salão; serviço de quarto 24 horas; massagem no quarto; babysitter; serviço de lavanderia; lavagem a seco; quartos de nível executivo. *No quarto*: A/C, TV c/ filmes pagos, porta de dados, acesso à Internet de alta velocidade (mediante taxa), secador de cabelo, ferro/tábua de passar roupas, cofre.

Monte Carlo Resort & Casino Já feito para evocar o grande estilo do verdadeiro Monte Carlo, ele ainda tem esse efeito com ressalvas, com seu brilhante *lobby* em mármore, devidamente separado do cassino estilo James Bond. Os quartos estão recebendo uma transformação tão necessária (pouco pode ser feito no caso dos pequenos banheiros) enquanto nós escrevemos esse livro, e podem ser acessados sem ter que passar pelo cassino. A área da piscina exibe duas singelas piscinas além de um pequenino rio relaxante – e você tem que pagar US$10 para um tubo interno. As crianças correm desenfreadas pela área da piscina, que acaba parecendo um tanto suja. O clube de saúde e bem-estar (health club) não tem nada de notável. Há, no entanto, alguns restaurantes com bom preço e uma maravilhosa praça de alimentação. E o *Lance Burton* é um dos melhores espetáculos da cidade.

3770 Las Vegas Blvd. S. (entre a Flamingo Rd. e a Tropicana Ave.), Las Vegas, NV 89109. 📞 **800/311-8999** ou 702/730-7777, Fax 702/730-7250. www.montecarlo.com. 3.002 unidades. A partir de US$99, quarto duplo; a partir de US$149, suíte. Pessoa extra US$25. AE, DC, DISC, MC,V. Estacionamento gratuito próprio e com valet. **Serviços**: Cassino; salão de exposições; capela para casamentos; 7 restaurantes; praça de alimentação; piscina externa, piscina com ondas, rio relaxante; clube de saúde e bem-estar (health club); spa; Jacuzzi; sauna; equipamentos para esportes aquáticos/aluguéis; galeria de vídeos; concierge; balcão turístico; centro comercial; galeria de lojas; serviço de quarto 24 horas; massagem no quarto; babysitter; serviço de lavanderia; lavagem a seco; quartos de nível executivo. *No quarto*: A/C, TV c/ filmes pagos, porta de dados, acesso à Internet de alta velocidade (mediante taxa), secador de cabelo, ferro/tábua de passar roupas.

New York-New York Hotel & Casino ✯ Se você está em Vegas pela agitação, poderia se sair muito pior do que neste hotel com tema hilariante. Se realmente quiser ficar longe dos jogos, esse lugar não é para você; este é um outro labirinto, onde o que é útil é subvertido em nome do estilo exagerado. É claro que o cassino parece engraçado à uma primeira vista, com as seções que o cercam construídas em homenagem a alguma parte icônica de Nova York (por exemplo, Greenwich Village, completo com arenitos falsos), mas o lugar é abafado, lotado, grande e irregular. Andar até qualquer lugar aqui é um pesadelo. Parece que eles esqueceram da lição da disposição adequada aos usuários da verdadeira Manhattan.

Os quartos reformulados não são mais tão impressionantes quanto já foram (e, sim, eles ficam nas torres que compõem o falso horizonte, e o World Trade Center nunca esteve nesse horizonte), embora ainda sejam confortáveis. Mas alguns dos quartos podem ser um tanto apertados e, estranhamente, o estilo é suavizado conforme os quartos ficam maiores. A montanha russa (isso mesmo) passa por cima da área da piscina, que fica próxima ao estacionamento, por isso, você não nos encontraria nadando por lá. O clube de saúde e bem-estar (health club) foi atualizado recentemente, e há muitos restaurantes decentes (incluindo cadeias confiáveis, como o Il Fornaio e o Chin Chin), embora o café da manhã em qualquer lugar seja caro e não haja desculpas para um hotel que homenageia a cidade que nunca dorme não ter nenhum tipo de comida disponível à meia noite. Há uma área de jogos fabulosa para as crianças pequenas, enquanto as maiores não encontrarão outro bar mais divertido do que o Coyote Ugly.

3790 Las Vegas Blvd. S. (na Tropicana Ave,). Las Vegas, NV 89109. 📞 **800/693-6763** ou 702/740-6969. Fax 702/740-6920. www.nynyhotelcasino.com. 2.023 unidades. A partir de US$79, quarto duplo. Pessoa extra US$30, AE, DC, DISC, MC, V, Estacionamento gratuito próprio e com valet. **Serviços**: Cassino; salões de exibição; montanha russa; 9 restaurantes; praça de alimentação; piscina externa; pequeno clube de saúde e bem-estar (health club); spa; Jacuzzi; sauna; galeria de vídeos c/ jogos de fliperama; concierge; balcão turístico; centro comercial, serviço de quarto 24 horas; serviço de lavanderia; lavagem a seco; quartos de nível executivo. *No quarto*: A/C, TV c/ filmes pagos, porta de dados, Internet de alta velocidade (mediante taxa), secador de cabelo, cofre.

Planet Hollywood Resort & Casino 🌟🌟 Num meio termo entre a aparência genérica de um hotel resort atual – com isso e aquilo lustrado e brilhante – e artifícios para chamar a atenção, o Planet Hollywood certamente deve ser considerado se você estiver procurando uma atmosfera divertida. Cada quarto é ligeiramente temático, baseado em uma peça de algum elemento de Hollywood (um vestido que Judy Garland vestiu em um musical, uma lâmina do filme de Wesley Snipes, Blade, O Caçador de Vampiros), isso significa que o seu quarto se destaca entre os outros mais certinhos encontrados em qualquer outro lugar na Strip. Adicione um excelente e igualitário clube noturno, o Prive, um dos melhores shoppings da cidade e algumas boas opções de restaurante com preço médio, e este se torna um ótimo hotel de Vegas para quem não joga. Mas esteja ciente de que ele não é adequado para crianças, apesar do tema de Hollywood, e não oferece muita mobilidade, o estacionamento próprio requer uma passagem ridiculamente longa pelo já mencionado shopping que é muito, muito grande, enquanto que o resto do lugar se parece com o normal labirinto confuso e barulhento de Vegas.

3667 Las Vegas Blvd. S., Las Vegas, NV 89109. ✆ **877/333-9474** ou 702/785-5555. Fax 702/785-5558. www.planethollywoodresort.com. 2.600 unidades. A partir de US$99, quarto duplo. Pessoa extra US$30. Sem desconto para crianças, AE, DC, DISC, MC, V. Estacionamento gratuito próprio e com valet. **Serviços**: Cassino; centro de artes performáticas; salão de exposição; capela; 19 restaurantes; 7 bares/lounges; 2 piscinas externas; clube de saúde e bem-estar (health club) e spa; 2 Jacuzzis; concierge; balcão turístico; balcão de aluguel de carros; centro comercial; grande galeria de lojas; serviço de quarto 24 horas; massagem no quarto; serviço de lavanderia; lavagem a seco; quartos de nível executivo. *No quarto*: A/C, TV w/ filmes psy, porta de dados, acesso à Internet de alta velocidade (mediante taxa), Wi-Fi (mediante taxa), secador de cabelo, ferro/tábua de passar roupas, cofre.

South Point 🌟🌟 Beeeeem ao sul da Strip, nós incluímos este hotel porque ele é um modelo do que deveria ser um hotel moderno de Vegas, isto é, confortável, com os melhores itens e ainda sem estourar a caderneta bancária. Os quartos são espaçosos, com uma decoração moderna e atraente, TV's de tela plana, além de haver todos os tipos de opções de entretenimento (cinemas, pistas de boliche, até um Centro Equestre, embora você tenha que levar seu próprio animal de cascos), muitas opções de comidas baratas e assim por diante. Ele não é tão espantoso quanto algumas das opções aqui, mas os preços também não são. É um ótimo negócio se você tiver um carro; o lugar fica a uma pequena distância da Strip e de diversos estacionamentos gratuitos e da ação, se é disso que você precisa.

9777 Las Vegas Blvd. S., Las Vegas, NV 89123. © **866/796-7111** ou 702/796-7111. Fax 702/365-7505, www.southpointcasino.com. 650 unidades. A partir de US$59, quarto duplo. Pessoa extra US$15. Crianças até 15 anos têm estadia gratuita no quarto dos pais. AE, DC, DISC, MC, V. Estacionamento gratuito próprio e com valet. **Serviços**: Cassino; centro equestre e de eventos, com 4.400 lugares; cinema com 16 telas; centro de boliche com 64 pistas; 6 restaurantes; piscina externa; spa; concierge; shuttle gratuito até a Strip; serviço de quarto 24 horas; serviço de lavanderia; lavagem a seco; quartos para não fumantes. *No quarto*: A/C, TV c/ filmes pagos, porta de dados, acesso à Internet de alta velocidade de sem fio (mediante taxa), secador de cabelo, ferro/tábua de passar roupas.

MID-STRIP

Bellagio 🏆🏆 Lembrando que nenhum outro lugar com mais de 3.000 quartos pode ser tão chique e atencioso quanto a imagem que o Bellagio quer apresentar, este é, decididamente, o lugar onde os adultos ficam na cidade. Ele ainda dá maior atenção aos jogos – é difícil evitar o grande cassino, mas os caminhos do hotel são bem sinalizados e a maioria é acessível pelo perímetro – mas ainda há elementos genuínos de resort o suficiente aqui e os elogios são muitos. Os quartos são os mais elegantes entre os dos maiores hotéis cassino; pegue um quarto básico do The Mirage, mas eleve tudo a um ou dois níveis em termos de qualidade e tamanho – as roupas de cama são melhores, as camas mais macias e os banheiros são maiores, brilhando com mármore e vidro. A mais nova Spa Tower possui quartos decorado com tons vistosos de caça, próximos à piscina e ao spa, embora a vista das fontes dançantes seja um tanto obscura.

A área da piscina é a mais sofisticada da Strip, com um trio de elegantes piscinas em estilo de vila romana (nós acabamos nossas próprias pretensões em termos do que é considerado legal ao ficar debaixo das fontes no meio de cada piscina). O spa e o clube de saúde e bem-estar (health club) são maravilhosos, mas caros. Você encontrará uma das melhores coleções de restaurantes na cidade, administrados por chefs celebridades, como Julian Serrano e Jean-Georges. O espetáculo fica por conta do O do Cirque du Soleil, um ingresso caro, mas que vale a pena o dinheiro gasto. A boate, Light, é madura, mas não enfadonha, enquanto a Petrossian tem os bartenders com mais experiência da cidade. E o Conservatório próximo ao lobby é repleto de flores e plantas sazonais – o melhor antídoto dentro do hotel para a artificialidade de Vegas que você encontrará.

3600 Las Vegas Blvd. S. (na esquina da Flamingo Rd.), Las Vegas, NV 89109. © **888/987-6667** ou 702/693-7111. Fax 702/693-8546. www.bellagio.com. 3.933 unidades. A partir de US$169, quarto duplo; a partir de US$450, suítes. Pessoa extra US$35. AE, DC, DISC, MC, V. Estacionamento gratuito próprio e com valet, **Serviços**: Cassino; salões de exposição; galeria de arte; capela para casamentos; 14 restaurantes; 6 piscinas externas; clube de saúde e bem-estar (health club); spa; concierge; balcão turístico; balcão de aluguel de carros; centro comercial; galeria de lojas; serviço de quarto 24 horas; massagem no quarto; serviço de lavanderia; lavagem a seco; quartos de nível executivo. *No quarto*: A/C, TV c/ filmes pagos, porta de dados, acesso à Internet de alta velocidade (mediante taxa), secador de cabelo, ferro/tábua de passar roupas, cofre.

Caesars Palace ✱ Já tendo sido o sine qua non do que é considerado romântico, mas ainda surpreendentemente Vegas, o Caesars ainda tem muito acontecendo ao seu favor, mas no departamento de flexibilidade, ele não é fácil. Sendo um dos mais abrangentes complexos de hotéis, você precisará de uma bússola para andar por ele e, depois que você entrar, ele fica a uma distância tão grande da rua – e você se sentirá tão exausto – que poderá repensar a idéia de "sair" do hotel. Tendo dito isso, há grandes motivos para ficar aqui, muitos deles encontrados no Forum Shops (recentemente expandido novamente), onde uma série de restaurantes finos, lanchonetes (há ainda outras na praça de alimentação, embora você tenha que passar pelo traiçoeiro cassino mais uma vez para chegar lá), passeios e lojas, além de ridículas estátuas animatrônicas, estão ali para o entreter.

Os quartos não são mais as exageradas e desconcertadamente gloriosas orgias de estátuas "romanas", mas aqueles do complexo principal ainda têm toques simplistas, enquanto os quartos nas torres mais novas exibem janelas que vão quase do chão ao teto e muito espaço regular de quartos de hotel. A área greco-romana da piscina é para adultos e até possui uma piscina para topless (protegida por muros) para que você evite as marcas de bronzeado. O spa é pequeno, mas nós fizemos algumas das melhores limpezas faciais, massagens, e depilação de sobrancelhas de nossas vidas lá. O Caesars é uma excelente opção para alguém que quer experimentar o estilo Vegas de Vegas, mas você terá que trazer bons sapatos de caminhada.

3570 Las Vegas Blvd. S. (ao norte da Flamingo Rd.), Las Vegas, NV 89109. ✆ **877/427-7243** ou 702/731-7110. Fax 702/697-5706. www.caesars.com. 3.348 unidades. A partir de US$129, quarto duplo padrão; a partir de US$149, quarto duplo "casa de luxo"; a partir de US$549, suíte. Pessoa extra US$30. Sem descontos para crianças. Berço gratuito; carrinho US$20. AE, DC, DISC, MC, V. Estacionamento gratuito próprio e com valet. **Serviços**: Cassino; clube noturno; capela para casamentos; 24 restaurantes; 4 piscinas externas; clube de saúde e bem-estar (health club); spa; concierge; balcão turístico; balcão de aluguel de carros; centro comercial; galeria de lojas; salão; serviço de quarto 24 horas; serviço de lavanderia; lavagem a seco; quartos de nível executivo. *No quarto*: A/C, TV c/ filmes pagos, porta de dados, acesso à Internet de alta velocidade (mediante taxa), Wi-Fi (mediante taxa), secador de cabelo, ferro/tábua de passar roupas, cofre.

OS MELHORES HOTÉIS-CASSINO

The Mirage ⭐ Há muito para se gostar aqui, mas todos os cômodos são dispostos de modo que, todas as vezes, você tenha que passar pelo cassino mais confuso de Vegas. Embora ele não seja o maior (o do MGM Grand é o maior), é tão cansativo passar por ele, que é como se ele fosse o maior. Mas os quartos reformulados podem finalmente começar a competir com os quartos mais novos espalhados pela cidade, embora os banheiros continuem apertados. Uma das melhores piscinas em Vegas fica aqui, um monstro tropical, cheio de curvas, completo com tobogãs e cascatas. O clube de saúde e bem-estar (health club) tem atendentes que entregam toalhas frias a você e smoothies, enquanto o spa é agradável da mesma maneira neutra-pesada que os quartos de hóspede. Uma taxa extra permite que você entre em uma das melhores atrações de Vegas, o Siegfried & Roy's Secret Garden e o Dolphin Habitat (p. 135). A área de restaurantes tem diversos estabelecimentos básicos com preços altos, além do buffet recentemente renovado, que é um tanto chamativo. Duas grandes produções, a homenagem do Cirque du Soleil aos Beatles, LOVE e o impressionista Danny Gans, estão aqui, mas o título de "grande produção" vem com um preço indefensável. E não se esqueça daquele vulcão na frente do hotel, com suas erupções regulares, o relaxante aquário do balcão de recepção e a floresta tropical com aroma de baunilha na entrada do cassino. Agora, quanto ao cassino...

3400 Las Vegas Blvd. S. (entre a Flamingo Rd. e a Spring Mountain Rd.), Las Vegas, NV 89109. ✆ 800/374-9000 ou 702/791-7111. Fax 702/791-7446. www.mirage.com. 3.044 unidades. A partir de US$109, quarto duplo; a partir de US$275, suíte. Pessoa extra US$30. Sem desconto para crianças. AE, DC, DISC, MC, V. Estacionamento gratuito próprio e com valet. **Serviços**: Cassino; salões de exposições; 11 restaurantes; linda piscina externa; clube de saúde e bem-estar (health club) e spa; concierge; balcão turístico; balcão de aluguel de carros; centro comercial; galeria de lojas; salão; serviço de quarto 24 horas; serviço de lavanderia; lavagem a seco; quartos de nível executivo. *No quarto*: A/C, TV c/ filmes pagos, porta de dados, acesso à Internet de alta velocidade (mediante taxa), Wi-Fi (mediante taxa), secador de cabelo, ferro/tábua de passar roupas, cofre.

Palazzo ⭐⭐ Sem querer ser preguiçosa, mas você só precisa ler a descrição do Venetian abaixo, exceto a parte que fala sobre ele ser como Veneza. Falando sério, esta propriedade/expansão irmã tem a mesma ideia, mas sem a diversão temática da frente – tudo é ainda maior! E em mais quantidade! É tudo elegante e se elegância é bom, elegância com esteróides deve ser ainda melhor.

Certo, acalmando agora. O lugar é muito bom, mas é definitivamente o hotel para o qual você vai se não tiver que sair de dentro dele. Seu quarto será uma mini-suíte, com uma área do quarto acolchoada, abrindo espaço para uma área de estar rebaixada, com pista para festas. Os banheiros são grandiosos, as TVs (três!) são de tela plana. Os restaurantes têm chefs celebridades dando suporte a eles, e há uma Barney's New York dando ancoragem à área de lojas. Mas tudo isso custa caro e este geralmente é o problema com o luxo em escala gigantesca; pequenas áreas já começam a parecer desgastadas, pois não é possível ficar de olho nos pequenos detalhes quando há dezenas de milhares de detalhes.

3325 Las Vegas Blvd. S., Las Vegas, NV 89109. © **877/883-6423** ou 702/607-7777. Fax 702/414-4805. www.palazzolasvegas.com. 4.027 unidades. A partir de US$199, quarto duplo; a partir de US$229, suíte. Pessoa extra US$35. Crianças até 13 anos têm estadia gratuita no quarto dos pais. AE, DC, DISC, MC, V. Estacionamento gratuito próprio e com valet. **Serviços**: Cassino; salão de exposição; 15 restaurantes; 7 piscinas externas compartilhadas com o Venetian; clube de saúde e bem-estar (health club) e spa compartilhados c/ o Venetian; concierge; balcão turístico; balcão de aluguel de carros; centro comercial; extensa galeria de lojas; serviço de quarto 24 horas; serviço de lavanderia; lavagem a seco; quartos de nível executivo. No quarto: A/C, TV c/ filmes pagos, fax, acesso à Internet de alta velocidade (mediante taxa), Wi-Fi (mediante taxa), refrigerador mediante solicitação, secador de cabelo, ferro/tábua de passar roupas, cofre.

Palms Casino Resort 😊😊 Os modernos e antenados não sonhariam em ficar em qualquer outro lugar – isto é, a menos que eles estejam no Hard Rock ou no Red Rock – e, por isso, se você é uma dessas pessoas, imagina ser, quer ser ou quer andar com essas pessoas, você também deve ficar aqui. O lugar é moderno como o Hard Rock, com o tipo de arquitetura/design nebuloso encontrado apenas em Vegas – texturas e círculos no teto que não são tanto o estilo de Miami, mas também não se parecem com a era espacial dos Jetsons. Nem todo mundo aqui é agressivamente jovem quanto o público alvo demográfico, e isso é bom. Os quartos têm as camas que ficam em segundo lugar na cidade no quesito de conforto (as primeiras colocadas ficam no Green Valley Ranch), com roupas de cama de alta qualidade e colchões macios. Algumas das melhores vistas da cidade podem ser vistas das janelas daqui, pois não há nenhum outro prédio alto próximo o suficiente para obstruir tal vista. Os elevadores são vigiados constantemente para que nenhum "tipinho errado" entre em um deles e chegue até o maravilhoso restaurante (um dos melhores na cidade), Alizé, ou no ultramoderno Ghostbar ou no Playboy Club, que está tão além do ultramoderno que nós não temos uma frase para descrevê-lo. Este tipo de cuidado em ternos Armani pretos pode parecer intimidante. A área da piscina influenciada por Palm Springs – com uma piscina de vidro acima do solo e redes – também é um lugar para ver e ser visto, por isso você pode procurar refúgio do outro lado do cassino, no buffet surpreendentemente bom ou na praça de alimentação, onde estabelecimentos mais comuns como o McDonald's e o Coffee Bean & Tea Leaf estão representados. E quem precisa do Ghostbar quando você tem verdadeiros cinemas no local?

OS MELHORES HOTÉIS-CASSINO 53

4321 W. Flamingo Rd. (na I-15), Las Vegas, NV 89103. ✆ **866/942-7777** ou 702/942-7777. Fax 702/942-6859. www.palms.com. 664 unidades. De domingo a quinta, a partir de US$99, quarto duplo; de sexta e sábado, a partir de US$229, quarto duplo. Pessoa extra US$30. AE, DC, DISC, MC, V. Estacionamento gratuito próprio e com valet. **Serviços**: Cassino; clube noturno/salão de exposições; cinema; 7 restaurantes; praça de alimentação; piscina externa; clube de saúde e bem-estar (health club); spa; Jacuzzi; sauna; concierge; centro comercial; serviço de quarto 24 horas; massagem no quarto; serviço de lavanderia; lavagem a seco; quartos de nível executivo. *No quarto*: A/C, TV c/ filmes pagos, porta de dados, acesso à Internet de alta velocidade (mediante taxa), Wi-Fi (mediante taxa), cafeteria, secador de cabelo, ferro/tábua de passar roupas, cofre.

Paris Las Vegas ✍ Um hotel intermediário – perfeito caso você se sinta enganado se sua estadia em Vegas não incluir algum tema de Vegas – mas projetado para ser adequado aos usuários. O cassino fica bem ali, para ter certeza, no lobby, assim como um bom cassino deve ser, mas todos os caminhos para todos os outros cômodos (registro, concierge, quartos, lojas, restaurantes) passam ao redor dele, fazendo com que esse seja um lugar fácil de caminhar, se você não se importar com os sinais em Franglês ("le car rental", de fato!) ou funcionários que dirão "Bonjour, Madame!" a você, até você se cansar. Tem de tudo aqui, tudo resumido em uma essência icônica, começando com a réplica com metade do tamanho da Torre Eiffel na frente do hotel, com o que parece ser os cinco ou seis prédios mais famosos da Cidade Luz, encolhidos a um tamanho de réplica e todos abarrotados no pátio do Louvre. Os quartos enfeitados com flores de lis são bonitos, quando não particularmente extraordinários, com banheiras fundas nos banheiros. A piscina na cobertura do hotel é pequena e insignificante. Há doces e pães frescos razoavelmente autênticos e com um preço terrivelmente alto em diversos estabelecimentos, além de um charmoso restaurante Mon Ami Gabi e o excelente buffet. *Viva la France!*

3655 Las Vegas Blvd. S., Las Vegas, NV 89109. ✆ **888/266-5687** ou 702/946-7000. Fax 702/967-3836. www.harrahs.com. 2.916 unidades. A partir de US$119, quarto duplo; a partir de US$350, suítes. Pessoa extra US$30. Sem desconto para crianças. Berço gratuito; carrinho US$10. AE, DC, DISC, MC, V. Estacionamento gratuito próprio e com valet. **Serviços**: Cassino; salões de exposição; 2 capelas para casamentos; 12 restaurantes; piscina externa; clube de saúde e bem-estar (health club); spa; concierge; balcão turístico; centro comercial; galeria de lojas; serviço de quarto 24 horas; serviço de lavanderia; lavagem a seco; quartos de nível executivo. *No quarto*: A/C, TV c/ filmes pagos, porta de dados, acesso à Internet de alta velocidade (mediante taxa), Wi-Fi (mediante taxa), secador de cabelo, ferro/tábua de passar roupas, cofre.

CAPÍTULO 3 · ONDE FICAR

TI-Treasure Island Las Vegas 👁️👁️ Em muitos sentidos, este hotel é intercambiável com o The Mirage, embora cada um deles tenha seus próprios fãs. É mais fácil de caminhar pelo TI (observe a alteração do nome, uma tentativa de conferir ao lugar um fator de modernidade como ao Palms), graças a um verdadeiro lobby que não é grudado à área do cassino e corredores que passam por um cassino quadrado (em vez de um amorfo). Você terá que procurar bastante, hoje em dia, se quiser ver algum elemento ligado aos piratas (com exceção das batalhas gratuitas que acontecem em diferentes horários todas as noites, na área externa), tamanha é a ansiedade da administração do hotel em se livrar de qualquer elemento ligado às crianças. Isso inclui várias homenagens às garotas de belas pernas, escassamente vestidas, do "espetáculo" *Sirens of the TI*, que substituiu as adoradas batalhas entre piratas, incluindo um enorme busto de uma garota com seios desnudos em um navio que o cumprimenta quando você entra no hotel, vindo da Strip. Apesar disso, o hotel continua sendo uma grande escolha para as famílias e muitas crianças geralmente correm pelo local, o que alguns turistas podem não achar tão desejável e o que nós achamos que se deve, provavelmente, a um mau planejamento, considerando a mudança do público-alvo.

Os quartos são superiores aos do The Mirage, com obras de arte verdadeiras e assinadas nas paredes, além de outros toques refinados, incluindo camas confortáveis (embora sem muitos espaços para gavetas) e belos banheiros de mármore com banheiras fundas. Assim como no The Mirage, há outros spas visualmente mais interessantes na cidade, mas, novamente, a sala de ginástica tem um tamanho bom e os atendentes são solícitos ao servir os smoothies. Considerando como a fórmula do The Mirage funcionou um tanto quanto bem aqui, é estranho que a piscina do TI seja tão insignificante e os restaurantes não sejam tão melhores do que isso. Mas eles tem um dos melhores espetáculos na cidade, o *Mystère*, do Cirque du Soleil.

3300 Las Vegas Blvd. S. (na Spring Mountain Rd.), Las Vegas, NV 89177. ✆ **800/944-7444** ou 702/894-7111. Fax 702/894-7446. www.treasureisland.com. 2.885 unidades. A partir de US$89, quarto duplo; a partir de US$129, suíte. Pessoa extra US$30. Sem desconto para crianças. AE, DC, DISC, MC, V. Estacionamento gratuito próprio e com valet. **Serviços**: Cassino; salões de exposição; 6 restaurantes; piscina externa; clube de saúde e bem-estar (health club); spa; galeria de jogos e vídeos bem equipada; concierge; balcão turístico; balcão de aluguel de carros; centro comercial; galeria de lojas; serviço de quarto 24 horas; serviço de lavanderia; lavagem a seco; quartos de nível executivo. *No quarto*: A/C, TV c/ filmes pagos, fax, porta de dados, acesso à Internet de alta velocidade (mediante taxa), secador de cabelo, ferro/tábua de passar roupas, cofre.

The Venetian 🌟🌟 Este hotel é bom e mau para os propósitos de quem não joga. O fator que geralmente causa risadas em um bom hotel temático de Vegas realmente se traduz aqui em algo quase surpreendente; nós odiamos admitir isso, mas eles fizeram um bom trabalho ao replicar a verdadeira Veneza na fachada, que é a única pela qual você pode caminhar na Cidade do Pecado. Do lado de dentro, você encontrará, absolutamente, os melhores quartos da Strip (exceto talvez quanto ao nível de conforto oferecido no Four Seasons) – verdadeiras suítes "júnior" completas, com uma área de estar rebaixada e maravilhosos banheiros em mármore. Ainda melhor, faça o check in na torre mais nova, com preços ligeiramente mais altos, a Venezia, onde os quartos são ainda maiores, e o ambiente livre de cassinos é mais parecido com aquele do Ritz – mas melhorado.

O spa é administrado pelo Canyon Ranch, por isso, o clube de saúde e bem-estar (health club) é melhor do que aquele que você encontrará em sua academia, os tratamentos são sem comparação e os preços são tão altos que eles desfazem qualquer ação benéfica que o lugar pode ter causado ao seu nível de estresse. O preço alto do clube de saúde e bem-estar (health club) inclui uma série de aulas de exercícios diárias, o que é único entre os clubes de saúde locais. A área de lojas tem o seu próprio canal de Veneza, além de gondoleiros e atores que passeiam fantasiados. Uma colaboração é feita pelos veneráveis hotéis Guggenheim e Hermitage, para que você possa ter acesso à cultura de verdade. E os restaurantes são uma seleção incrível com todas as faixas de preço, desde o divino Bouchon ao enorme cardápio do Grand Luxe Cafe, uma divisão do renomado Cheesecake Factory.

Então, o que há para não amar? Bem, depois de passar por aquela grande colunada, repleta de mármore e cópias absurdas de obras de arte italianas, você tem que passar por uma perambulação confusa, pelo barulhento cassino, para chegar aos elevadores de hóspede. A sinalização é ruim, portanto, boa sorte. A área da piscina, na cobertura, é estranhamente horrível para um hotel tão bom em outros aspectos e, como todas as outras coisas aqui, é bem difícil encontrar a área. E você vai se sentir com cada vez menos dinheiro, graças não apenas aos preços do clube de saúde e bem-estar (health club), mas também a outros truques ocultos, como um minibar que cobra se você simplesmente tocar em uma garrafa dentro dele (sensores por computador) e a máquina de fax/impressora exposta em cada quarto também custa caro. A extensão nos preços é o único remanescente da Veneza verdadeira sem o qual nós estaríamos melhor.

3355 Las Vegas Blvd. S., Las Vegas, NV 89109. 📞 **877/883-6423** ou 702/414-1000. Fax 702/414-4805. www.venetian.com. 4.029 unidades. A partir de US$149, quarto duplo. Pessoa extra US$35. Crianças com até 13 anos têm estadia gratuita no quarto dos pais. Berço gratuito; sem carrinhos. AE, DC, DISC, MC, V. Estacionamento gratuito próprio e com valet. **Serviços**: Cassino; salão de exposição; capela para casamentos; 18 restaurantes; 6 piscinas externas; clube de saúde e bem-estar (health club); spa; galeria de vídeo; concierge; balcão turístico; balcão de aluguel de carros; centro comercial; galeria de lojas; serviço de quarto 24 horas; serviço de lavanderia; lavagem a seco; quartos de nível executivo. *No quarto*: A/C, TV c/ filmes pagos, fax (mediante taxa), porta de dados, acesso à Internet de alta velocidade (mediante taxa), refrigerador, secador de cabelo, ferro/tábua de passar roupas, cofre.

Wynn Las Vegas 🌺🌺 Este hotel quase passou na categoria dos "Melhores Hotéis" acima, e isso só não aconteceu porque, apesar de toda modernidade (ele custou milhões para ser construído), no geral, ele não é tão mais impressionante e certamente não é mais inovador do que qualquer outra entrada nessa seção. O hotel, com certeza, tem alguns dos melhores quartos que não são suítes da Strip: particularmente amplos (é como se ele elevasse nossas expectativas até mesmo em relação aos quartos mais espaçosos dos outros resorts), com vistas bastante apreciadas do chão ao teto, camas bastante confortáveis, com lençóis bordados com contas e camas de plumas, com colchões de boa qualidade, além de grossos cobertores, uma TV de tela plana, e excelentes banheiros reabastecidos a cada minuto, completos com banheiras grandes e fundas, uma segunda TV de tela plana e sedosas pequenas serviços. Eu adoro aquelas estampas com flores de Warhol. O restante do lugar certamente oferece opções de resort (alguns dos restaurantes mais excelentes da cidade, todos com seus chefs que geralmente dão nome à marca na cozinha; uma academia minuciosamente equipada; um spa sereno e bonito; quatro piscinas; clubes; um "espetáculo" que utiliza a montanha falsa, visível apenas do interior da propriedade; lojas elegantes), mas geralmente com altos custos extra. O lugar é espetacular, mas ele também se parece duvidosamente com o Bellagio, o último projeto do Wynn. E já que ele se atém à planta baixa típica de um hotel de Vegas - isto é, o cassino fica entre você e a maioria dos outros lugares aos quais você quer ir – ele é feito para adultos, mas não é exatamente relaxante.

3131 Las Vegas Blvd. S. (na esquina da Sands Dr.), Las Vegas, NV 89109. ✆ **888/320-9966** ou 702/770-7100, Fax 702/770-1571. www.wynnlasvegas.com. 3.933 unidades. A partir de US$249, quarto duplo. Pessoa extra US$50. Sem desconto para crianças. AE, DC, DISC, MC, V. Estacionamento gratuito próprio e com valet. **Serviços**: Cassino; salões de exposição; 2 capelas para casamentos; 13 restaurantes; 5 piscinas externas; centro de fitness; spa; concierge; balcão turístico; balcão de aluguel de carros; centro comercial; salão; serviço de quarto 24 horas; massagem no quarto; serviço de lavanderia; lavagem a seco; quartos para não fumantes; quartos de nível executivo. *No quarto*: A/C, TV c/ filmes pagos, porta de dados, acesso à Internet de alta velocidade (mediante taxa), Wi-Fi (mediante taxa), secador de cabelo, ferro/tábua de passar roupas, cofre.

EAST DA STRIP

Hard Rock Hotel & Casino ✪ *Nota:* No momento da impressão, os novos proprietários do hotel tinham anunciado planos no valor de US$750 milhões, para a construção de novas torres no hotel, incluindo uma com suítes apenas para VIPs. O estacionamento da parte da frente se transformará em um espaço para encontros e convenções, além de contar com uma versão nova e maior do The Joint, enquanto o antigo Joint está sendo removido e transformado em uma área de cassino adicional. Todos os quartos existentes e espaços públicos receberão reformulações, por isso, algumas das coisas que você ler abaixo podem ser mudadas.

Agora, você está pensando, "Eu sou um fã de rock, eu preciso ficar lá", nós dizemos, "Sim, provavelmente, MAS…" Não há muitos poréns, na verdade – trata-se mais de advertências. Assim como em muitos hotéis de Vegas, este está um pouco mais interessado nos grandes apostadores e nas pessoas mais famosas do que em turistas com orçamentos básicos; isso pode ser um tanto mais óbvio aqui devido ao tamanho menor do lugar, o que significa que é claro que eles vão te ignorar para atender à Britney (ou alguém que se pareça bastante com ela).

O tamanho menor funciona também a seu favor, já que é fácil circular por essa propriedade, mesmo que ela seja barulhenta. Para um cassino pequeno, o cassino do Hard Rock é o que tem o barulho mais alto, graças à música constante (ainda que contagiante) e é localizado no meio do hotel, embora tudo o que você fizer passará por cima dele, em uma passarela suspensa. Os animados restaurantes e bares são cheios de barulho e ação e, além disso, há a área da piscina – um lugar calmo coberto por uma praia para se desfilar com biquínis (sim, tem areia), com uma trilha sonora constante ao estilo surfista e muitas mulheres inspiradas pelos looks de bom gosto de Pamela Anderson. Os quartos são uma mistura de tentativas estranhas com estilo de motel e estilos baseados em cores mais primárias, com banheiros que usam o aço inoxidável, tal como os outros lugares da cidade usam o mármore. Que a verdade seja dita, embora o hotel certamente se destaque mais do que os hotéis genéricos comuns de Vegas, os quartos não são tão confortáveis assim. Mas para quê ficar no quarto quando você poderia estar na beirada do cassino/piscina/boate, tentando ver se aquela era mesmo a Britney, afinal de contas?

4455 Paradise Rd. (na Harmon Ave.), Las Vegas, NV 89109. 📞 **800/473-ROCK** (473-7625) ou 702/693-5000. Fax 702/693-5588. www.hardrockhotel.com. 657 unidades. A partir de US$109, quarto duplo; a partir de US$250, suíte. Pessoa extra US$50. Crianças com até 12 anos têm estadia gratuita no quarto dos pais. AE, DC, MC, V. Estacionamento gratuito próprio e com valet. **Serviços**: Cassino; salão de exposições; 6 restaurantes; 2

piscinas externas c/ rio relaxante e fundo com areia de praia; pequeno clube de saúde e bem-estar (health club) e spa; concierge; balcão turístico; salão; serviço de quarto 24 horas; serviço de lavanderia; lavagem a seco; quartos de nível executivo. *No quarto*: A/C, TV c/ filmes pagos, Wi-Fi (mediante taxa), secador de cabelo, ferro/tábua de passar roupas.

Las Vegas Hilton 🌹🌹 O LV Hilton (como ele é conhecido localmente) é o grande preferido dos executivos, graças à sua proximidade ao gigantesco Convention Center. Ele não mais detém a mesma elegância refinada que já teve, mas você pode ficar satisfeito com o cassino rebaixado e, assim, fora do caminho (e um tanto pequeno). Os quartos são padrão para negócios – o trocadilho foi intencional – com toques de mármore que não são tão elegantes como os encontrados, digamos, no The Mirage. Os restaurantes são confiáveis e esquecíveis (a menos que você nunca tenha visto os shows com facas, no Benihana), a piscina, na cobertura, e o clube de saúde e bem-estar (health club) são igualmente comerciais e os espetáculos, geralmente, são melhores do que as extravagâncias mais exageradas da Strip (talvez com uma leve lembrança de Elvis, que chamava o Hilton de sua casa, em Vegas, por tantos anos).

3000 Paradise Rd. (no Riviera Blvd.), Las Vegas, NV 89109. ✆ **888/732-7117** ou 702/732-5111. Fax 702/732-5805. www.lvhilton.com. 3.174 unidades. A partir de US$49, quarto duplo. Pessoa extra US$35. Crianças até 18 anos têm estadia gratuita, no quarto dos pais. Berço gratuito; carrinho US$35, se você não estiver pagando a taxa por uma pessoa extra. AE, DC, DISC, MC, V. Estacionamento gratuito próprio e com valet. **Serviços**: Cassino; salões de exposição; 8 restaurantes; piscina externa; campo de golfe adjacente; 6 quadras de tênis iluminadas à noite; clube de saúde e bem-estar (health club); spa; Jacuzzi; galeria de vídeos; balcão de aluguel de carros; centro comercial; galeria de lojas; salão; serviço de quarto 24 horas; serviço de lavanderia; lavagem a seco; quartos de nível executivo. *No quarto*: A/C, TV c/ filmes pagos, porta de dados, acesso à Internet de alta velocidade (mediante taxa), Wi-Fi (mediante taxa), secador de cabelo, ferro/tábua de passar roupa.

The Westin Casuarina Las Vegas Hotel and Spa 🌹 Embora este não seja um emocionante hotel butique de Vegas, com o qual nós sonhamos, esta transformação do desgastado e não lastimado Maxim, no entanto, é perfeita para quem viaja a negócios e quer um pouco de conforto, além das necessidades básicas. Os quartos são amenos e de bom gosto, nada comparado ao brilho esmagador encontrado, digamos, no THEhotel, mas consideravelmente mais agradável do que os aspectos enfadonhos e genéricos encontrados em muitas correntes de alto padrão, em outros lugares de Vegas. O Westin se orgulha de suas "camas divinas", afirmação, para a qual nós damos de ombros e dizemos, "É... as do Palms, do Green Valley Ranch, do Ritz, do Four Seasons e do THEhotel são melhores". Mas, se vale de alguma coisa, nós somos esnobes dos colchões e bordados com contas. Os banheiros são pequenos, porém, brilhantes e há uma pequena, mas útil (e gratuita!), academia. A área do cassino é pequena e parece datada. Embora enfadonho, como os padrões de Vegas, ele é profissional, ainda que pessoal.

160 E. Flamingo Rd., Las Vegas, NV 89109. ⓒ **866/837-4125** ou 702/836-9775. Fax 702/836-9776. www.starwood.com. 825 unidades. A partir de US$139, quarto duplo. Pessoa extra US$30. Crianças com até 18 anos têm estadia gratuita no quarto dos pais. Berços gratuitos. AE, DC, DISC, MC, V. Estacionamento gratuito próprio e com valet. Aceitos animais de estimação. **Serviços**: Cassino; salão de exposição; restaurante; bar; cafeteria; pequena piscina externa aquecida; pequeno clube de saúde e bem-estar (health club); concierge; balcão turístico; centro comercial; salas de reunião; serviço de quarto 24 horas; massagem no quarto; babysitter; serviço de lavanderia; lavagem a seco. *No quarto*: A/C, TV c/ filmes pagos, porta de dados, acesso à Internet de alta velocidade (mediante taxa), minibar, secador de cabelo, ferro/tábua de passar roupa, cofre.

3 Melhores Hotéis Sem Cassino

Apesar da preponderância dos hotéis em Vegas, há uma área de acomodações amargamente em falta na cidade: os hotéis regulares. Não que não haja, mas todos são hotéis de cadeia. Se você ganhar pontos, numa cadeia de hotéis, ou se gosta das diversas maneiras em que um Marriott pode ser configurado, você está com sorte. Mas se procura acomodações mais singulares, com um caráter distinto, ou um bed-and-breakfast (estabelecimentos apenas para estadia noturna e café da manhã) ou qualquer coisa que não seja um hotel idêntico àquele com o mesmo nome em Phoenix ou em Boston, você vai se decepcionar. E, se você quer um quarto com aroma, simplesmente vai ter que voltar aos hotéis temáticos.

Normalmente, isso não importa. Grande parte da diversão de ir a Vegas são os hotéis característicos de Vegas. Porém, ao analisar as listas acima, você pode descobrir que eles não são nada adequados às suas necessidades. Pelo menos, em um hotel sem cassino, você elimina muito do barulho e, possivelmente, muitos dos bêbados arruaceiros (se eles estiverem hospedados em um dos seguintes hotéis, então, com certeza, até a hora em que chegarem em casa, a noite deles já vai ter acabado). Mas não espere nada particularmente especial, embora algumas cadeias e estilos sejam melhores do que outros. E, conforme uma particularidade especial de Vegas, a estadia em um dos seguintes hotéis pode não ser tão barata (ou não ser nada mais barata) do que você pagaria para ficar na Strip, em um destino de alto padrão.

Nota: Todos os hotéis, nessa seção, são localizados ao east da Strip e podem ser encontrados no mapa da p. 37.

CAPÍTULO 3 · ONDE FICAR

Courtyard by Marriott 🌟 Do outro lado da rua do Convention Center, este é precisamente o tipo de hotel de cadeia que mostra o que os hotéis de cadeia podem ser: com uma paisagem agradável (sim, disposta ao redor dos pátios externos), áreas públicas e quartos novos em folha, uma piscina brilhante e estilo suficiente (mesmo que tenha sido planejado), para fazer você sentir-se em Algum Lugar e não em Qualquer Lugar. A maioria dos quartos foi projetada tendo as pessoas que viajam a negócios em mente e com camas em tamanho king-size; todos os quartos têm varandas ou pátios.

3275 Paradise Rd. (entre a Convention Center Dr. e a Desert Inn Rd), Las Vegas, NV 89109. ✆ **800/321-2211** ou 702/791-3600. Fax 702/796-7981. www.courtyard.com. 149 unidades. A partir de US$149, quarto duplo; a partir de US$179, suíte. Sem cobrança para pessoa extra, acima de ocupação, de quarto duplo, máx. de 4 pessoas no quarto. Berço/carrinho gratuito. AE, DC, DISC, MC, V. Estacionamento gratuito e próprio na porta do quarto. **Serviços**: Restaurante; piscina externa; pequena sala para exercícios; Jacuzzi; centro comercial; serviço de quarto limitado; serviço de lavanderia; lavagem a seco; lavadoras e secadoras operadas a moedas; Wi-Fi gratuita no lobby. *No quarto*: A/C, TV c/ filmes pagos, porta de dados, acesso gratuito à Internet de alta velocidade, cafeteira, secador de cabelo, ferro/tábua de passar roupas.

Desert Rose Resort 🌟🌟 *Crianças* Outro hotel de cadeia "só com suítes", mas que oferece um pouco mais do que os outros e o tipo certo de "um pouco mais". As próprias suítes (em cor creme e enfadonha) são providas, não somente com cozinhas completas, mas também com verdadeiras sacadas (depois de você ter passado por um quarto de hotel abafado de Vegas, com uma janela que não abre, isso se torna algo importante). Há um buffet de café da manhã continental, gratuito, e um momento de happy hour/recepção do gerente noturno, com lanches. A piscina é grande! Tudo isso a apenas uma quadra da esquina da Strip e do Trop! Este lugar realmente é um quebra galho para famílias que procuram um lugar agradável, não muito longe dos lugares mais comuns – e pense na economia com o café da manhã gratuito, os lanches e a cozinha completa para fazer outras refeições!

5051 Duke Ellington Way, Las Vegas, NV 89119. ✆ **888/732-8099** ou 702/739-7000. Fax 702/739-9350. www.shellhospitality.com. 280 unidades. A partir de US$99, suíte com 1 quarto (até 4 pessoas); a partir de US$139, suíte com 2 quartos (até 6 pessoas). Os preços incluem café da manhã e lanches à noite. Berço gratuito; sem carrinhos. AE, DC, DISC, MC, V. Estacionamento próprio gratuito. **Serviços**: Piscina externa grande; pequena sala de exercícios; Jacuzzi; serviço de lavanderia; lavagem a seco; lavadoras operadas por moedas. *No quarto*: A/C, TV c/ filmes pagos, porta de dados, acesso à Internet de alta velocidade (mediante taxa), cozinha completa, secador de cabelo, ferro/tábua de passar roupa.

Hyatt Place 🌟 Suítes com boa proporção, mas totalmente amenas. Ainda assim, este hotel oferece preços especiais, um grande buffet de café da ma-

MELHORES HOTÉIS SEM CASSINO

nhã gratuito e uma recepção ao gerente semanal, com lanches e tudo isso por preços que são mais atraentes do que os quartos. Se você quiser ficar ainda mais perto da ação, o *Hard Rock* fica do outro lado da rua, pronto para cuidar das necessidades mais frívolas.

4520 Paradise Rd., Las Vegas, NV 89109, ✆ **877/877-8886** ou 702/369-3366. Fax 702/369-0009. www.hyatt.com. 202 unidades. A partir de US$79, quarto duplo. Pessoa extra US$10. Crianças até 18 anos têm estadia gratuita no quarto dos pais. Berço gratuito; sem carrinhos. Os preços incluem buffet de café da manhã. AE, DC, DISC, MC, V. Estacionamento próprio gratuito. **Serviços**: Piscina externa; sala de fitness; concierge; balcão turístico; shuttle gratuito do aeroporto; serviço de lavanderia. *No quarto*: A/C, TV c/ filmes pagos, porta de dados, acesso à Internet de alta velocidade (gratuito), kitchenette, secador de cabelo, ferro/tábua de passar roupa, cofre.

La Quinta ✪ O La Quinta, por acaso, está em nossa própria lista privada de cadeias "confiáveis e surpreendentemente agradáveis" e esta filial justifica nossas expectativas. Não que tudo não seja pré-fabricado, mas trata-se daquele pré-fabricado cada vez mais popular, com estilo ligeiramente espanhol, ligeiramente missionário que, imediatamente, nos faz relaxar. Os quartos têm tamanho decente (embora devêssemos gastar alguns dólares a mais pelo quarto executive queen, com as camas maiores, o refrigerador e o microondas) e todos eles vêm com banheiras com bolhas de água e colchões novos com travesseiros. Observe que os quartos do térreo têm pátios. Do lado de fora, nas áreas estranhamente relaxantes (com pequenas piscinas, bancos e afins), você encontra churrasqueiras e mesas para piqueniques, que são opções incomuns em uma cidade que presume que todos queiram comer em um buffet barato. A equipe é, no geral, particularmente boa. Observe também que o hotel aceita animais de estimação com menos de 11 kg.

3970 Paradise Rd. (entre a Twain Ave. e a Flamingo Rd.), Las Vegas, NV 89109. ✆ **800/531-5900** ou 702/796-9000. Fax 702/796-3537. www.laquinta.com. 251 unidades. A partir de US$89, quarto duplo; a partir de US$99, executive queen; a partir de US$119, suíte. Os preços incluem café da manhã continental. AE, DC, DISC, MC, V. Estacionamento próprio gratuito. Aceitos até 2 animais de estimação por quarto, sem cobrança de taxa com um depósito caução. **Serviços**: Piscina externa; Jacuzzi; balcão turístico; balcão de aluguel de carros; shuttle gratuito aeroporto/Strip; lavanderia operada a moedas. *No quarto*: A/C, TV c/ filmes pagos, porta de dados, acesso à Internet de alta velocidade (gratuito), Wi-Fi (mediante taxa), cozinhas nos quartos executivos e nas suítes, cafeteira, secador de cabelo, ferro/tábua de passar roupa.

Las Vegas Marriott Suites ✪ O preço, provavelmente, é exagerado para um hotel de cadeia, embora seja um bom hotel. Todos os quartos são suítes (o que os torna extragrandes), confortáveis e têm toques inesperados, como portas francesas que separam o quarto da área de descanso e obras de arte surpreendentemente boas nas paredes. A cafeteria no local, Windows, serve bons pratos no estilo do sudoeste. Observe que é preciso uma pequena caminhada daqui até a Strip (10 min., essa caminhada fica cada vez mais longa a cada 10° adicionais na temperatura).

325 Convention Center Dr., Las Vegas, NV 89109. ✆ **800/228-9290** ou 702/650-2000. Fax 702/650-9466. www.marriott.com. 278 unidades. A partir de US$159, suíte (até 4 pessoas). AE, DC, DISC, MC,V. Estacionamento externo gratuito. **Serviços**: Restaurante; piscina externa; pequena sala de exercícios; Jacuzzi; balcão turístico; centro comercial; Wi-Fi gratuita no centro comercial; serviço de quarto limitado; serviço de lavanderia; lavagem a seco; lavanderia operada a moedas disponível no Residence Inn, ao lado; quartos de nível executivo. *No quarto*: A/C, TV c/ filmes pagos, porta de dados, acesso à Internet de alta velocidade (mediante taxa), Wi-Fi (mediante taxa), refrigerador, cafeteria, secador de cabelo, ferro/tábua de passar roupa, cofre.

Residence Inn ⭐⭐ Nosso preferido entre os Marriotts, em partes devido às próprias acomodações, em partes devido à sua atitude – ele é, de fato, administrado por pessoas que realmente parecem envolvidas com a propriedade, em vez de estarem apenas interessadas em seus salários. Os quartos parecem pequenos apartamentos, cada um com um quarto separado, uma sala de estar (todos com vídeocassetes, alguns com lareiras que funcionam – o deserto é frio no inverno) e uma cozinha completamente equipada com pratos e panelas, o que torna o lugar perfeito para estadias extensas. Os quartos são distribuídos por todo o complexo em pequenos prédios de condomínios; cada seção tem seu próprio pequeno jardim (todo o local é estabelecido em 7 acres devidamente mantidos), enquanto cada quarto tem o seu próprio terraço ou pátio. Os hóspedes recebem uma cesta de boas vindas com pipoca de micro-ondas e café no check-in. Há um generoso buffet de café da manhã gratuito, a piscina recebeu uma necessária reformulação em 2006 e a academia é localizada no estabelecimento ao lado, outro Marriott.

3225 Paradise Rd. (entre a Desert Inn Rd. e a Convention Center Dr.), Las Vegas, NV 89109. ✆ **800/331-3131** ou 702/796-9300, Fax 702/796-9562. www.marriott.corn. 192 unidades. A partir de US$119, studio; a partir de US$149, cobertura. Os preços incluem café da manhã continental ou buffet. As crianças têm estadia gratuita no quarto dos pais. Berço gratuito. AE, DC, DISC, MC, V. Estacionamento próprio gratuito. Aceitos animais de estimação, mediante taxa. **Serviços**: Piscina externa; os hóspedes têm acesso à pequena sala de exercícios vizinha, no Marriott Suites; Jacuzzi; lavadoras e secadoras operadas a moedas. *No quarto*: A/C, TV c/ filmes pagos, porta de dados, acesso à Internet de alta velocidade de cortesia, kitchenette, secador de cabelo, ferro/tábua de passar roupa.

4 Quando os Outros Estão Lotados...

Há alguns outros hotéis na cidade, é claro, mas nós não os listamos de maneira completa, pois não vale a pena gastar tempo com eles – a menos que todas as outras opções estejam lotadas, é claro. Os hotéis a seguir são lugares perfeitos para jogadores que procuram uma cama barata próxima às máquinas caça-níquel, o que os torna perfeitos, em muitas maneiras – mas provavelmente não seja da sua maneira.

OS MELHORES...
MID-STRIP

The Flamingo Las Vegas Este não é mais o lar de Bugsy Siegel, é só um lugar que tenta bastante se manter no mesmo ritmo dos hotéis maiores ao seu redor. Ainda assim, a área da piscina é fabulosa, um paraíso tropical que compete com as piscinas do Mandalay Bay e do The Mirage, entre as melhores da cidade. Com certeza, reserve um dos quartos recém refeitos, com toques em rosa choque, em estilo solteiro alegre dos anos 60, que tornam esses quartos uns dos mais interessantes e divertidos da cidade. O hotel é localizado bem no coração da Strip, por isso, a localização é ideal como um ponto de partida para os passeios. Do contrário, planeje ficar na piscina, pois a disposição do hotel parece um labirinto e sair pode ser complicado.

3555 Las Vegas Blvd. S. (entre a Sands Ave. e a Flamingo Rd.), Las Vegas, NV 89109. ✆ 800/732-2111 ou 702/733-3111. Fax 702/733-3353. www.flamingolv.com. 3.999 unidades. A partir de US$85, quarto duplo; a partir de US$350, suíte. Pessoa extra US$30. AE, DC, DISC, MC, V. Estacionamento gratuito próprio e com valet. Serviços: Cassino; salões de exposição; 8 restaurantes; 5 piscinas externas; 4 quadras de tênis iluminadas à noite; clube de saúde e bem-estar (health club); spa; pequena galeria de vídeos; balcão turístico; balcão de aluguel de carros; centro comercial; galeria de lojas; serviço de quarto 24 horas; massagem no quarto; babysitter; serviço de lavanderia; lavagem a seco; quartos de nível executivo. *No quarto:* A/C, TV c/ filmes pagos, porta de dados, acesso à Internet de alta velocidade (mediante taxa), secador de cabelo, ferro/tábua de passar roupa, cofre.

NORTH STRIP

Stratosphere Casino Hotel & Tower Nossa outra opção "se tudo mais falhar", é a construção mais alta ao oeste de Mississipi, embora os quartos em si não fiquem na Torre, infelizmente. Os quartos são, em essência, quartos de hotéis de beira de estrada muito, muito bons e geralmente eles podem ser reservados por uma quantia baixa, como US$49. Isso aliado à equipe realmente boa são as únicas razões para você ficar aqui; o hotel fica localizado na extremidade norte da Strip – longe demais para poder ir a pé a qualquer

> ### *Dicas* Vida no Spa
>
> Outro elemento do tema "Vegas como resort de luxo" é a inclusão de spas particularmente bons. Mas este também é um outro exemplo dos atrativos ilusórios de Vegas; os spas são uniformemente caros – assim como uma pedicuro custará absurdos US$50. E para quem quer recompensar todos os bons pratos que estamos comendo, isso custa ainda mais. Na p. 67, está uma tabela com as taxas diárias – sim, diárias – cobradas para usar as academias dos principais hotéis de Vegas. Os hotéis de cadeia não cobram essa taxa, mas suas salas de exercícios geralmente não são muito mais do que básicas. A taxa inclui o uso do equipamento durante todo o dia, além das saunas, salas de vapor, e afins. O **Canyon Ranch Spa** do **The Venetian** é o que cobra mais, mas a sala de exercícios de lá é a melhor e a taxa permite que você se beneficie de quase uma dúzia de aulas diárias como yoga, aeróbica e Pilates. Não muito atrás nos departamentos de grandiosidade e preço fica o hotel de nome duvidoso, **Bathhouse**, no **THEhotel Mandalay Bay**, um belo estabelecimento, que não poupa gastos, que é praticamente o único que cobra um preço mais baixo (mas ainda alto) se tudo o que você quer é se exercitar e não ter acesso à área do spa. Eles também têm os horários mais amplos. Para a estética pura, o melhor spa da cidade é o **Mandara Spa**, no **Planet Hollywood**; os arquitetos foram mandados a Marrocos para obter inspiração de design e os resultados são impressionantes. O Mandara Spa e o Canyon Ranch têm a mais ampla gama de tratamentos exóticos e de cuidado, mas ficamos bastante intrigadas pelo Passion Dip, no **Dolphin Spa**, em **Green Valley**, que deixa os hóspedes cheirando como uma sobremesa. Fizemos maravilhosos tratamentos faciais, depilações e massagens no **Caesars**, mas a equipe irá tratá-lo melhor no **The Mirage** e no **Treasure Island**, mantendo-o refrescado com toalhas frias durante seu treinamento, e oferecendo smoothies depois.

lugar útil. O interior é pouco interessante, com exceção do alternativo restaurante e bar Top of the World, que fica localizado, sim, no topo da Torre e as vistas lá são bárbaras. As emocionantes viagens até o topo do prédio serão um teste até para os estômagos mais fortes – nós não vamos nem mencionar a loucura que é a gangorra (!) na beirada da cobertura (!!).

2000 Las Vegas Blvd. S. (entre as av. St. Louis e Baltimore), Las Vegas, NV 89104. ✆ **800/99-TOWER** (998-6937) ou 702/380-7777. Fax 702/383-5334. www.stratospherehotel.com. 2.444 unidades. A partir de US$49, quarto duplo; a partir de US$109, suíte. Pessoa extra US$20. Crianças com até 13 anos têm estadia gratuita no quarto dos pais. AE, DC, DISC, MC, V. Estacionamento gratuito próprio e com valet. **Serviços**: Cassino; salões de exposição; capela para casamentos; 9 restaurantes além de diversos estabelecimentos de fast-food; grande área de piscina c/ belas vistas da Strip; passeios e jogos para crianças; concierge; balcão turístico; balcão de aluguel de carros; galeria de lojas; serviço de quarto 24 horas; serviço de lavanderia; quartos de nível executivo. *No quarto*: A/C, TV c/ filmes pagos, porta de dados, acesso à Internet de alta velocidade (mediante taxa), Wi-Fi (mediante taxa), secador de cabelo, ferro/tábua de passar roupa, cofre.

... & O RESTO

MID-STRIP

Bally's Las Vegas Vizinho ao Paris Las Vegas e acessível por um túnel que vai do pavimento em paralelepípedos de contos de fadas parisiense a, bem, nós não lembramos o quê – o que, inclusive, resume este hotel facilmente esquecível. Ele, de fato, recebeu alguma reformulação nos quartos e, pelo preço, nós quase o adoramos, quando lembramos. No lado dos prós, você pode evitar o andar do cassino se passar pelos lugares corretos.

3645 Las Vegas Blvd. S. (na Flamingo Rd), Las Vegas, NV89109. ⓒ **800/634-3434** ou 702/739-4111. Fax 702/967-3890. www.ballyslv.com. 2.814 unidades. A partir de US$99, quarto duplo; US$35-US$60 extra para o andar do concierge (incluindo café da manhã); a partir de US$300, suíte. Pessoa extra US$30. Sem desconto para crianças. AE, DC, MC, V. Estacionamento gratuito próprio e com valet. **Serviços**: Cassino; salões de exposição; 12 restaurantes; piscina externa; 8 quadras de tênis iluminadas à noite; clube de saúde e bem-estar (health club); spa; galeria de vídeos; concierge; balcão turístico; balcão de aluguel de carros; centro comercial; galeria de lojas; serviço de quarto 24 horas; serviço de lavanderia; lavagem a seco; quartos de nível executivo. *No quarto*: A/C, TV c/ filmes pagos, porta de dados, acesso à Internet de alta velocidade (mediante taxa), secador de cabelo, ferro/tábua de passar roupa, cofre.

Harrah's Las Vegas Sim, você pode chegar até o seu quarto sem ter que passar pelo cassino – se entrar pela porta dos fundos, o que talvez indique o que o hotel pensa sobre quem não joga. Na verdade, a Carnaval Court, a área de lojas e restaurantes externa, é muito divertida, graças ao Ghirardelli Ice Cream Parlor e a presença regular do espetáculo Mr. Cook E. Jarr, a melhor pior apresentação de Vegas. E o Mac King, uma das melhores ofertas da cidade, apresenta-se aqui todas as tardes.

3475 Las Vegas Blvd. S. (entre as ruas Flamingo e Spring Mountain), Las Vegas, NV H9109. ⓒ **800/427-7247** ou 702/369-5000. Fax 702/369-5283. www.harrahs.com. 2.579 unidades. A partir de US$99, quarto duplo "deluxe"; a partir de US$109, quarto duplo "superior"; a partir de US$199, suíte. Pessoa extra US$30. AE, DC, DISC, MC, V. Estacionamento gratuito próprio e com valet. **Serviços**: Cassino; salões de exposição; 9 restaurantes; piscina externa; clube de saúde e bem-estar (health club); spa; concierge; balcão turístico; balcão de aluguel de carros; centro comercial; galeria de lojas; salão; serviço de quarto 24 horas; serviço de lavanderia; lavagem a seco; quartos de nível executivo. *No quarto*: A/C, TV c/ filmes pagos, fax, porta de dados, acesso à Internet de alta velocidade (mediante taxa), minibar, cafeteira, secador de cabelo, ferro/tábua de passar roupa, cofre.

66 CAPÍTULO 3 · ONDE FICAR

Rio All-Suite Hotel & Casino Este hotel, localizado a uma quadra da Strip, é a central da diversão e das festas dos garotos de fraternidades; hospede-se aqui pela agitação noturna ou se você adora quartos grandes (eles, de fato, têm quartos espaçosos, mesmo que sem graça). Definitivamente, deixe as crianças em casa – a diversão é dirigida somente aos adultos e o hotel desencoraja ativamente os pais de trazer seus filhos. Se você pretende fazer uma parada no campo de golfe, este lugar é para você; o campeonato de 18 buracos no **campo de golfe Rio Secco** (localizado fora da propriedade, em Henderson) foi projetado por Rees Jones.

3700 W. Flamingo Rd. (na I-15), Las Vegas, NV 89103. ✆ **888/752-9746** ou 702/777-777. Fax 702/777-7611. www.playrio.corn, 2.582 unidades. A partir de US$99, suíte. Pessoa extra US$30. AE, DC, MC, V. Estacionamento gratuito próprio e com valet. **Serviços**: Cassino; salões de exposição; 12 restaurantes; 4 piscinas externas; campo de golfe; clube de saúde e bem-estar (health club); spa; Jacuzzi; sauna; concierge; balcão de aluguel de carros; centro comercial; galeria de lojas; serviço de quarto 24 horas; massagem no quarto; serviço de lavanderia; lavagem a seco; quartos de nível executivo. *No quarto*: A/C, TV c/ filmes pagos, acesso à Internet de alta velocidade (mediante taxa), Wi-Fi (mediante taxa), refrigerador, cafeteira, secador de cabelo, ferro/tábua de passar roupa, cofre.

NORTH STRIP

Circus Circus *(Crianças)* Se você ama palhaços, talvez você deva considerar este venerável estabelecimento, mas se você tem fobia deles, por tudo o que é mais sagrado, fique bem longe. Eles ainda apresentam os espetáculos circenses passando por cima do cassino, o que é bem divertido, e o parque temático tem ar condicionado, graças à grande redoma. E, o melhor de tudo, é barato. Além do mais, com o tema de palhaços, os espetáculos circenses e o parque de diversões muito bom, este é um espaço relativamente adequado às crianças, embora ultimamente isso se deva menos ao seu planejamento do que a um padrão.

2880 Las Vegas Blvd. S. (entre as estradas do Circus Circus e Convention Center), Las Vegas, NV 89109. ✆ **877/434-9175** ou 702/734-0410. Fax 702/734-5897. www.circuscircus.com. 3.774 unidades. A partir de US$59, quarto duplo. Pessoa extra US$12. Crianças com até 17 anos têm estadia gratuita no quarto dos pais. AE, DC, DISC, MC, V, Estacionamento gratuito próprio e com valet. **Serviços**: Cassino; espetáculos circenses; capela para casamentos; 7 restaurantes; diversos estabelecimentos de fast-food; 2 piscinas externas; galeria de vídeos; jogos de fliperama; balcão turístico; balcão de aluguel de carros; galeria de lojas; serviço de quarto 24 horas; serviço de lavanderia; lavagem a seco; quartos de nível executivo. *No quarto*: A/C, TV c/ filmes pagos, acesso à Internet de alta velocidade (mediante taxa), secador de cabelo, cofre.

QUANDO OS OUTROS ESTÃO LOTADOS...

Spas e Academias dos Hotéis de Las Vegas

Hotel	Telefone	Horários da academia	Taxa do quarto para academia/treinos	Idade Mín.	Horários do Spa	Nome	Observações
Bally's	702/967-4366	6h - 20h	US$22	18	8h - 19h	The Spa at	Pessoas que não forem hóspedes do hotel podem obter os serviços, sem uso do spa a menos que adquira os serviços. Sem uso da academia.
Bellagio	702/693-7472	6h - 20h	US$ 25	18	7h - 18h30	Spa Bellagio	Spa aberto para hóspedes não registrados, de domingo a quinta apenas; sem uso da academia.
Caesars Palace	866/782-0655	6h - 20h	US$ 25	18	6h - 20h	Qua Baths & Spa	Pessoas que não forem hóspedes do hotel US$25 por dia de taxa de academia (retirada se os serviços do spa forem usados).
Flamingo Las Vegas	702/733-3535	6h - 20h	US10 para academia, US20 para academia e spa	18	6h - 19h30	The Spa at Flamingo	Pessoas que não forem hóspedes do hotel pagam as mesmas taxas por dia.
Four Seasons	702/632-5000	6h - 21h	Cortesia	18	8h - 19h	The Spa at	A academia é oferecida de cortesia aos hóspedes do hotel juntamente com o serviço do spa; pessoas que não forem hóspedes do hotel podem usar a academia juntamente ao serviço do spa. As entradas diárias para a academia custam US$30 para quem não for hóspede, com disponibilidade dependendo do espaço disponível.
Green Valley Resort	702/617-7777	6h - 20h	Cortesia	18	8h - 20h	The Spa at	Pessoas que não forem hóspedes do hotel pagam US$50 por dia para usar a academia, de segunda a quinta.
Hard Rock	702/693-5554	6h - 22h	US$20	18	9h - 21h	Rock Spa	Pessoas que não forem hóspedes do hotel pagam US$30 por dia.

CAPÍTULO 3 · ONDE FICAR

Hotel	Telefone	Horários da academia	Taxa do quarto para academia/treinos	Idade Mín.	Horários do Spa	Nome	Observações
Harrah's	702/369-5000	6h - 20h	US$20	18	8h - 19h	The Spa at	US$50 por 3 dias; mesmas taxas para aqueles que não são hóspedes do hotel; o uso da academia é oferecido de cortesia com o serviço do spa
Las Vegas Hilton	702/732-5648	6h - 20h	US$ 20	16	7h - 19h30	The Spa at	2 dias/US$36, 3/US$51, 4/US$64, 5/US$75; mesmas taxas para quem não for hóspede
Luxor	800/258-9308	6h - 20h	US$ 25	18	6h - 20h	Nurture	Passes de múltiplos dias com desconto disponíveis. Apenas academia, US$10. Pessoas que não forem hóspede do hotel US$30 por dia. taxa para entrada no spa recuperada com serviço equivalente a US$70 ou mais.
Mandalay Bay	877/632-7800	6h - 20h30	US$30	18	6h - 20h30	Spa Mandalay	Pessoas que não forem hóspede do hotel, US$35 por dia.
MGM Grand	702/891-3077	6h - 20h	US$25 de segunda a quinta, de sexta a domingo, US$35	18	6h - 20h	Grand Spa	Aberto ao público de segunda a quinta, mesmas taxas. Apenas academia, US10.
The Mirage	702/791-7472	5h30 - 19h30	US$25	18	8h - 17h30	The Spa	Aberto ao público de segunda a quinta; pessoas que não forem hóspedes do hotel, US$25 por dia.
Monte Carlo	702/730-7777	6h - 20h	US$19	18	8h - 19h	The Spa at	US$19 pela academia; US$22 pela academia e spa; aberto para quem não for hóspede do hotel diariamente, US$25.
New York-New York	702/740-6955	6h30 - 19h	US$20	16	8h - 18h	Spa	Taxas múltiplas de dia e noite disponíveis.
Palms	702/942-6937	6h - 20	US$20	18	6h - 20h	Spa & Salon	Pessoas que não forem hóspedes do

QUANDO OS OUTROS ESTÃO LOTADOS...

Hotel	Telefone	Horários da academia	Taxa do quarto para academia/treinos	Idade Mín.	Horários do Spa	Nome	Observações
Paris	702/946-4366	6h - 19h	US$25	18	6h - 19h	Spa by Mandara	Pessoas que não forem hóspedes do hotel, US$25 por dia; serviço de US$100 ou mais inclui uso de cortesia da academia.
Planet Hollywood	866/935-3647	6h - 19h	US$ 25	18	8h - 18h	Mandara Spa	Pessoas que não forem hóspedes do hotel, US$35 por dia; passes com desconto por múltiplos dias disponíveis.
Rio	702/7777-7779	6h - 20h	US$ 22	18	8h - 19h	Spa & Salon	US$55 por 3 dias consecutivos; mesmas taxas para quem não for hóspede do hotel.
THEhotel	877/632-9636	6h - 20h30	US$30	18	6h - 20h	Bathhouse	Pessoas que não forem hóspedes do hotel devem fazer um tratamento de US$60 ou mais, então a taxa será ressarcida.
TI-Treasure	702/894-7474	6h - 20h ou - 22h	US$22	18	7h - 18h ou 20h	Wet	Pessoas que não forem hóspedes do hotel, US$22 por dia. taxa retirada mediante serviço do spa. Taxa de múltiplos dias disponível. "Serviços exclusivos para homens" separados no 3º andar.
The Venetian	877/220-2688	5h30 - 22h	US$40	18	8h - 20h	Canyon Ranch Spa Club	Pessoas que não forem hóspedes do hotel, US$45 pela academia. Os passes da academia para hóspedes e não-hóspedes do hotel custam US$15 juntamente com serviço do spa. Taxa de dias múltiplos disponível.

4

Onde Jantar

Você já deve ter ouvido que grande parte da diversão de Vegas hoje em dia é comer. Isso é verdade. Embora Vegas já tenha sido, na melhor das hipóteses, ignorada por qualquer pessoa com paladar e, na pior das hipóteses, abertamente ridicularizada, ela é agora considerada uma das cidades com os melhores restaurantes do país. Todos os tipos de *chefs* celebridades montaram seus estabelecimentos aqui, desde o onipresente Emeril a Julian Serrano e até à estrela, herói da culinária da **Michelin,** Joel Robuchon. Filiais de uma série de restaurantes significativos (**L'Atlier, Bouchon, Fleur de Lys, Commander's Palace, Michael Mina, Aureole, Le Cirque)** podem ser encontradas aqui, embora, é claro, raramente você encontrará o chef que assina pelo restaurante na cozinha. Mas a cidade apresenta alguns super chef's com base em Vegas, capazes de competir com qualquer um na Food Network.

Por outro lado, a cidade das grandes refeições baratas – o coquetel de camarão por US$0,99 ou o buffet rodízio por US$4,99! – agora se transformou. Em grande parte, se você quer comer bem, você tem que estar bem do bolso. Mas você que não joga, com todo o dinheiro que economizou das garras das mesas de jogos, pode muito bem se beneficiar com os pratos sofisticados normalmente oferecidos. E embora os estabelecimentos pequenos e étnicos não sejam tão abundantes quanto nós gostaríamos, há alguns lugares dignos de nota – inclusive talvez o melhor restaurante tailandês do continente – e nós o ajudaremos a encontrá-los. Talvez façamos você ter que dirigir para chegar a alguns dos achados, mas não se preocupe; nós incluímos até mesmo alguns restaurantes de hotel com preços medianos, que também vale a pena você conferir. Além disso, nós selecionamos nossos preferidos entre os diversos buffets da área – afinal de contas, você não pode considerar que tenha feito uma viagem a Vegas a menos que encha seu prato com um monte de camarões e infinitas porções de costela de primeira.

Nota: Uma nova proibição ao fumo foi recentemente instaurada, proibindo o fumo em restaurantes. Para obter mais informações, consulte a p. 220.

Onde Jantar na Strip

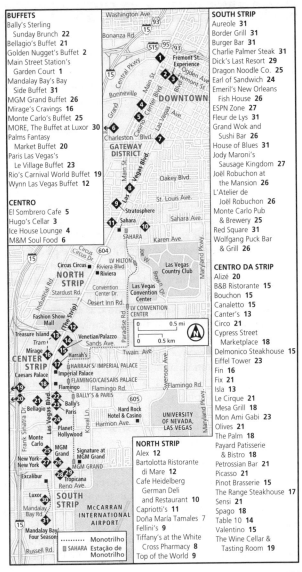

BUFFETS
Bally's Sterling
  Sunday Brunch **22**
Bellagio's Buffet **21**
Golden Nugget's Buffet **2**
Main Street Station's
  Garden Court **1**
Mandalay Bay's Bay
  Side Buffet **31**
MGM Grand Buffet **26**
Mirage's Cravings **16**
Monte Carlo's Buffet **25**
MORE, The Buffet at Luxor **30**
Palms Fantasy
  Market Buffet **20**
Paris Las Vegas's
  Le Village Buffet **23**
Rio's Carnival World Buffet **19**
Wynn Las Vegas Buffet **12**

CENTRO
El Sombrero Cafe **5**
Hugo's Cellar **3**
Ice House Lounge **4**
M&M Soul Food **6**

NORTH STRIP
Alex **12**
Bartolotta Ristorante
  di Mare **12**
Cafe Heidelberg
  German Deli
  and Restaurant **10**
Capriotti's **11**
Doña María Tamales **7**
Fellini's **9**
Tiffany's at the White
  Cross Pharmacy **8**
Top of the World **9**

SOUTH STRIP
Aureole **31**
Border Grill **31**
Burger Bar **31**
Charlie Palmer Steak **31**
Dick's Last Resort **29**
Dragon Noodle Co. **25**
Earl of Sandwich **24**
Emeril's New Orleans
  Fish House **26**
ESPN Zone **27**
Fleur de Lys **31**
Grand Wok and
  Sushi Bar **26**
House of Blues **31**
Jody Maroni's
  Sausage Kingdom **27**
Joël Robuchon at
  the Mansion **26**
L'Atelier de
  Joël Robuchon **26**
Monte Carlo Pub
  & Brewery **25**
Red Square **31**
Wolfgang Puck Bar
  & Grill **26**

CENTRO DA STRIP
Alizé **20**
B&B Ristorante **15**
Bouchon **15**
Canaletto **15**
Canter's **13**
Circo **21**
Cypress Street
  Marketplace **18**
Delmonico Steakhouse **15**
Eiffel Tower **23**
Fin **15**
Fix **21**
Isla **13**
Le Cirque **21**
Mesa Grill **18**
Mon Ami Gabi **23**
Olives **21**
The Palm **18**
Payard Patisserie
  & Bistro **18**
Petrossian Bar **21**
Picasso **21**
Pinot Brasserie **15**
The Range Steakhouse **17**
Sensi **21**
Spago **18**
Table 10 **14**
Valentino **15**
The Wine Cellar &
  Tasting Room **19**

71

1 South Strip

MUITO CARO

Aureole 🍷🍷🍷 COZINHA AMERICANA NOUVELLE   Esta filial de um restaurante favorito de Nova York City (o nome é pronunciado are-ree-*all*) administrada por Charlie Palmer é famosa por sua torre de taças de vinho. Quatro andares de garrafas cuidadosamente selecionadas (incluindo a maior coleção de vinhos austríacos fora do país – vale muito a pena experimentar) são tiradas de seus lugares por graciosas moças vestidas em *colants* que vão para cima e para baixo por meio de roldanas. É um espetáculo e tanto, e as pessoas vêm só para assistir a isso.

Você deveria vir pela comida? Pode apostar. O atual chef é uma maravilha, servindo um menu sazonal de preço fixo de três pratos, embora se você flertar com seu garçom poderá ganhar luxuosos extras, como patê no brioche com trufas fatiadas por cima ou uma xícara expressa de sopa de pimentão amarelo com caranguejo. Espere outras maravilhas como um tenro lombo de cordeiro assado e pá de borrego refogado, ou uma porção de carne de caça acompanhada de purê de batata doce e castanhas crocantes. Tudo demonstra o toque de um verdadeiro chef na cozinha, alguém que presta bastante atenção ao seu trabalho e aos seus clientes. O serviço é solícito e as sobremesas são divertidas, incluindo um suflê de chocolate meio amargo com sorbet de laranja de polpa vermelha e crocante de pêra Bartlett com brioche de canela tostada e espuma de casca de limão. Experimente a lista de vinhos; ela é apresentada em um computador de mão, projetado não apenas para guiá-lo pela vasta torre, mas também para recomendar combinações com suas opções de pratos.

No Mandalay Bay, 3950 Las Vegas Blvd. S. ✆ **877/632-7800**. www.aureolelv.com. Necessárias reservas. Jantar com preço fixo US$75; menu de degustação US$95. AE, DISC, MC, V. Diariamente, das 18h às 22h.

Charlie Palmer Steak 🍷🍷 STEAKHOUSE   Há muitas, muitas steakhouses em Vegas, como se houvesse alguma lei natural que dissesse que qualquer hotel sem uma steakhouse sofreria de entropia e acabaria por colidir com um buraco negro. Os paladares mais sagazes sabem que pode haver uma diferença significativa entre as steakhouses; os bolsos mais sagazes podem não se importar. Se você se encontra entre esse último grupo, experimente a steakhouse do Charlie Palmer, provavelmente o melhor dentre os mais caros Santuários do Bife. Aqueles que se encontrarem nesse último grupo podem ter certeza que com entradas pesando cerca de 0,60 a 1,3 kg *cada* uma, as pessoas podem legitimamente, e em nome da decência deveriam mesmo, dividir as porções, o que torna esta experiência muito mais econômica do que ela pode parecer ser, à primeira vista. E por que não? Aqueles enormes pedaços de carne são mais tenros do que qualquer coisa porque, a esse preço, você consegue os melhores cortes. Charlie Palmer, aliás, é o chef por trás do Aureole, do outro lado de Mandalay Bay; isso significa que esse chef celebridade acertou duas vezes.

No Four Seasons Las Vegas, 3960 Las Vegas Blvd. S, © **702/632-5120**. www.charliepalmersteaklv.com. Reservas recomendadas. Pratos principais US$30-US$42. AE, DC, DISC, MC,V. Diariamente, das 17h às 22h30.

Emeril's New Orleans Fish House ⭐ COZINHA CRIOULA CONTEMPORÂNEA

O Chef Emeril Lagasse, uma entidade onipresente no *Food Network* da TV a cabo, provavelmente precisa se concentrar nos restaurantes com seu nome; o restaurante original em Nova Orleans está melhor do que nunca, mas este perdeu um pouco de seu charme. Como explicar de outra forma que o melhor prato é a costeleta com temperos crioulos? E que o pato da salada de pato é melhor do que a própria salada? Mas o famoso *cheesecake* de lagosta com ervas aromáticas ainda é um prato obrigatório de se experimentar e nós adoramos a versão dele do churrasco de camarão, embebido em um molho inglês com alho e colorido por ervas, combinado com biscoito de alecrim. E tudo parece valer a pena quando você prova um pedaço da torta cremosa de banana com crosta de banana e cobertura caramelizada.

No MGM Grand, 3799 Las Vegas Blvd. S. © **702/891-7374**. www.emerils.com. Reservas necessárias. Pratos principais, US$17-US$30 almoço, US$28-US$45 (mais em caso de lagosta), jantar. AE, DC, DISC, MC, V. Diariamente, das 11h30 às 14h30 e das 17h30 às 22h30.

Fleur de Lys ⭐⭐⭐ COZINHA FRANCESA CONTINENTAL

Um dos restaurantes mais sofisticados de Las Vegas, esta é uma filial de um estabelecimento altamente renomado de São Francisco, administrado pelo chef Hubert Keller. Dando continuidade à tradição dos espaços de restaurante visualmente espetaculares em Mandalay Bay, a maioria das mesas são dispostas no interior semicircular, que é constituído parcialmente por paredes de tijolos, estilo anos 70 e, parcialmente, por volumosas tapeçarias, por detrás das quais ficam escondidas algumas cabines de jantar. É um dos poucos lugares na cidade onde você tem que se vestir elegantemente para comer, mas no bom sentido. No momento em que este livro é escrito, é possível pedir a partir de um menu de degustação com três, quatro ou cinco pratos (incluindo uma opção vegetariana bem pensada), apresentando escolhas sazonais, como um aperitivo de atum amarelo delicadamente preparado com uma geléia de chili e alho, um "baeckeoffe" do mar (uma mistura de seleções de frutos do mar, incluindo um tipo de bolinho de siri em estilo de hambúrguer de frutos do mar em um brioche) com aparência simples, mas um prato saboroso, vieira de baía preparada na panela com sabores de pastinica servida em um astucioso mini vaso de plantas e peito de galinha d'angola assado e confit de coxa coberto manjericão crocante. Nossas descrições não farão justiça a esses pratos divertidos e sensuais. Certamente, a comida aqui é arte, mas não de uma maneira em que o sentido da comida – o ato de comer, o próprio gosto – é perdido. Apesar da presença de um mousse de chocolate branco e preto perfeito no prato de amostra do "Banquete de Chocolate", você tem uma dívida consigo mesmo de provar o minestrone de frutas frescas – sorbet de manjericão, framboesas, manga e mais – dessa vez, uma sobremesa saudável que vale a pena pedir.

No Mandalay Bay, 3950 Las Vegas Blvd. S. ✆ **877/632-7800**. Reservas recomendadas. Paletó recomendado. Menus com 3 a 5 pratos, US$74-US$94. AE, DC, DISC, MC, V. Diariamente, das 17h30 às 22h30.

Joël Robuchon at the Mansion ✦✦✦ COZINHA FRANCESA

Este restaurante está listado na seção "muito caro" somente porque não há uma categoria para restaurantes "inacreditavelmente, estratosfericamente caros, de parar o coração." Mas ele está aqui porque o lendário chef Joel Robuchon – o primeiro (e mais novo) a ganhar três estrelas consecutivas da Michelan – que fechou seu restaurante na França (onde ele foi proclamado "chef do século") no auge de sua fama, provou que toda essa atenção é justificada. O *Los Angeles Times* classificou Robuchon com quatro estrelas (a classificação mais alta), apenas na segunda vez que o classificaram, enquanto o crítico do *New York Times* proclamou que esta era "a melhor comida francesa que eu já comi nesse continente". Isso não é moleza. E se você não for gastar seu dinheiro nas mesas de jogos, porque não gastá-lo no que pode muito bem ser a refeição de sua vida? O menu é alterado com frequência, com muitos ingredientes chave sendo trazidos diariamente da França. E o serviço faz a gente lembrar que a classificação da Michelin também considerou isso. E sempre há também o vizinho um tanto mais barato – é claro que isso é relativo – o **L'Atelier de Joël Robuchon**, o foco fica nos assentos do balcão, uma experiência interativa e íntima entre quem come, quem serve e o chef.

No MGM Grand, 3799 Las Vegas Blvd. S. ✆ **702/891-7925**. Reservas altamente recomendadas. Necessário paletó. Menu de degustação com 6 pratos, US$250; menu de degustação com 16 pratos, US$385. AE, DC, DISC, MC, V. De domingo a quinta, das 17h30 às 22h; de sexta e sábado, das 17h30 às 22h30.

L'Atelier de Joël Robuchon ✦✦✦ COMIDA FRANCESA Apesar das críticas com quatro estrelas do L.A. e do N.Y. *Times* para o estabelecimento principal descrito acima, confiáveis aficionados por comida consideram esse lugar como sendo de fato superior. Além disso, ele ganhou o prêmio James Beard Award de melhor restaurante novo em 2007, que só adiciona ao debate. Optando por qualquer um dos dois, você não errará. Certamente, este restaurante é relativamente mais barato, mas os casuais e quase únicos assentos no balcão (é como uma lanchonete de extremo alto padrão) pode desanimar aqueles que procuram por um tipo diferente de experiência no ambiente. Mas a comida tem a intenção de ser divertida e interagir com a charmosa (e geralmente atraente e francesa) equipe do outro lado que só tem a adicionar ao prazer.

As porções são pequenas, mas primorosamente concebidas e executadas. O menu de degustação, que provavelmente será alterado sazonalmente, é provavelmente sua melhor opção, mas considere vir apenas para se servir de alguns pratos, como o wee, hambúrgueres perfeitos cobertos com foie gras, ou a lagosta Maine com aroma de curry e espuma de erva-doce, um prato que nos fez rir incontrolavelmente de prazer. La Pied de Cochon é o patê feito de pé de porco, uma robusta mas gordurosa carne de porco coberta com fatias de trufa e parmesão em uma torrada. Um amuse-bouche de parfait de foie gras com vinho do porto e espuma de parmesão vem em camadas em uma pequena taça de parfait com todos os três sabores claros e distintos e, ainda assim, harmonizando-se em um todo perfeito. O trabalho artístico apenas continua com a sobremesa. Uma maravilhosa experiência culinária.

No MGM Grand, 3799 Las Vegas Blvd. S. © **702/891-7925**. Reservas altamente recomendadas. Menu de apresentação com 8 pratos, US$135; pratos pequenos, US$16-$32; pratos principais, US$38-US$70. AE, DC, DISC, MC, V. De domingo a quinta, das 17h30 às 22h30; de sexta e sábado, das 17h às 23h.

Red Square ✯✯ COZINHA CONTINENTAL/RUSSA Este é o restaurante com a gigante estátua decapitada de Lenin na frente e o bar feito de gelo (ainda melhor para manter sua bebida gelada) do lado de dentro. É o lugar para tomar vodka e Beluga de acabar com suas economias (nós preferimos Osetra), juntamente com um filé mignon tenro com crosta de Roquefort – um dos melhores filés em uma cidade cheia de carne vermelha. As divertidas bebidas temáticas mantêm elevado o quociente de besteiras (a "Cuban Missile Crisis," por exemplo, apresenta Rain Vodka, rum escuro, xarope de cana de açúcar e suco de limão), mas considere experimentar um vodka flight. A sobremesa não é tão perspicaz, mas vale a pena guardar espaço para ela; nós gostamos da Chocolate Trilogy, uma torre de bolo de chocolate branco, coberta com mousse de chocolate e envolta em chocolate.

No Mandalay Bay, 3950 Las Vegas Blvd. S. © **702/632-7407**. Reservas recomendadas. Pratos principais US$22-US$46. AE, DC, MC, V. Diariamente, das 16h às 22h30.

CARO
Border Grill ✯✯✯ COMIDA MEXICANA Mais entradas dos frequentadores do Food Network – neste caso, as "Two Hot Tamales", Mary Sue Milliken e Susan Feniger. Em um estabelecimento tumultuosamente colorido (o estabelecimento original altamente popular fica em Los Angeles), você encontrará pratos caseiros mexicanos verdadeiramente autênticos - as Tamales aprenderam sua arte com o verdadeiro McCoy ao sul da fronteira – mas com um nuevo toque. Por isso, não espere exatamente os mesmos pratos que você encontraria em seu estabelecimento de esquina favorito, mas esteja preparado para uma comida fresca e fabulosa, disposta de forma tão brilhante nos pratos quanto a decoração nas paredes. Pode ser difícil fazer com que as crianças se interessem em qualquer outra coisa do que tacos e enchiladas, mas você deve experimentar o *cochinita pibil* (carne de porco marinada e desfiada) ou um dos excelentes tamales. Fique longe do peixe às vezes insípido e vá direto para os pratos ricos e cheios de queijo, como os chiles rellenos (com feijões pretos perfeitos), ou experimente as empanadas

de cogumelo. Não deixe de provar a densa, mas cremosa torta mexicana de chocolate (com crosta de merengue).

No Mandalay Bay, 3950 Las Vegas Blvd. S. ✆ **702/632-7403**. www.bordergrill.com. Reservas recomendadas. Pratos principais, US$15-US$24 almoço, US$21-US$34, jantar. AE, DC, DISC, MC, V. De sábado e domingo, das 10h às 22h; de segunda a sexta, das 11h30 às 23h.

Table 10 🌟🌟🌟 COZINHA AMERICANA A conclusão natural a se tirar quanto aos chef's celebridade que possuem diversos restaurantes é que eles estão se esticando cada vez mais e ficando muito finos. Isso pode ou não ser verdade como um todo, mas este recente empreendimento do chef com base em Nova Orleans e onipresença na TV, Emeril, desmente a sabedoria convencional. Esta não é mais uma cópia das outras propriedades no império Emeril (como o excelente Delmonico e o arriscado Emeril's Seafood), trata-se, entretanto, de um novo empreendimento com sua própria personalidade – ainda que claramente se beneficie de suas origens enquanto propriedade de Emeril. O nome é uma homenagem a uma mesa especial no carro-chefe de Emeril, o restaurante de Nova Orleans, a comida neste estabelecimento alcança uma nota alta, no mesmo nível dos restaurantes que se destacam. Além disso, no momento em que este livro é escrito, embora não sejam baratos, os pratos aqui acabam sendo uma pechincha em comparação às opções de restaurantes finos da cidade. Como geralmente ocorre, talvez seja melhor você considerar passar por aqui para um almoço ainda mais em conta. O menu provavelmente será alterado com regularidade, mas procure aperitivos, como pedaços de ostra com molho Rockefeller e salada Bibb com bacon caseiro, e entradas como cordeiro assado tenro engrossado com trufas negras, e acompanhamentos que incluem um suntuoso macarrão com queijo e lagosta. As sobremesas são inteligentes, mas o que se destaca são as malassadas, bolinhos de massa frita recheados com chocolate.

No Palazzo, 3328 Las Vegas Blvd. S. ✆ **702/607-6363**. www.emerils.corn. Reservas recomendadas. Pratos principais US$11-US$29, almoço, US$25-US$38, jantar. AE, MC, V. De domingo a quinta, das 11h às23h; de sexta e sábado, das 11h à 0h.

MODERADO
Burger Bar 🌟 LANCHONETE O que fazer? Nós ficamos exaustos com o impiedoso alto padrão de Vegas que pega uma ideia simples como um hambúrger e cria em torno dele um restaurante inteiro, um menu inteiro pensado para que você possa "construir" seu próprio hambúrguer com

dezenas de opções disponíveis - Gente, queijo! Ketchup! Cebolas! Por que a gente precisa de mais? Por que, por que, por quê? – para quê os fregueses ingênuos possam, de repente, transformar um almoço barato em algo que se aproxima de US$20 por pessoa. Presumindo, é claro, que você não tenha caído nos atrativos caros como bife Kobe (tenro demais para um bom hambúrguer) e foie gras, nesse caso, você deve esperar algo mais, na casa dos US$50 por pessoa. Entretanto, nós adoramos esses atrativos. Nós também conseguimos enxergar a razão por detrás de hambúrgueres de bacon com abacate. Além disso, eles fazem excelentes milkshakes aqui, e tem aquele "hambúrguer doce" (um "pão" de donut com um hambúrguer de patê de chocolate e frutas!), que é tão charmoso que ficamos desarmados. E os hambúrgueres são tão bons. Tão bons. Peça com cuidado, não se exiba e não se esqueça dos hambúrgueres genuínos (e com preços adequados) vendidos na cafeteria Tiffany's, perto do Strat.

No Mandalay Place em Mandalay Bay, 3950 Las Vegas Blvd. S. ✆ 877/632-7800. Hambúrgueres, de US$8-US$20. AE, DISC, MC V. de domingo a quinta, das 10h às 23h; sexta e sábado, das 10h às 2h.

Dick's Last Resort ✶✶ LANCHONETE Comida de homem para os barulhentos. Este não é o lugar que você vai para fazer uma refeição relaxante ou fina. O atrativo é o abuso do cliente – sim, você paga pelo privilégio de a equipe de garçons atirar guardanapos e críticas humoradas em você. Mas eles fazem isso com amor. Parece um pouco estranho, mas funciona, de uma maneira vigorosa. Falando nisso, a comida em si é, de fato, vigorosa, com as especialidades da casa (costelas BBQ e frango coberto com mel) chegando em baldes. As entradas são substanciais, tanto em quantidade quanto na execução – peça o filé de frango frito, frango frito, carnes ou massas cobertos com molhos cremosos. O item mais famoso pode muito bem ser o hambúrguer, um gigante suculento. Provavelmente este é o melhor lugar para adolescentes bagunceiros e festas masculinas, mas tanto a atitude do lugar quanto a comida podem representar um alívio depois de todos aqueles restaurantes servindo reverências ao culto culinário.

No Excalibur, 3850 Las Vegas Blvd. S. ✆ 702/597-7991. Pratos principais US$13-US$24. AE MC,V. Diariamente, das 11h até "tarde."

Dragon Noodle Co. ✶✶ FUSÃO ASIÁTICA Uma forte opção para uma refeição com preço razoável, o Dragon Noodle é um dos melhores restaurantes chineses da cidade. Ficamos contentes em ver que, além das suspeitas mais comuns, há outras opções interessantes (senão radicalmente menos seguras) no menu. Observe também os muitos clientes asiáticos (parte de nossos critérios quanto à autenticidade de um lugar) e que o restaurante comporta grupos grandes. A comida é servida em estilo familiar e preparada em uma cozinha aberta, por isso, você sabe que é tudo fresco. Certifique-se de experimentar o tão suave chá verde da casa. Você pode deixar que seu garçom escolha seu prato por você, mas experimente a crocante carne de porco de Pequim, o pungente camarão doce, a guioza, e talvez a generosa sopa de frutos do mar. Nós ficamos um pouco decepcionadas com o popular frango com pimenta do reino quente, mas talvez você não fique, por isso, não deixe que nós o impeçamos. E agora eles têm um sushi bar!

No Monte Carlo Resort & Casino, 3770 Las Vegas Blvd. S. (entre a Flamingo Rd. e a Tropicana Ave.) *C* **702/730-7965**. www.dragonnoodleco.com. Pratos principais US$5,50-US$17 (muitos abaixo de US$10). AE, DC, DISC, MC, V. De segunda a quinta, das 11h às 23h; de sexta e sábado, das 11h à 0h.

Grand Wok and Sushi Bar *Econômico* COZINHA PAN-ASIÁTICA

Um restaurante pan-asiático corre o risco de tentar ser um pau para toda obra, mas sem se especializar em nada. De algum modo, este novo restaurante do MGM dá conta do recado. Você pode escolher entre pratos japoneses, chineses, coreanos, vietnamitas e, provavelmente, outros mais – nós só não temos certeza de qual é a aparência de um prato de Laos (mas nós adoramos aprender). O sushi é fresco e adorável e as sopas vietnamitas são enormes, cheias de macarrão e com diferentes tipos de carne ou peixe; quatro pessoas podem facilmente dividir um prato, portanto esta é uma grande opção econômica para o almoço.

No MGM Grand, 3799 Las Vegas Blvd. S. *C* **702/891-7777**. Não são aceitas reservas. Pratos principais US$15-US$18; rolinhos e pedaços de sushi, US$7-US$30. AE, DC, DISC, MC, V. Restaurante, de domingo a quinta, das 11h às 22h; de sexta e sábado, das 11h às 1h. Sushi bar, de segunda a quinta, das 17h às 22h; de sexta e sábado, das 11h às 1h; de domingo, das 11h às 22h.

Wolfgang Puck Bar & Grill COZINHA CALIFORNIANA

Este Puck Café transformado ainda é uma opção agradável, ainda que ligeiramente menos econômica, no MGM Grand. Não há nada surpreendente no menu se você já tiver comido em qualquer café moderno na era pós Puck; não é culpa dele que sua influência se espalhou tão longe. Há variedade suficiente para todos em seu grupo encontrarem algo que os agrade, de bolinho de siri com aioli de manjericão, a um sanduíche

É Preciso um Tema

Não deve ser muito surpreendente que uma cidade devotada aos temas (que hotel, que vale o feijão que come, não tem um tema, a essa altura?) tenha restaurantes com praticamente todos os temas que há. Em grande parte, estes estabelecimentos glorificam alguns aspectos da cultura pop: os filmes, os esportes, a música rock e assim por diante. Quase todos têm proeminentes co-proprietários celebridades e toneladas de "memorabílias" nas paredes que, praticamente em todos os casos, significa itens descartados de filmes blockbuster ou algum artigo de vestuário que uma celebridade vestiu uma vez (se é que chegou a vestir) no palco ou no campo de jogo. Quase todos os estabelecimentos têm menus praticamente iguais e lojas de presentes cheias de itens com o logo do lugar.

Isso parece cínico, e de fato é – mas não sem razão. Os restaurantes temáticos são, em sua maior parte, barulhentos, confusos, com armadilhas para turistas, com preços altos e, embora alguns tenham seus fãs devotos, se você comer em um desses lugares, você já vai ter comido em todos eles. Nós não queremos ser completos estraga-prazeres. Os fãs devem se divertir ao conferir os artigos pendurados na parede do restaurante adequado. E embora a comida não seja a mais memorável da sua vida, ela provavelmente não será ruim. Mas não é exatamente por isso que você vai ao restaurante. De qualquer forma, aqui estão nossas duas melhores apostas no departamento dos temas:

O **House of Blues** 🏠🏠, em Mandalay Bay, 3950 Las Vegas Blvd. S. (📞**702/632-7600**; www.hob.com), é, em termos de preço, comida e tema, o melhor dos restau-

---

de costela de primeira, a ravióli caseiro de vitela, a pizzas de Puck, além de uma boa adega de vinhos. As saladas frescas (nós adoramos a beterraba assada sazonal) são mais bem executadas do que aquelas em restaurantes semelhantes na cidade, onde a mão de Puck ainda está na direção; testemunhe as simplórias batatas fritas cobertas com óleo de trufas e queijo bleu derretido. O lugar é localizado em um espaço quase inteiramente aberto, um toque de arte minimalista em um cozinha com estilo country e é um pouco barulhento, graças à proximidade com o andar do cassino. Esteja preparado para encontrar um lugar lotado antes e depois da apresentação do KÀ, mas possivelmente calmo durante o espetáculo.

No MGM Grand, 3799 Las Vegas Blvd. S, 📞 **702/891-3019**. www. wolfgangpuck.com. Reservas aceitas para o jantar. Pratos principais US$12-US$35, almoço, US$18-US$38 jantar (a maioria a menos US$28). AE, DISC, DC, MC, V. De segunda a quinta, das 11h30 às22h; de sexta e sábado, das 10h30 às23h.

rantes temáticos. A comida é realmente muito boa (mesmo que um pouco mais cara do que deveria ser), e a imitação da aparência de Delta/ Nova Orleans funciona bem, mesmo que seja inevitavelmente comercial. Você pode comer aqui sem ter que ver a banda que estiver tocando, já que o salão de jantar é separado do clube (observe que o HOB agenda artistas muito bons de espetáculos nacionalmente conhecidos). Também pode valer a pena conferir o brunch gospel (a comida é boa, mas é servida em demasia), no entanto, esteja ciente: os pratos são servidos dentro do clube, com um microfonia bastante alta e o som pode ficar inacreditavelmente alto, por isso, traga protetores de ouvido (nós saímos de lá com uma dor de cabeça aniquilante). Aberto de segunda a quinta, das 7h30 à meia-noite, e de sexta e sábado, das 7h30 à 1h.

Presumidamente preenchendo o buraco deixado pelo fim do All Star Cafe, para que vocês, fãs do esporte, não se sintam deixados de lado na corrida dos restaurantes temáticos, o gigantesco **ESPN Zone**⚝, no New York-New York, 3790 Las Vegas Blvd. S. (ⓒ702/933-3776; www.espnzone.com), realmente tem artigos esportivos excêntricos e interessantes (como Evel Knievel em um tabuleiro do antigo jogo Operação, exibindo seus muitos ossos quebrados), além de adições como uma máquina de escalar rochas na parede. O lugar é bastante divertido, na verdade, e a comida, no sentido de alguém sedentário e viciado em junk-food, também não é ruim, principalmente quando você se senta em poltronas reclináveis da La-Z-Boy para assistir aos jogos e pedir delícias como três donuts Krispy Kreme cobertos com sorvete, creme chantili e calda. Infelizmente, nós achamos todo esse conceito tremendamente atraente. Fica aberto de domingo a quinta, das 11h à meia-noite, e de sexta e sábado, das 11h à 1h.

BARATO
Earl of Sandwich ⚝⚝⚝ SANDUÍCHES Pode parecer inacreditável, mas o sanduíche foi algo que teve que ser inventado, e, assim, alguém deu à sua simples, mas engenhosa ideia, o seu próprio nome. Pelo menos, assim diz a lenda, tão suficientemente aceita como um fato histórico que ela carrega peso o suficiente para que o descendente do intrépido inventor, o 11o Earl of Sandwich, empreste seu nome a uma cadeia de lojas de sanduíches. É um atrativo, mas é um dos bons e a comida também é. Os epônimos, e em grande parte excelentes, sanduíches são servidos quentes (os wraps são frios) em um pão feito na loja, e incluem combinações como queijos bleu e brie suíços grelhados, com bacon applewood defumado e rosbife com creme de rábano silvestre e queijo cheddar. Também há complexas saladas, quando não sem originalidade, smoothies e sanduíches de café da manhã. As porções não são enormes, mas isso não

é problema se você gosta dos pratos tamanho Vegas; os preços baixos tornam possível pedir duas de cada porção que seu apetite exigir.

No Planet Hollywood, 3667 Las Vegas Blvd. S. © **702/463-0259**. www.earlofsandwichusa.com. Tudo abaixo de US$6. AE, MC, V.

Jody Maroni's Sausage Kingdom ✯✯✯ *Crianças* LINGUIÇAS Há diversos estabelecimentos de fast-food que valem a pena na praça de alimentação do New York-New York, mas este merece uma menção individual. O que começou como um estabelecimento humilde na praia de Venice, em Los Angeles, se expandiu em um império das linguiças e nós ficamos contentes com isso. Você também ficará, principalmente se você se arriscar com o menu e não se ater somente ao cachorro quente básico (embora eles ofereçam três tentadoras variedades – e as crianças os adorem) e, em vez disso, experimentar algo mais ousado, como a linguiça de frango e tequila feita com pimentas jalapenho, milho e lima. Talvez algumas fritas com chili também. Nossa primeira opção de fast food na área imediata.

No New York-New York Hotel & Casino, 3790 Las Vegas Blvd. S. © **702/740-6969**. www.jodymaroni.com. Tudo abaixo de US$11. AE, DC, MC, V. Diariamente, das 11h às 18h.

Monte Carlo Pub & Brewery ✯✯✯ *Achados Crianças* COMIDA DE PUB A menos que você ache que nós somos grandes e esnobes aficionadas por comida, que não conseguem apreciar um prato a menos que ele venha ensopado em trufas e caviar, nós nos apressamos em direcioná-lo para esta animada e útil micro cervejaria (com um tipo de aparência de fábrica rústica) e sua comida vigorosa, não muito sofisticada (pizza, costelas, saladas de camarão, *brownies* de chocolate). Nada de frescuras francesas extravagantes e, o melhor de tudo, nada de preços inflacionados. Combine a geral alta qualidade às porções generosas – um aperitivo de *nachos* provavelmente pode alimentar oito pessoas (embora não seja o melhor aperitivo de *nachos* do mundo) – e este pode ser um negócio melhor do que a maioria dos buffets. No entanto, este não é o lugar para um encontro calmo, com cerca de 40 TVs espalhadas pelo lugar (o sonho de um fã dos esportes) e música tocando. Após as 21h, apenas pizza é servida e o entretenimento noturno mantém as coisas acontecendo até tarde.

No Monte Carlo Resort & Casino, 3770 Las Vegas Blvd. S. © **702/730-7777**. Não são aceitas reservas. Pratos principais US$6-US$15. AE, DC, DISC, MC, V. Fechado de segunda e terça; quarta, quinta e domingo, das 11h às 23h; sexta e sábado, das 11h às 1h.

Dicas Mordidas Rápidas

Muitos hotéis de Vegas possuem praças de alimentação, mas a do **New York-New York,** 3790 Las Vegas Blvd. S. (✆**702/740-6969**), merece uma menção por dois motivos: É o melhor ambiente para este tipo de coisa na Strip, estabelecido na seção de Greenwich Village do New York-New York, e as opções, embora não sejam surpreendentes (exceto no Jodi Maroni's Sausage Kingdom, listado acima), são superiores. Espere comida chinesa e pizza (como é adequado em uma ode a Nova York City) e excelentes, ainda que caros (para esta situação), hambúrgueres duplos, além de sorvete **Ben & Jerry**.

Se você descer ainda mais na Strip, até o The Grand Canal Shoppes no **The Venetian,** 3355 Las Vegas Blvd. S. (✆**702/ 414-1000**), você poderá encontrar outra praça de alimentação decente, com um Panda Express, uma boa pizzaria (apesar do nome confuso, **LA Pizza Kitchen**), uma barraca de burritos e um estabelecimento de sucos, e o melhor de tudo, um **Krispy Kreme**, onde eles realmente fazem os donuts no local. Além disso, fica perto dos canais desta falsa Veneza, um dos nossos lugares preferidos em Vegas.

2 Mid Strip

MUITO CARO

Alizè ✿✿✿ COZINHA CONTINENTAL Situado no topo do Palms, o salão de jantar divino desse restaurante classificado pela Michelin possui três laterais com janelas na parede inteira que permitem uma vista panorâmica das luzes da noite de Vegas; ele talvez tenha também o melhor chef da cidade. O menu é alterado sazonalmente, mas qualquer coisa que você pedir estará divina.

Em nossa última visita, nós pedimos cerca de 14 pratos diferentes e nenhum deles nos decepcionou. No departamento dos aperitivos, o bolinho de siri jumbo marinado e a salada de abacate com tomate com caldo de carne e tomate tradicional e óleo de manjericão foi um excesso de frescor, enquanto o gnocchi com cogumelos silvestres sautée, trufa negra e emulsão de cogumelos é o tipo de prato claramente criado por alguém atencioso e inteligente. O peixe pode ser um pouco seco aqui, por isso, nós sugerimos ou o incrível bife New York com molho de trufa de verão e panquecas de batata com ervas ou as costelas de cordeiro, tão tenras que desmancham, com perna de cordeiro desfiada envolta em um crepe frito crocante. As sobremesas são similarmente incríveis, e geralmente de grande frivolidade, como sorbet servido em uma casca de marshmallows dourados, embebido em molho de framboesas. Sim, nós estamos exagerando nesse, mas apostamos que você não vai achar que nós erramos.

Nota: Obviamente, as mesas ao lado da janela são as melhores, mas até mesmo as mesas no centro do salão têm uma boa vista, por isso, não se desespere se você não estiver sentado colado à janela. O romance aflora, independentemente de onde você esteja sentado.

No Palms Casino Resort, 4321 W. Flamingo Rd. ✆ **702/951-7000**. Fax 702/951-7002. www.alizelv.com. Reservas altamente recomendadas. Entradas, US$34-US$67; menu de degustação com 5 pratos US$95; menu de degustação com 7 pratos US$125. AE, DC, DISC, MC, V. De domingo a quinta, das 17h30 às 22h; de sexta e sábado, das 17h30 às 23h, última reserva às 22h30.

B&B Ristorante ✿✿ COMIDA ITALIANA Há muito tempo presente no Food Network, Mario Batalli tem alguns estabelecimentos em Vegas e este é, talvez, o mais notável. Ele parece uma uber trattoria italiana, repleto de Madeira escura, bastante convidativo e, infelizmente, muito alto. Naturalmente, o cômodo mais desejado é a adega de vinhos. As opções do menu são um pouco casuais demais para o preço e isso pode ser intimidante para aqueles que não são iniciados em Batalli, mas provavelmente não há ninguém em Vegas fazendo uma comida italiana tão interessante. Por este fim, você talvez seja mais bem servido atendo às seleções de massas primi, que são mais baratas e possivelmente mais interessantes do que as secondi, embora as porções não sejam abundantes. Não perca o ravióli de mordente de vaca com fígado de pato, mas outros pratos notáveis são as cartas de amor de menta com linguiça de cordeiro e o pappardelle de urtida dióica com ragu de javali selvagem. Ou simplesmente escolha o menu de degustação de massas por razoáveis US$75. Enquanto isso, se você estiver com sorte, o próprio chef pode estar perambulando pelo lugar com seus famosos tamancos.

No Venetian, 3355 Las Vegas Blvd. S. ✆ **702/266-9977**. Pratos principais US$21-US$49 AE, DISC, MC,V. Diariamente, das 17h às 23h.

Delmonico Steakhouse ✿✿ COZINHA CRIOULA CONTEMPORÂNEA/ FILÉS Esta, a mais recente variação de Vegas de Emeril Lagasse em sua marca de restaurantes Big Easy, é uma versão de uma steakhouse de seu implacável restaurante Creole; e esta mudança tão ligeira é o suficiente para tornar esta uma opção superior em relação ao estabelecimento mais decepcionante em Nova Orleans. Você pode experimentar os pratos de Emeril e os fabulosos cortes de carne vermelha. Não dá para errar com a maioria dos aperitivos, principalmente os cogumelos defumados soberbamente ricos com tasso caseiro em uma massa – é o suficiente para uma refeição individual – qualquer um dos especiais ou o gumbo. Se você quiser experimentar, definitivamente faça isso com os aperitivos. Você estará melhor mantendo-se longe das entradas complexas, não importa como elas pareçam intrigantes. O filé de costela no osso é devidamente recomendado (dispense o pastoso molho béarnaise, dando preferência ao fabuloso molho Worcestershire caseiro ou ao molho A.O.K.). Está satisfeito demais para comer a sobremesa? Não, não está não. Experimente o suflê de chocolate, uma torta cremosa Bananas Foster, um Sheba de chocolate (um tipo de mousse de chocolate denso) ou a torta gelada de limão, um pedaço de coalhada que espalha o sabor da torta de limão por sua boca.

No The Venetian, 3355 Las Vegas Blvd. S, ⓒ **702/414-3737**. Reservas altamente recomendadas para o jantar. Pratos principais US$12-US$40, almoço, US$40-US$50, jantar. AE, DC, DISC, MC, V. Diariamente, das 11h30 às 14h; domingo a quinta, das 17h30 às 22h; sexta e sábado, das 17h30 às 22h30.

Fin ⓖ FRUTOS DO MAR/COZINHA CHINESA Elegante e adequado, talvez dando um pouco mais de ênfase ao estilo (adoro as cortinas de bolas de vidro, que lembram bolhas surgindo na água) do que à substância, embora isso possa ser somente nossa reação aos preços, especialmente quando você vê como o dim sum é barato em outras partes (admitidamente, muito menos convenientes) da cidade. Ainda assim, o calmo esplendor do ritual que acompanha a apresentação dos pratos vale como um intervalo pacífico da loucura do cassino. Os destaques incluem o arroz cozido em gordura de frango; os cogumelos shiitake crocantes em um molho agridoce capaz de converter até mesmo os não fãs de cogumelos; e o lombo de vaca com pimenta do reino altamente apimentado.

No The Mirage, 3400 Las Vegas Blvd. S. ⓒ **866/339-4566**, ou 702/791-7353. Reservas recomendadas. Pratos principais US$11-US$27, almoço, US$19-US$48, jantar. AE, DC, DISC, MC, V. Diariamente, das 11h às 15h e das 17h às 23h.

Fix ⓖⓖ COZINHA AMERICANA Uma síntese perfeita de um restaurante gourmet, divertido e acessível, criado pelas pessoas por trás da excelente boate Bank, do Bellagio. Assemelhando-se, como um dos visitantes o descreveu, a uma "concha gigante se abrindo em direção ao cassino", o menu preserva essa vibração divertida. Experimente as apresentações simplórias chamadas "Forks", aperitivos de salmão defumado e caviar posicionados em garfos, servido com os dentes do garfo no ar. Ou sobremesas como o "Shake and Cake" (milkshake espresso e um brownie), um crème brûlée de manteiga de amendoim e geléia (mal concebido? Ou uma ideia cujo momento já passou? Você é quem decide!), e deliciosos donuts açucarados de banana com molho de chocolate e manteiga de amendoim para mergulhá-los. O melhor de tudo são os filés, que são grelhados em madeira de cerejeira, conferindo à carne um sabor defumado, mas frutificado, o que o lembra que a carne deve ter dimensões em seu gosto. Dos modernos "pratos pequenos" aos hambúrgueres, este é um menu completo. No geral, um bom lugar, devidamente elegante, para uma ocasião especial ou apenas para fazer uma refeição. O público fica cada vez mais jovem e moderno conforme a noite passa.

No Bellagio, 3600 Las Vegas Blvd. S. ✆ **702/693-8400**. Reservas recomendadas. Pratos principais US$29-US$75. AE, MC.V. Domingo a quinta, das 17h à 0h; sexta e sábado, das 17h às 2h.

Le Cirque ✪ COZINHA FRANCESA A afluência de restaurantes de alto padrão com cozinhas sofisticadas em Vegas significa que há muitos lugares nos quais você pode sentir que precisa fazer um empréstimo no banco para poder comer lá – e você pode se perguntar porquê precisa fazer isso. Embora nós nunca nos imponhamos restrições ao gastar nosso dinheiro, não nos sentimos preparadas para sugerir que você gaste tudo no Le Cirque. O serviço é arrogante, a comida é bem preparada, mas nada é excepcional. O menu é alterado sazonalmente, mas você pode esperar pratos genuinamente franceses – pesados, com muita manteiga, embora uma visita recente tenha rendido uma dupla de sopas de pepino fria e tomate tradicional, que eram tão refrescantes que todos os restaurantes da cidade mereciam servi-las. A salada de lagosta é doce e tenra, com um molho perfeito de trufas negras; risoto em estilo francês, quase como sopa, perfeito com cogumelos Morchella frescos (na estação) e parmesão. O filé mignon, estranhamente, não tem um corte tão bom quanto os servidos em outros lugares, mas ele vem com uma porção generosa de foie gras. Para sobremesa, nós adoramos o creme de chocolate branco, em camadas com banana e envolto em massa folheada, juntamente com uma redoma de chocolate ao leite com espresso de crème brûlée.

No Bellagio, 3600 Las Vegas Blvd. S. ✆ **877/234-6358**. Reservas necessárias. Preferência por paletó; proibido jeans, shorts, camisetas, ou tênis. Jantar de preço fixo US$105 ou US$145. AE, DC, DISC, MC, V. Mesas diárias, das 17h30 às 22h.

Mesa Grill ✪✪ COZINHA DO SUDOESTE O queridinho do Food Network, Bobby Flay, tem seus fãs e seus detratores e nós não vamos mediar essa briga aqui, especialmente considerando que o homem não está mais cozinhando com tanta frequência quando a maioria dos chefs celebridades da cidade. O mais significativo é que, independentemente de qual lado você esteja nesse debate, este é um restaurante que vale a pena, ainda que, assim como muitos em Vegas, com preços um pouco exagerados. Quase todas as entradas bastante apimentadas têm preço acima de US$30 e às vezes bem acima desse valor. (Um contra filé de costela de búfalo com molho de mostarda e pimenta habanero e anéis de cebola com creme amargo de pimenta de Caiena a US$38, carne de coelho com cominho e chili com ancho por US$33. Entendeu o que nós estamos dizendo?)

Mesmo assim, ainda há tantas coisas divertidas aqui: panquecas de milho com churrasco de pato, sopa de abóbora com tempero de romã e noz-pecã; e até mesmo a *quesadilla* de frango (assada em um forno especial e dedicado) vem com *crème fraîche* de alho. A apresentação é exagerada – sim, sim, esta comida é divertida, nós entendemos, agora chega – mas aqueles que não aguentam tanto quando o assunto são temperos, gostarão de como cada entrada vem com seu próprio elemento refrescante (o crème fraîche mencionado, por exemplo). As sobremesas são igualmente frívolas, embora não sejam particularmente intensas no tema (a menos que você considere um excepcional cheesecake de framboesa e chocolate branco como sendo típico do "sudoeste"). Aqueles que querem experimentar sem ter que estourar a conta bancária devem vir no almoço ou considerar dividir os aperitivos como uma refeição leve.

No Caesars Palace, 3570 Las Vegas Blvd. S. (C) **702/731-7731**. Pratos principais US$12-US$24, brunch e almoço, US$23-US$45, jantar. De segunda a sexta, das 11h às 15h e das 17h às 22h30; de sábado e domingo, das 10h30 às 15h e das 17h às 22h30.

The Palm ✦✦ FILÉ/FRUTOS DO MAR Uma filial do venerável restaurante de Nova York que tem se estendido cada vez mais. Este lugar atrai uma clientela salpicada por estrelas que aprecia o cardápio confiável e vigoroso, senão terrivelmente vivaz. Os famosos também podem estar esperando ver seus rostos entre as muitas caricaturas que cobrem as paredes. A comida aqui é simples, mas que satisfaz – com acessíveis preços. Os amantes da carne vermelha ficarão contentes com os filés de alta qualidade encontrados aqui, embora aqueles com um orçamento contado estremecerão de horror. A tendência é dar uma boa chamuscada na carne, por isso, se você não gosta da sua carne escura, comece com ela menos bem passada e mande de volta para assar mais, se necessário. Todo aquele dinheiro que você economizou

CAPÍTULO 4 · ONDE COMER

> **Momentos** Um Salão de Jantar ou Dois, com Vista
>
> Tanto o elegante restaurante **Eiffel Tower**, no Paris Las Vegas, 3655 Las Vegas Blvd. S. (✆ **702/948-6937**; diariamente, das 11h às 15h e das 17h30 às 22h45), localizado no 11º andar do já mencionado hotel em Mid-Strip, como o **Top of the World do Stratosphere**, no Stratosphere Casino Hotel & Tower, 2000 Las Vegas Blvd. S. (✆ **702/ 380-7711**; diariamente, das 11h às 15h, de domingo a quinta, das 17h30 às 22h30, de sexta e sábado, das 17h30 às 23h), que fica quase no topo da Stratosphere Tower em North Strip, oferecem vistas fantásticas. O última gira em 360 graus, enquanto o primeiro tem vista para as fontes do Bellagio. Ambos, no entanto, combinam as vistas celestes com preços estratosféricos e, infelizmente, a comida de nenhum dos dois é tão boa quanto para esse preço. Vá até eles para ter uma noite especial ou para ver se consegue se dar bem pedindo apenas aperitivos e sobremesa (que são ambos superiores às entradas, de qualquer maneira). Você também pode só tomar uma bebida nos respectivos bares, embora os dois sejam afastados suficientemente das janelas para quem estiver no bar tenha menos opções de vista do que as pessoas das mesas.

ao não jogar será bem gasto em uma das lagostas enormes do Palm. Elas são completamente suculentas e excessivamente caras, mas considerando o seu tamanho – o peso mínimo é de 1,3 kg – elas podem facilmente servir mais de uma pessoa. As sobremesas são pesadas e nada de espetacular.

No Caesars Palace Forum Shops, 3570 Las Vegas Blvd. S. ✆ 702/732-7256. www.thepalm.com. Reservas recomendadas. Pratos principais US$10-$22 almoço, US$20-US$46 jantar. AE, DC, MC, V. Diariamente, das 11h30 às 23h.

Picasso ⭐⭐⭐ COZINHA FRANCESA Um chef espanhol que cozinha pratos franceses, em um hotel com tema italiano, em Vegas? A verdade é que funciona. Este pode muito bem ser o melhor restaurante em Vegas e, considerando a séria competição por tal título, isso diz muito. O chef Julian Serrano, nascido em Madri, (cujo restaurante, Masa, foi considerado o melhor restaurante francês em São Francisco) oferece uma extraordinária experiência gastronômica, juntamente à emoção adicional de ter obras equivalentes a US$30 milhões de Picassos olhando para você enquanto você come.

É desnecessário dizer que os pratos de Serrano são uma obra de arte que podem orgulhosamente ficar próximas às obras primas. O menu é alterado todas as noites e sempre oferece uma opção entre um jantar de menu fixo, com quatro ou cinco pratos ou o menu de degustação. Nós ficamos abismadas com a lagosta Maine assada com um trio de variedades de milho – em grãos, em molho, e um flan de milho que parecia um raio de sol ligeiramente sólido. O foie gras de Hudson Valley era coberto com trufas e descia muito suavemente. Um filé de perca assada vinha com um molho leve de açafrão e salpicadas de purê de couve flor. E, por fim, torça para que eles estejam servindo o rôti de cordeiro – um pedaço incrível de carne de cordeiro, perfeitamente cozido, tenro e coberto com trufas. As porções são pequenas, mas tão ricas que você terá bastante o que comer, sem gemer e se sentir pesado ao sair. As sobremesas são poderosas e ainda lindamente executadas.

No Bellagio, 3600 Las Vegas Blvd. S. ⓒ 877/234-6358. Reservas recomendadas. Jantar de preço fixo com 4 pratos, US$113; degustação com 5 pratos, US$123. AE, DC, DISC, MC, V. De quarta a segunda, das 18h às 21h30.

The Range Steakhouse ⓖ FILÉ Vale a pena visitar este lugar, mesmo que seja só pela vista espetacular da Strip (poucos restaurantes na Strip, estranhamente, se beneficiam dessa vista) de janelas de 12 metros que cercam o lugar. O pequeno cardápio oferece os pratos comuns de uma steakhouse – diversos cortes de bife e alguns pratos com frango, além de algumas saladas – mas a um preço de médio a alto. A qualidade, no entanto, é melhor do que a que nós encontramos nas steakhouses comuns de Vegas. Nós gostamos particularmente do filé mignon em um croustade de gorgonzola com cebola. Todas as entradas vêm com acompanhamentos estilo família (eles são alterados todas as noites, mas podem incluir itens como cogumelos marinados ou purê de batatas com rábano silvestre). Também vale a pena notar os aperitivos. A sopa de cinco cebolas é densa, pesada, cremosa e servida em uma cebola gigante e oca. É deliciosa, assim como a quesadilla defumada de frango. Não perca o pão, que vem com uma manteiga agridoce de damasco e manjericão.

No Harrah's, 3475 Las Vegas Blvd. S. ⓒ 702/369-5084. Reservas altamente recomendadas. Pratos principais US$20-US$59. AE, DC, DISC, MC,V. Diariamente, das 17h30 às 22h30.

Spago *Superestimado* COZINHA AMERICANA/ASIÁTICA/CALIFORNIANA Com Wolfgang Puck aparecendo em uma encarnação diferente em cada hotel da cidade, hoje em dia (ou pelo menos é o que parece), sua criação original pode ser perdida na transição. Certamente, este não é o único lugar na cidade para os aficionados por comida – e você percebe que o restaurante esteve tão além do resto por tanto tempo que ele se tornou um tanto complacente. Isso não quer dizer que o Spago valha a pena em relação ao que você gasta – só significa que os outros restaurantes o alcançaram e, em alguns casos, o ultrapassaram.

As especialidades incluem a salada de frango Chinois, assinatura de Puck e um soberbo salmão frito em algarobeira, servido com uma porção forte de macarrão sobá e cajus com uma pasta vinagrete de coco, gergelim e chili, com nuanças de suco de lima e mostarda Szechuan. O menu do salão de jantar principal é alterado sazonalmente, mas o prato assinatura é um pato ao estilo chinês, úmido, mas com uma pele perfeitamente crocante. É o pato mais perfeito possível, servido com um pão pastoso no vapor e vegetais chineses. O almoço no café oferece agradáveis massas, saladas e quiches, mas você tende a se perguntar o porquê de tanto rebuliço.

No Caesars Palace, 3570 Las Vegas Blvd. S. ✆ **702/369-6300**. www.wolfgangpuck.com. Reservas recomendadas para o salão de jantar, não aceitas no café. Pratos principais do salão de jantar US$21-US$45; pratos principais do café US$10-US$25. AE, DC, DISC, MC, V. Salão de jantar, diariamente, das 17h30 às 22h. Café, de domingo a quinta, das 11h às 23h, de sexta e sábado, das 11h às 0h.

CARO
Bouchon ✶✶✶ BISTRÔ É aqui que todo o conceito de chef celebridade explora a sua glória. Thomas Keller fez seu nome com seu restaurante, French Laundry, em Napa Valley, considerado por muitos o melhor restaurante dos Estados Unidos. Ele está temporariamente fechado, enquanto Keller opera seu novo restaurante em Nova York City, Per Se. O *Bouchon* é uma versão de seu bistrô em Napa Valley. Nossas expectativas eram confusas: por um lado, um chef certificadamente genial. Por outro, ele não vai estar na cozinha produzindo comidas no estilo bistrô (que é para não dizer "não inovadoras") e, além do mais, com base em um restaurante um tanto sem brilho de Napa Bouchon.

Nossas expectativas negativas foram confundidas pela direita, esquerda e o meio do menu – nós experimentamos quase todos os pratos e podemos dizer que, embora esses pratos pareçam humildes, em quase todos os casos, eles são versões de ouro dos clássicos. Alguém certamente está de olho atento nesta cozinha, e este alguém aprendeu bem sua lição. Não perca a salada de chicória fresca com bacon e ovos poché, ou o salmão agradavelmente preparado com caldo escaldado, preparado com tanta destreza que nem precisa do molho que o acompanha. O gnocchi tem tom terreno e assertivo, enquanto o bife bourguignon é exatamente o que você espera que ele seja, no sentido da perfeição divina. A perna de cordeiro tem todos os pedaços mais duros retirados antes do cozimento, deixando-o com uma textura tenra, permeada por alho. Este é um excelente restaurante de Vegas e, embora pareça difícil reconciliar os preços com a aparente simplicidade da comida, lembre-se de que é preciso muita habilidade para preparar até mesmo os mais humildes pratos corretamente, assim como o seu paladar o assegurará.

No The Venetian, 3355 Las Vegas Blvd. S. ✆ 702/414-6200. www.bouchonbistro. com. Reservas altamente recomendadas. Pratos principais US$10-US$20, café da manhã, US$22-US$45, jantar; de sábado e domingo, brunch US$21-US$25. AE, DC, DISC, MC, V. Diariamente, das 7h às 10h30 e das 17h às 23h; de sábado e domingo, brunch das 8h às 14h. Bar de ostras, diariamente, das 15h às 23h.

Canaletto ✦✦ COZINHA ITALIANA Venha até aqui para comer legítimos e verdadeiros pratos italianos – e isso significa com molhos menos intensos do que os dos estabelecimentos com toalhas de mesa em xadrez vermelho da nossa juventude nos Estados Unidos. Aqui, a ênfase é dada à massa, não aos acompanhamentos. Este lugar é ainda mais agradável por ser localizado em uma imitação da Praça de São Marcos; em teoria, você pode fingir que está sentado à beira da verdadeira praça, uma fantasia à qual nós não nos importamos de admitir, a que brevemente nos entregamos. O risoto de carne de porco, linguiça e óleo de trufas brancas é repleto de sabores fortes, enquanto o frango assado em forno à lenha é perfeitamente úmido. Um frango assado adequadamente deve ser um feito bastante celebrado e isso, por si só, pode significar um motivo para vir até aqui.

No The Venetian Grand Canal Shoppes, 3377 Las Vegas Blvd. S, ✆ 702/733-0070. Reservas recomendadas para o jantar. Pratos principais US$14-US$36. AE, DC, MC, V. De domingo a quinta, das 11h30 às 23h; de sexta e sábado, das 11h30 às 0h.

Circo ✦✦ COZINHA ITALIANA Sim, esta é a oferta menos cara da mesma família que traz a você o Le Cirque, mas ir até um desses restaurantes não é pretexto para não ir ao outro.

Peça a mista di Campo, uma agradável pequena salada, tanto visualmente quanto em termos de gosto; é uma construção criativa de vegetais juntados ao pepino e cobertos por um fabuloso vinagrete balsâmico. Ou então, comece com a porção de aperitivo de antepasto de queijo de leite de ovelha toscana, vegetais marinados, prosciutto e pastrami italiano. Siga com um perfeito tagliatelle com camarão da pedra – carregado com diversos pedaços de crustáceos em um molho leve. Observe que as porções de aperitivos de massas são bastante satisfatórias e mais baratas do que os pratos completos. No jantar, escolha pratos mais elaborados, como peito de pato selvagem com frutas secas orgânicas em molho de vinho do porto.

No Bellagio, 3600 Las Vegas Blvd. S. ✆ **702/693-8150**. Reservas recomendadas. Pratos principais US$14-US$45. AE, DC, DISC, MC, V. Diariamente, das 17h30 às 22h30.

Pinot Brasserie ✿✿ BISTRÔ O Pinot certamente oferece os pratos preferidos da cozinha francesa e americana que são cuidadosamente concebidos e geralmente deliciosos. É uma escolha excelente se você quer fazer uma refeição especial que não é nem estratosfericamente cara nem complexa demais. E o espaço é altamente atraente, com diversos acessórios selecionados de leilões e mercados de pulgas franceses, formando a atmosfera arquetípica e sociável de um bistrô. (Nós gostamos particularmente da salinha do lado de fora do bar, à direita – perfeita para um tete-a-tete.)

As saladas possivelmente são mais frescas e mais generosas do que outras entradas semelhantes da cidade e elas podem ser combinadas com diversas coberturas de crostini (fatias tostadas de pão francês), como queijo de cabra com ervas. O prato assinatura, amado por muitos, é um frango assado acompanhado por pilhas de batatas fritas com alho, mas se você quiser algo um pouco mais elaborado (e ainda bastante light), finas fatias de salmão defumado com remolada de aipo pode ser uma boa opção. As sobremesas são agradáveis e o sorvete é caseiro – o de chocolate sozinho deve fazer você querer nunca ter comido no *31 Flavors*, porque aquelas foram calorias desperdiçadas em comparação a isso. *Nota:* é fácil comer pequenas porções deste menu e fazer uma refeição menos cara aqui do que em muitos outros lugares de alto padrão e os longos horários de operação significam que você também pode aparecer para comer em horários em que as outras opções de restaurantes finos estão fechadas.

No The Venetian, 3355 Las Vegas Blvd. S. ✆ **702/414-8888**. www.patinagroup.com. Reservas recomendadas para o jantar. Pratos principais US$10-US$19, café da manhã, US$12-US$25, almoço, US$21-US$36, jantar. AE, DISC, MC, V. De segunda a sexta, das 8h às 10h, das 11h30 às 15h e das 17h30 às 22h; sábado e domingo, das 8h às 15h e das 17h30 às 22h30.

MODERADO

Consulte também a descrição do **Spago** (p. 89), um restaurante caro atrás de um café com preços mais moderados, o **Circo** (p. 91) e o **Pinot Brasserie** (acima), que estão ambos na categoria "caro", mas que oferecem oportunidades de pratos com preços moderados.

Isla 🌶🌶 COZINHA MEXICANA A menos que você absolutamente não considere a comida mexicana como sendo qualquer coisa além de uma forma específica de burrito do sul da Califórnia, você realmente deve experimentar esse estabelecimento, administrado por Richard Sandoval, especializado em "cozinha mexicana moderna". Isso significa pratos tradicionais e com misturas possivelmente arriscadas, mas já que o lugar começa com tortillas caseiras e vai direto para guacamole feito sob medida, tudo é confiável, mesmo se um tanto daquele guacamole contenha um pouco de lagosta e maracujá. O *pipian* de carne de porco assada com marinado de tamarindo é um prato agradável, assim como as empanadas de carne desnecessariamente fritas (embora agradavelmente crocantes) com cerejas secas e molho de tomate chipotle, uma mistura satisfatória de doce e apimentado. Para os mais tímidos, há uma boa seleção de tacos e burritos especialmente bons. O Isla também tem o menu de sobremesas mais charmoso da cidade, com temas mexicanos tanto culinários quanto visuais, como um oásis representado por um cacto de chocolate enfiado em uma colina de bombons para complementar os bolinhos de caramelo.

No TI no The Mirage, 3300 Las Vegas Blvd. S. ✆ **866/286-3809** ou 702/894-7223. Pratos principais US$10-US$25. AE, DC, DISC, MC, V. De quarta, sexta e sábado, das 16h às meia-noite; de domingo a terça e quinta, das 16h às 23h.

Mon Ami Gabi 🌶🌶 BISTRÔ Este charmoso bistrô tem de tudo: um ambiente delicioso, comida melhor do que a média e preços bons. É claro que ele exagera ao tentar replicar um bistrô parisiense clássico, mas os resultados são melhores do que a maioria das tentativas de Vegas, em termos de ambiente e as mesas no pátio, na Strip (não são aceitas reservas aqui – quem chegar primeiro, leva) realmente fazem com que você se sinta como em uma verdadeira cidade, e não pré-fabricada. Você pode observar o orçamento e pedir somente a deliciosa sopa de cebola ou pode comer feito um verdadeiro francês e pedir o clássico bife com *pommes frites* (o bife é um agradável, suculento e doce corte de carne). Há muitas opções mais baratas (e é por isso que nós listamos esse lugar na categoria "moderado"), especialmente no almoço. Sim, eles têm lesmas e nós adoramos. As sobremesas, aliás, são enormes e devem ser divididas (outra maneira de economizar). Os profireroles do tamanho de uma bola de baseball (três ou quatro em uma porção) recheados com delicioso sorvete de baunilha e os crepes de banana-Foster do tamanho de uma bola de futebol são particularmente bons. Uh, la la!

No Paris Las Vegas, 3655 Las Vegas Blvd. S. ✆ **702/944-GABI**. www.monamigabi.com. Reservas recomendadas. Pratos principais US$18-US$40. AE, DC, DISC, MC, V. De domingo a quinta, das 22h30 às 23h; de sexta e sábado, das 22h30 à 0h.

Olives ✰✰ COZINHA ITALIANA/MEDITERRÂNEA Se houvesse um café Olives no nosso bairro, nós poderíamos comer lá regularmente. Uma filial do restaurante com base em Boston de Todd English, o Olives é uma forte opção para um almoço leve que não precisa ser tão caro quanto você pode imaginar. Eis como você pode desfrutar de uma refeição com preço moderado aqui: não se encha demais com o pão focaccia e com as azeitonas que eles servem no começo (por outro lado, os obsessivos por economia vão em frente) e dispensem as saladas pequenas e caras e, em vez disso, vá diretamente para os pães sírios. Pense em uma pizza com uma borda ultrafina (como uma bolacha água e sal ligeiramente leve), coberta por deliciosas combinações como o altamente recomendado cordeiro marroquino temperado, o purê de berinjela, e queijo feta; ou o figo, prosciutto, e gorgonzola. Divida um desses pães em duas pessoas, juntamente com aquela salada que nós acabamos de maldizer, e você terá um almoço econômico e incrível. Ou então, experimente uma massa; nós estávamos inclinadas em relação ao simples, mas maravilhoso spaghettini com tomates assados, alho e parmesão e ficamos satisfeitas. A comida fica mais complicada e cara à noite, adicionando uma série de carnes e frangos, além de massas como polpa de noz branca com manteiga caramelizada e sálvia.

No Bellagio, 3600 Las Vegas Blvd. S. ✆ **702/693-7223**. www.toddenglish.com. Reservas recomendadas. Pratos principais US$17-US$25 almoço, pães sírios US$15; US$24--US$52, jantar, pães sírios US$17. AE, DC, DISC, MC, V. Diariamente, das 11h às 22h30.

Payard Patisserie & Bistro ✰✰✰ BISTRÔ O café da manhã aqui geralmente oferece uma das poucas verdadeiras ofertas restantes em Vegas, considerando a qualidade em relação à faixa de preço. Com certeza isso não vai durar, considerando o estado das coisas nos dias modernos em Vegas. Mas, com alguma sorte, é isso o que você deve esperar; um café da manhã continental como nenhum outro. Por dezesseis dólares você pode comer cereais, frutas, iogurte, salmão com bagel e, o que é mais significativo, todas as tortas de café da manhã que você conseguir comer. Já que o chef tem suas raízes em Paris, esses pedaços amanteigados de perfeição de brioches e croissants são tão bons como qualquer um que você comesse ao lado do Sena. Você pode gastar facilmente essa quantia em um buffet de café da manhã ou uma entrada de almoço, em qualquer outro lugar da cidade, mas não há comparação em termos de qualidade. O almoço é leve e com variedades francesas, enquanto a noite traz degustações de sobremesas de pratos delicados e inspirados de extravagâncias açucaradas. Ambos têm uma alta qualidade especial e vale a pena investigar, mas é o café da manhã que já conferiu ao lugar sua forte reputação, e justificadamente.

No Caesars Palace, 3570 Las Vegas Blvd. S. ⓒ **702/731-7110**. Café da manhã US$16; entradas no almoço US$16-US$26; sobremesas à noite US$15; preço fixo US$45. AE, MC, V. Diariamente, das 6h30 às 11h30, do 12h às 19h30, e das 21h às 23h30.

Sensi ✹✹ COZINHA ECLÉTICA Geralmente é um clichê, no que diz respeito aos restaurantes, "pau para toda obra, mas mestre de nenhuma." O Sensi parece ser uma exceção, considerando que seu menu é composto por pratos italianos (pizzas e massas finas), opções americanas grelhadas na madeira (hambúrgueres, peixe, frango), e pratos com influência asiática (e eles querem dizer "pan-asiático", por isso há tanto tandoori quanto sushi). Ainda assim, o restaurante confere credibilidade a tudo, de fato muito bem. Provavelmente essa é sua melhor opção para o almoço, provando pizza al prosciutto ou camarão frito em *wok*, para preços mais moderados do que os encontrados no jantar. O melhor de tudo é o "Sensi 41", uma opção saudável é a marmita bento, apresentando comidas como perca chilena grelhado medianamente, um pouco de sashimi tenro, arroz picante e, desconcertantemente, salada de mussarela. Eles terminam com duas pequenas e hábeis porções de sorvetes finos em pequenos cones. E experimente aquele refrigerante de gengibre caseiro.

No Bellagio, 3600 Las Vegas Blvd. S. ⓒ **877/234-6358**. Pratos principais US$14-US$22 almoço, US$22-US$44 jantar. AE, DC, DISC, MC, V. Diariamente, das 11h às 14h30 e das 17h às 22h30.

BARATO
Canter's ✹✹ MERCEARIA FINA Esta é uma filial do venerável estabelecimento de Los Angeles (de 1931!). Aquele é decidida e genuinamente tradicional, enquanto esse finge que foi construído durante a era futurista dos Jetsons, mas não foi. Você sabe. Ainda assim, o aroma perfeito do *pastrami* chega até você assim que você entra e, se as porções não são tão grandes quanto o menu, tendo apenas 1/25 do tamanho do de Los Angeles, eles ainda têm ótimos sanduíches (carne de peito de vaca e molho russo; nós ficamos doidas com o prato). Sem mencionar os *cookies* pretos e brancos. Além disso, o restaurante fica aberto até mais tarde como uma boa mercearia deve ser.

CAPÍTULO 4 · ONDE COMER

> **Econômico Grandes Ofertas para as Refeições**
>
> Nós já fizemos alusão às refeições de baixo preço e aos especiais da madrugada disponíveis nos restaurantes dos hotéis cassino – a qualidade não é assegurada e eles não oferecem Pepto-Bismol. Os preços e as ofertas podem ser alterados sem aviso, por isso, sua melhor aposta é ficar de olhos abertos ao viajar pela cidade, pois os hotéis tendem a anunciar os especiais em suas marquises.

No TI no The Mirage, 3300 Las Vegas Blvd. S. ✆ **866/286-3809**. Tudo abaixo de US$17. AE, DC, DISC, MC, V. Diariamente, das 11h às 0h.

Cypress Street Marketplace ⚜⚜ *Crianças* PRAÇA DE ALIMENTAÇÃO Um meio campo interessante entre a praça de alimentação e o buffet, devido a uma original disposição onde os fregueses recebem um cartão que registra os produtos em qualquer banca de comida, na qual o cliente faz compras, com o valor total somado no final. Dada a ampla variedade – comida vietnamita, guiozas, hambúrgueres e pizzas finos, saladas, wraps e sanduíches de carne de porco, deve haver algo para cada um dos membros mesmo das famílias mais enjoadas. Com as porcelanas e guardanapos genuínos e a qualidade geral, nós queríamos que os outros hotéis cassino tivessem uma versão própria desse estabelecimento.

No Caesars Palace, 3570 Las Vegas Blvd. S. ✆ **702/731-7110**. A maioria dos itens abaixo de US$15. AE, MC, V. Diariamente, das 11h às 23h.

3 North Strip

MUITO CARO

Alex ⚜⚜⚜ COZINHA NOUVEAU Alex Strada (possivelmente familiar a você por sua ponta no programa americano, *Iron Chef*) seguiu Steve Wynn do The Mirage, fechando seu estabelecimento inspirado em Renoir para abrir este outro, que leva seu nome. Strada vem de um passado cosmopolita e internacional, incluindo alguns anos trabalhando para Alain Ducasse, além de uma noção geral de gastronomia como prazer e arte, e você tem uma das experiências gastronômicas mais especiais em Vegas. O menu é alterado regularmente – o chef Alex é tão minucioso quanto um verdadeiro chef deve ser e, por isso, a disponibilidade dos ingredientes sazonais ditará a seleção de qualquer noite em especial. O resultado em um restaurante europeu quase com certeza seria digno de uma estrela pela Michelin. Os fregueses podem escolher entre dois menus de degustação ou uma opção de preço fixo com três pratos, aperitivo, prato principal e sobremesa. Espere entradas como carpaccio de pitu de Santa Bárbara coberto com caviar Osetra ou vieira assada com purê de manjericão, tudo coberto por flor de abobrinha translúcida frita. O gnocchi de porcini dissolve na boca; um terrine de foie gras é combinado com a interpretação do chef da salada Waldorf; o prato principal feito com pombo e foie gras sautée, ruibarbo, e abacaxi temperado é denso, rico e audacioso. Até mesmo os pratos para purificar o paladar são sérios, como geleia de damasco coberta com granita de coco envolvida por maracujá ou geléia de morango com crème fraîche de capim limão. Você está nas mãos de um master chef; aproveite.

No Wynn Las Vegas, 3131 Las Vegas Blvd. S. © 888/352-DINE [3463] ou 702/248-DINE [3463]. Reservas altamente recomendadas. Paletó recomendado. Menu de preço fixo com 3 pratos US$145; menu de degustação com 7 pratos US$195. AE, DC, DISC, MC, V. De quinta a segunda, das 18h às 22h.

Bartolotta Ristorante di Mare ✯✯✯ COZINHA ITALIANA/FRUTOS DO MAR

O chef vencedor do prêmio James Beard Foundation Award, Paul Bartolotta, foi treinado na Itália com master chef's antes de inaugurar seu altamente aclamado Spiaggia em Chicago. Agora ele está aqui, nesta cozinha que leva seu nome e que foi finalista do prêmio Best New Restaurant 2006 Beard, prova de que os chef's celebridades estão todos muito bem, mas isso não é a mesma coisa que tê-los no local. Neste caso, o resultado é uma comida italiana tão autêntica quanto a que você pode encontrar fora da Itália. Determinado a produzir apenas isso, Bartolotta foi até seu chefe, Steve Wynn, e insistiu para que seu peixe não fosse apenas ultra-fresco, mas que ele fosse trazido todos os dias diretamente do Mediterrâneo até sua cozinha em Vegas, dizendo, "Eu não posso fazer comida italiana autêntica com peixe americano", a resposta de Wynn? "Dê o peixe ao homem". E você será apresentado aos resultados depois de se sentar aqui! Você pode escolher seu peixe cozido diretamente do lote do dia (você pode escolher um grande o suficiente para que possa dividir entre várias pessoas), o que pode incluir possibilidades como peixe Orata e caranha, cada um deles coberto com um "molho" denso de tomate pachino doce, rúcula, alho e cebola vermelha. As massas também são perfeitas, principalmente o delicado ravióli em estilo leve com ricota de leite de ovelha, agridoce com uma vitela com um toque de molho espesso de vinho Marsala. O spaghetti allo scoglio vem com grandes pedaços de lagosta, os lagostins são grelhados até o ponto defumado chamuscado, vieiras fatiadas com cogumelos porcini em manteiga caramelizada representam o que uma vieira deve ser – e tudo porque essa equipe italiana aprendeu bem sua lição e eles estão passando esse conhecimento para você. Uma jóia de lugar para uma comida que é um tesouro.

No Wynn Las Vegas, 3131 Las Vegas Blvd. S. ✆ **888/352-DINE [3463]** ou 702/353-DINE [3463]. Reservas recomendadas. Pratos principais, US$20-US$58 jantar; degustação estilo família, US$135 por pessoa; Grand Seafood Feast servido a estilo familiar, US$155 por pessoa. AE, DC, DISC, MC, V. Diariamente, das 17h30 às 22h30.

MODERADO

Cafe Heidelberg German Deli and Restaurant ⭐ COZINHA ALEMÃ

Este lugar já foi um restaurante alemão pesado e datado e foi transformado em um café alemão repleto (admitidamente, com apenas seis bancas, isso não é difícil de se fazer) de fregueses locais. Certamente, não é um lugar no estilo Vegas e já que é perto o bastante da Strip, é um bom lugar para se refugiar. A comida é melhor do que boa, embora certamente não seja de modo algum "leve"; você vai ficar gemendo e segurando o estômago em dor se não dividir as enormes porções. A travessa com porção de linguiça é recomendada, para que você finalmente aprenda a diferença entre knockwurst e bratwurst, e o sanduíche schnitzel com uma deliciosa vitela no pão. Faça tudo descer com uma ampla gama de cervejas importadas. Ao comer, aproveite a música de acordeom tradicional (ou, às vezes, não tão tradicional) e observe que toda a equipe é alemã. Esta também é uma mercearia completa e um mercado alemão, então é um bom lugar para comprar os itens de um piquenique para conhecer os lugares turísticos cidade afora.

604 E. Sahara Ave. (no 6th St.). ✆ **702/731-5310**. Reservas altamente recomendadas nas noites de sexta e sábado. A maioria dos pratos principais abaixo de US$13 almoço, US$20-US$26 jantar. AE, DC, DISC, MC, V, de segunda e terça, das 11h às 15h apenas; de quarta a sábado, menu do almoço das 11h às 16h, jantar das 16h às 20h; domingo, das 11h às 20h; a mercearia abre diariamente às 10h.

Fellini's ⭐ COZINHA ITALIANA

Uma instituição de Vegas (em sua localização original em West Las Vegas), muito adorada pelos locais conhecedores, o Fellini's é um restaurante italiano clássico – você sabe, molho vermelho escuro, pão com queijo e alho – o que não deve ser de modo algum um insulto. Ele pode não ser ambicioso, mas é confiável e mais do que satisfatório. Eles fazem uma versão de massa (rigatoni, no caso) a matriciana e são generosos com a pancetta; embora alguns puristas da comida italiana tremam com o gnocchi com pedaços de lombo coberto com molho cremoso de gorgonzola e chalota, eles é que estão perdendo. O menu bem proporcional oferece uma variedade de opções de Osso Buco à pizza básica e, considerando os preços, isso faz do lugar uma boa opção para famílias com uma variedade semelhante de gostos e necessidades.

No Stratosphere Hotel & Casino, 2000 Las Vegas Blvd S. ✆ 702/383-4859. www.fellinislv.com. Pratos principais US$11-US$27.AE, DISC, MC, V. De segunda a quinta, das 17h às 23h; de sábado, das 17h às 0h.

BARATO

Capriotti's ✪✪✪ *Achados* SANDUÍCHES Parece uma espelunca, mas o Capriotti's é uma das grandes ofertas da cidade, tanto em qualidade como em preço. Eles assam o próprio bife e peru no local e os usam como recheio (ou cortes de frios italianos, o que for) nos sanduíches erroneamente rotulados como "pequeno," "médio," e "grande" – este último chega a mais de 50 cm., facilmente servindo duas pessoas por um total de menos de US$10. E são deliciosos. O "Hobby" (peru, tempero e molho de cranberry, como em um jantar do Dia de Ação de Graças em formato de sanduíche) seria o nosso sanduíche favorito em todo o mundo se nós não tivéssemos provado o "Slaw B Joe": rosbife, salada de repolho e molho russo. Mas outras combinações, como os cortes de frios italianos mencionados acima, também têm seus fãs e o Capriotti's tem até variedades vegetarianas. Há estabelecimentos por toda a cidade, mas esse não é apenas pertinho da Strip, como também fica ao lado da estrada. Nós nunca saímos da cidade sem dar uma parada aqui, e você também não devia fazer isso.

322 W. Sahara Ave. (no Las Vegas Blvd. S.). ✆ 702/474-0229. www.capriottis.com. A maioria dos sanduíches sai por menos de US$10. AE, MC,V. De segunda a sexta, das 10h às 17h; sábado, das 11h às 17h.

Doña María Tamales ✪✪ COZINHA MEXICANA Decorado com forros e calendários ao estilo de Tijuana, este é seu restaurante mexicano fundamental, conveniente à extremidade norte da Strip e ao centro. Eles usam muito toicinho, muito queijo e muito molho. Como resultado, a comida é muito boa – e muito gordurosa. Sim, as pessoas que fizeram aqueles relatórios de saúde, mostrando como a comida mexicana pode ser ruim para o seu coração, provavelmente fizeram um pouco de sua pesquisa aqui. Isso só torna as coisas melhores na nossa opinião. Os fregueses locais aparentemente concordam; até mesmo no almoço o lugar fica lotado. Os pratos são tão grandes que você não deve ter problema em se sentir satisfeito ao pedir somente os acompanhamentos, o que pode tornar esse lugar uma opção ainda mais econômica.

Naturalmente, a especialidade são os fantásticos tamales, que são servidos nas opções vermelho, verde, com queijo ou doce. Eles também servem excelentes enchiladas, chiles rellenos, bunkos e fajitas. Todos os pratos incluem arroz, feijão, tortillas e sopa ou salada.

910 Las Vegas Blvd. S. (no Charleston Blvd.). © **702/382-6538**. www.donamariatamales.com. Pratos principais US$8,20-US$12, café da manhã, US$8,80-US$12 almoço, US$12-US$15, jantar. AE, MC, V. De domingo a quinta, das 8h às 22h; de sexta e sábado, das 8h às 23h.

Tiffany's at the White Cross Pharmacy ✰✰ *Econômico* LANCHONETE Você pode ir até qualquer uma das réplicas de estabelecimentos com fontes de refrigerante retrôs (como o Johnny Rockets) e aos restaurantes temáticos, que fingem ser lanchonetes baratas. Mas para quê se importar em fazer isso quando o lugar genuíno fica logo depois da Strip? O estabelecimento decididamente não ostentoso, com fontes de refrigerante/balcão para almoço em White Cross Pharmacy foi o primeiro restaurante 24 horas de Las Vegas e ele se mantém forte por 60 anos. Sente-se no balcão e observe os cozinheiros indo à loucura, tentando manter o ritmo com os pedidos. O menu é composto por comidas básicas e que satisfazem: itens padrão como almôndegas, bifes e costeletas, tortas cremosas e cafés da manhã clássicos servidos a qualquer horário – experimente os biscoitos com molho cremoso às 3h. Mas a melhor aposta é um hambúrguer de 150g e um "milkshake cremoso grosso," ambos da maneira que devem ser preparados e tão bons quanto podem ser. A cerca de US$5, isto é, metade do que você pagaria por uma refeição comparável no Hard Rock Cafe. E como a garçonete Beverly diz, "Isso é realmente real". Lugares como esse são uma espécie em extinção – vale a pena a pequena caminhada do Stratosphere. Observe, no entanto, que a vizinhança permanece teimosamente bruta em termos de aparência e isso pode desanimar.

1700 Las Vegas Blvd. S. (no East Oakley Blvd.). © **702/383-0196**. Não são aceitas reservas. A maioria dos itens a menos de US$7. Cartões de créditos não aceitos. Diariamente, 24 horas.

4 East Strip

Nesta seção, nós cobrimos restaurantes próximos ao *Convention Center*, juntamente com aqueles mais ao sul, na *Paradise Road*, *Flamingo Road* e *Tropicana Avenue*.

MUITO CARO
Lawry's The Prime Rib ✰✰✰ FILÉ/FRUTOS DO MAR Se você ama costela de primeira, venha até aqui. Se você é indiferente quanto à costela, o Lawry's o transformará num fiel. Sim, você pode comer costela de

Acomodações, Restaurantes & Vida Noturna ao East da Strip

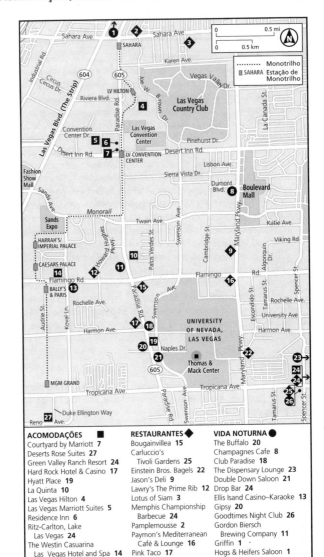

ACOMODAÇÕES ■
Courtyard by Marriott **7**
Deserts Rose Suites **27**
Green Valley Ranch Resort **24**
Hard Rock Hotel & Casino **17**
Hyatt Place **19**
La Quinta **10**
Las Vegas Hilton **4**
Las Vegas Marriott Suites **5**
Residence Inn **6**
Ritz-Carlton, Lake
  Las Vegas **24**
The Westin Casuarina
  Las Vegas Hotel and Spa **14**

RESTAURANTES ◆
Bougainvillea **15**
Carluccio's
  Tivoli Gardens **25**
Einstein Bros. Bagels **22**
Jason's Deli **9**
Lawry's The Prime Rib **12**
Lotus of Siam **3**
Memphis Championship
  Barbecue **24**
Pamplemousse **2**
Paymon's Mediterranean
  Café & Lounge **16**
Pink Taco **17**
Toto's **24**

VIDA NOTURNA ●
The Buffalo **20**
Champagnes Cafe **8**
Club Paradise **18**
The Dispensary Lounge **23**
Double Down Saloon **21**
Drop Bar **24**
Ellis Island Casino–Karaoke **13**
Gipsy **20**
Goodtimes Night Club **26**
Gordon Biersch
  Brewing Company **11**
Griffin **1**
Hogs & Heifers Saloon **1**
Whisky Bar **24**

101

Las Vegas é para os Amantes (do Vinho)

O boom dos restaurantes de Vegas do final dos anos 90 continua sem diminuir, o que também são notícias bem vindas para aqueles que veneram a uva. Se você é um deles, eis aqui alguns lugares onde comer e beber que nós achamos que você vai gostar. Eles vão desde bares de vinho a restaurantes sofisticados, com alguns outros estabelecimentos no meio termo:

O **The Wine Cellar & Tasting Room**, no Rio All-Suite Hotel & Casino (3700 W. Flamingo Blvd.; © **702/777-7962**), oferece mais de 100 vinhos na taça, com preços que vão de menos de US$10 a mais de US$100. O estoque equivale a mais de US$10 milhões e inclui mais de 6.500 marcas. Embora alguns dos vinhos só possam ser observados e não comprados (como as garrafas de 1890 de vinho Madeira que já pertenceram a Thomas Jefferson ou o vertical de Chateau d'Yquem que remonta a 1898), você pode se deliciar com uma série de champagnes de luxo. A sala de degustação para não fumantes fica aberta de domingo a quinta, das 15h às 23h, de sexta e sábado, das 15h até a meia-noite.

Se você concorda com Oscar Wilde de que "apenas pessoas sem imaginação não conseguem encontrar uma boa razão para tomar champagne," então o **Petrossian Bar**, no Bellagio (3600 Las Vegas Blvd. S.; © **702/693-7111**) é o lugar para você. Se seu chardonnay pede bolos finos, você ficará contente em saber que o chá da tarde é servido das 14h às 17h; caviar (Petrossian, é claro) é disponibilizado do meio-dia à meia-noite. Para acompanhá-lo, você pode escolher dentre qualquer um dos 21 champagnes e vinhos espumantes (sete deles disponíveis por taça) além de vinhos brancos, tintos e do porto não espumantes. Fica aberto 24 horas.

---

primeira por toda a cidade por menos de US$10. Mas, para inserir uma metáfora gastronômica, isso é como comer sanduíche de atum quando você pode comer caviar no Lawry's.

Comer no Lawry's é uma cerimônia, com todos os papéis desempenhados da mesma maneira durante os últimos 60 anos. As garçonetes, vestidas em uniformes ingleses de criada marrons e brancos, anotam seu pedido – isto é, de acompanhamentos. A verdadeira decisão, que corte de costela você vai querer, é feita depois. Na verdade, essa é a única parte da tradição que foi mudada. O Lawry's adicionou peixe fresco (hipoglosso, salmão ou peixe-espada, dependendo da noite) ao seu menu. De qualquer forma, você diz à garçonete quais acompanhamentos você pode querer (o sublime espinafre ao creme, batata assada e assim por diante) por um preço extra. Depois, ela volta com uma tigela de salada giratória (pense numa apresentação de salada como um número musical de Busby Berkeley).

Enquanto você aprecia sua pizza, massa, filé, e outros pratos tradicionais italianos habilmente preparados no **Valentino**, no The Venetian (3355 Las Vegas Blvd. S.; © 702/414-3000), você pode selecionar um vinho das 24.000 garrafas na lista completa. Eles também oferecem 40 vinhos diferentes (que são alterados regularmente) na taça ou em doses de 56 ml. Fica aberto diariamente, das 11h30 às 23h.

O **Rosemary's Restaurant**, 8125 W. Sahara Ave. (entre a Buffalo Dr. e a Cimarron Rd.; © 702/869-2251), fica bastante distante da Strip mas vale o equivalente à viagem. Além de sua imprevisível e bem balanceada lista com garrafas cheias, o Rosemary's oferece 30 vinhos servidos por taça e três dúzias servidos a meia garrafa. Para obter a crítica completa, consulte a p. 110.

É claro que você pode querer visitar somente para ver os "anjos do vinho" subirem e descerem pela torre de quatro andares de taças de vinho no **Aureole**, no Mandalay Bay (3950 Las Vegas Blvd. S.; © 877/632-7800; www.aureolelv.com), para buscarem sua garrafa, mas o real motivo pelo qual nós gostamos desse lugar é sua inovadora (até mesmo com patente pendente) lista de vinhos com base na Internet. Os clientes podem usar um "eWine Book" em sua mesa para acessar por via wireless o banco de dados de vinhos do restaurante. Ainda melhor, com apenas alguns toques da caneta, você pode conferir qual(is) vinho(s) o restaurante recomenda para acompanhar diversos itens do menu antes de discutir suas escolhas com o sommelier. É permitido fumar somente no bar e na lounge.

Uma das adegas de vinho mais intrigantes é, na verdade, um loft de vinhos, situado em dois andares acima do restaurante **Fleur de Lys** (no Mandalay Bay, 3950 Las Vegas Blvd. S.; © 877/632-7800), visível pelo vidro que vai do chão ao teto com moldura iluminada por velas. Avisando com antecedência, os fregueses podem comer aqui, uma das mesas mais impressionantes, ainda que fria, da cidade. O "loft" está crescendo e promete ser mais impressionante.

A tigela, que descansa em gelo picado, gira conforme despeja o molho especial do Lawry's em uma corrente acima da cabeça da garçonete. Acompanhamento de tomates. Seguem-se os aplausos.

Por fim, gigantes carrinhos de metal talhada vêm até a sua mesa, carregando a carne. Você é quem escolhe o corte (o regular do Lawry's, o extra-grande Diamond Jim Brady para carnívoros assíduos e o excessivamente fino corte inglês) e especifica como gostaria que a carne fosse cozida. Temperada, tenra, perfeitamente cozida, ligeiramente temperada, esta será a melhor costela de primeira que você já comeu. Certo, talvez estejamos indo longe demais, mas o resto está certo, sinceramente. Você só tem que provar para acreditar. Você pode terminar com uma rica sobremesa (o trifle inglês é altamente recomendado), mas quase parece não haver sentido nisso.

4043 Howard Hughes Pkwy. (no Flamingo Rd., entre a Paradise Rd. e a Koval Lane). © **702/893-2223**. www.lawrysonline.com. Reservas recomendadas. Pratos principais

US$32-US$49.AE, DC, DISC, MC,V. De domingo a quinta, das 17h às 22h; de sexta e sábado, das 17h às 23h.

Pamplemousse ✿ COZINHA FRANCESA Um pouco do caminho mais trilhado, o Pamplemousse é um restaurante de Vegas estabelecido há muito tempo que não deve ser deixado de lado na onda dos novos restaurantes de alto perfil. Evocando uma confortável pousada interiorana francesa (pelo menos, no interior), este lugar é uma catacumba de quartos de teto baixo e íntimos recantos para jantar com vigas cruas e expostas. É tudo muito charmoso e atípico de Vegas. O nome do restaurante, que significa grapefruit, foi sugerido pelo falecido cantor Bobby Darin – uma das muitas celebridades colegas do proprietário, Georges La Forge.

O garçom recita o menu, que é alterado todas as noites. As opções dos menus recentes incluem sopas extraordinárias (sopa de cebola francesa e creme de aspargo, só para mencionar algumas) e aperitivos como camarão em molho cremoso de conhaque e bolinhos de siri Maryland com crosta de noz de macadâmia. As entradas recomendadas incluem uma excelente vitela com cogumelos e molho Dijon, além de uma porção ainda melhor de cordeiro com crosta de pistaches e molho cremoso de alecrim (todos os molhos, aliás, são feitos com aquilo que o chef tiver à mão naquela noite, na cozinha). Deixe espaço para as fabulosas sobremesas, como o sorvete caseiro em uma concha dura de chocolate.

400 E, Sahara Ave. (entre as ruas Santa Paula e Santa Rita, ao leste da Paradise Rd.). ✆ **702/733-2066**. www.pamplemousserestaurant.com. Reservas necessárias. Pratos principais US$12-US$21 almoço, US$27-US$58 jantar. AE, DC, DISC, MC,V. almoço, de segunda a sábado, das 11h30 às 14h30; jantar, diariamente, das 17h30 às 22h30.

MODERADO

Carluccio's Tivoli Gardens ✿ *Achados* COZINHA ITALIANA É preciso uma pequena viagem, mas vale a pena, para aqueles que procuram uma autêntica – leia-se: que já dura há mais de 10 anos – experiência de Vegas. Este estabelecimento que, do contrário, não se impõe costumava pertencer por ninguém menos do que o Rhinestone King em pessoa, Liberace. Veja, ele era o antigo Tivoli's Gardens de Liberace e ele próprio projetou o interior, para que você saiba como as coisas vão ser (o lugar foi reaberto alguns anos após sua morte e preservaram a decoração praticamente da mesma maneira). Exceto pela comida italiana tradicional (massa, massa e crustáceos). Este tipo de história é cada vez mais rara nessa cidade sem memória, além disso – e não é uma coincidência – ele fica ao lado do Liberace Museum, então pague seus respeitos risonhos no final da tarde e, em seguida, pare aqui para jantar.

1775 E. Tropicana Blvd. (no Spencer St.). ✆ **702/795-3236**. Pratos principais US$10--US$18. AE, DC, DISC, MC, V. De terça a domingo, das 16h30 às 22h. Fechado às segundas.

Memphis Championship Barbecue ★★ CHURRASCO Certo, nós nos recusamos, simplesmente nos recusamos, a entrar em uma discussão sobre o churrasco do Texas vs. Kansas City vs. Mississippi (e se você tiver outro estado com o melhor churrasco, nós realmente não queremos saber). Mas nós podemos dizer que, se você não estiver fisicamente nesses lugares, tem que aproveitar o que conseguir – e, por sorte, o Memphis Championship Barbecue se destaca. O molho feito com base em vinagre é doce, mas tem uma pitada a mais. A comida é cozida em lenha de mesquite e a carne se desgruda do osso do jeitinho que você quer. Além disso, eles têm chouriço, feijão cozido e tudo o mais que você quer e espera. Os destaques incluem um sanduíche fechado de churrasco de frango, palitos de cebola, e um delicioso macarrão com queijo. *Observe este especial:* Um banquete de US$60 inclui uma porção de baby back rib, duzentos gramas de carne de porco, duzentos gramas de carne de peito de vaca, duzentos gramas de chouriço, um frango inteiro, feijões cozidos, salada de repolho, rolinhos, milho em creme e batatas fritas. Diz-se que ele serve quatro pessoas, mesmo que duas dessas quatro pessoas sejam garotos adolescentes, nós achamos que você pode ter algumas sobras.

2250 E. Warm Springs Rd. (próximo a 215 Fwy.). ✆ **702/260-6909**. www.memphis-bbq.com. Entradas US$10-US$20; jantar especial com churrasco para 4 pessoas, US$70. AE, MC, V. De domingo a quinta, das 11h às 22h; de sexta e sábado, das 11h às 22h30.

Pink Taco ★ COZINHA MEXICANA Uma cantina mexicana super moderna, este lugar decorado por arte folk é um cenário prestes a explodir, ou melhor, ele já explodiu. Não há surpresas em relação à comida – você sabe o que acontece: tacos, burritos, quesadillas – mas tudo é saboroso e satisfaz, e alguns pratos vêm com alguns acompanhamentos surpreendentes, como tapenade, juntamente com o típico guacamole e creme amargo. Este é um restaurante mexicano moderno, em oposição a um estabelecimento familiar e é um bom lugar para comer neste lado da cidade.

No Hard Rock Hotel & Casino, 4455 Paradise Rd. ✆ **702/693-5525**. www.pinktaco.com. Não são aceitas reservas. Pratos principais US$7,50-US$15. AE, DC, DISC, MC, V. De domingo a quinta, das 11h às 22h; de sexta e sábado, das 11h às 0h.

BARATO
Bougainvillea ★★ *Econômico* CAFETERIA Ah, como nós adoramos as cafeterias de Vegas! Você tem os cafés da manhã servidos o dia inteiro, os

especiais da madrugada (omeletes de três ovos e três ingredientes que você mesmo constrói por cerca de US$5), a costela de primeira e, é claro, o menu chinês completo. E tudo é vigoroso e com bons preços; nós estamos falando de filés e ovos ao estilo de Nova York, por US$5,99 o dia inteiro. Você pode pedir uma entrada completa no jantar ou um belo almoço leve também por cerca de US$5 (esse é o número de sorte de alguém?). E os especiais 24 horas, incluindo um pedaço grosso de carne, batatas ou arroz, vegetais, sopa ou salada e um chope de 340 ml a espantosos US$9,99. Sim. Esse é o valor.

No Terrible's Hotel, 4100 Paradise Rd. *C* **702/733-7000**. Pratos principais US$5-US$13. AE, MC,V. Diariamente, 24 horas.

Einstein Bros. Bagels *C* BAGELS Você pode não gostar de explorar um enorme buffet logo de manhã e o café da manhã continental, na maioria dos hotéis, é um roubo. Uma alternativa bem vinda é um bagel fresquinho, dos quais há 15 variedades aqui – tudo, desde cebola a mirtilo silvestre. Os queijos cremosos também são oferecidos em muitos sabores, de tudo, desde tomate seco até vegetais e pimenta jalapenho. Quatro cafés com misturas especiais são disponibilizados todos os dias.

No University Gardens Shopping Center, 4626 S, Maryland Pkwy. (entre as avenidas Harmon e Tropicana). *C* **702/795-7800**. www.einsteinbros.com. Todos os itens abaixo de US$6. MC,V. De segunda a sexta, das 6h às 17h; sábado, das 6h às 16h; de domingo, das 7h às 15h.

Jason's Deli *C* MERCEARIA FINA Uma cadeia popular na área, há quatro filiais do Jason's na área, mas esta é conveniente àqueles que estão hospedados ao east da Strip. É uma mercearia agitada e barulhenta onde todos os itens são anunciados como sendo de gordura trans artificial, além de haver uma seção de "slimwiches" (sanduíches leves). Portanto, no que tange às lanchonetes/mercearias com múltiplos propósitos, esta pode ser uma opção bastante saudável. Eles também oferecem um estimulante serviço de entrega, novamente útil para aqueles hospedados nos hotéis de cadeia próximos, sem muito a oferecer em termos de serviço de quarto. A comida oferecida é típica de uma mercearia – pelo menos doze sopas, sanduíches, wraps e carnes júnior. Os wraps dão a dica de que este não é uma mercearia de pastrami ao estilo do Brooklyn, mas uma que oferece versões extravagantes de sanduíches elegantes da cozinha californiana. Um coringa são as muffalettas inspiradas em Nova Orleans. Os sanduíches são recheados com carne e o empadão de frango é enorme. Naturalmente, o bar de saladas contém pudim e wafers de baunilha – a gente não quer levar o tema "saudável" longe demais.

3910 S. Maryland Parkway. *C* **702/893-9799**. www.jasonsdeli.com. Todos os itens por menos de US$10, AE, DISC, MC, V. Diariamente, das 8h às 21h.

Lotus of Siam ☆☆☆ *Achados* COZINHA TAILANDESA Então nós o arrastamos para um shopping da Strip, na extremidade leste de lugar nenhum, e você se pergunta por que? Porque aqui fica o que o crítico Jonathan Gold, da revista *Gourmet*, chamou de "nada menos do que o melhor restaurante tailandês da América do Norte".

O que torna esse lugar tão especial? Primeiro de tudo, além de todos os típicos pratos favoritos adorados da Tailândia, Issan e outros, eles têm um menu separado, apresentando pratos menos conhecidos do norte da Tailândia – eles geralmente não servem esses pratos (porque a maioria dos fregueses está lá pelo buffet de almoço mais trivial, ainda que excelente, que custa US$5,99). Em segundo lugar, o proprietário vai pelo menos duas vezes por semana de volta a Los Angeles (onde seu estabelecimento original, o Renu Na Korn, ainda opera administrado por outro membro da família) para apanhar as ervas mais frescas e outros ingredientes necessários para a autenticidade de seus pratos. Esse é o tipo de dedicação que deve ser recompensado com elogios.

Você deve ficar melhor ao fazê-los saber que você está interessado na comida do norte (com chilis secos e mais carne de porco, "ela segue o estilo Cajun", diz o proprietário) e deixando que eles o guiem pelos pratos, embora você tenha que assegurá-los que você não tem um coração, nem um paladar fraco (alguns fregueses reclamam que os pratos não são muito quentes, mesmo com os pratos "bem apimentados", embora outros achem até mesmo as pimentas médias suficientes). Os destaques incluem a linguiça Issan, uma porção de carne de porco amarga grelhada, o *Nam Kao Tod* (aquela mesma linguiça, moída com lima, cebolinha, chili fresco e gengibre, servida com arroz crocante), *Nam Sod* (carne de porco moída misturada com gengibre, cebolinha e suco de lima, servida com arroz papa) e *Sua Rang Hai* ("tigre chorão"), um prato com bife marinado macio, fatiado e grelhado. Se você insistir em pratos tailandeses mais convencionais, tudo bem, nesse sentido, é improvável que provará um *Tom Kah Kai* melhor do que esse (observe que essa adorada sopa também pode ser servida ao estilo do norte, se solicitado, que é sem o leite de coco). Se estiver na temporada, termine com manga e arroz papa, ou, em caso negativo, com sorvete de coco com arroz papa, algo que você não encontraria em muitas bancas de rua da Tailândia.

No Commercial Center, 953 E. Sahara Ave. ✆ **702/735-3033**. www.saipinchutima.com. Reservas altamente recomendadas para o jantar, sugerimos que você ligue com pelo menos um dia de antecedência. Buffet de almoço, US$9; outros pratos US$9-US$20. AE, MC, V. De segunda a quinta, das 11h30 às 14h30 e das 17h30 às 21h30; de sexta a domingo, das 17h30 às 22h.

Paymon's Mediterranean Café & Lounge ☆ COZINHA MEDITERRÂNEA É simplesmente tão bom encontrar comida étnica nessa cidade e quando ela é servida em um pátio com um ar real, em oposição a um lugar pré-fabricado, cheio de almofadas e tecidos, e próximo a uma verdadeira lounge hookah, é ainda melhor. Não é a melhor comida do Oriente Médio que eu já provei, mas por ser longe da Strip tem um gosto especial. Os kabobs levam, o menu avisa, 25 minutos para serem preparados, por isso peça um prato meze enquanto você espera. O hummus lembra muito suas origens do grão de bico, mas é devidamente defumado, e o falafel é apropriadamente crocante. O gyros pode não ser a coisa mais ousada a se pedir, mas quem liga para isso quando você tem uma porção bem recheada de peixe gupy, com abacaxi silvestre, com molho de iogurte doce? O Fresenjan é um prato de frango se despedaçando, embebido em um forte molho de romã, peça para que eles assegurem que a porção do molho em relação ao frango seja maior que 10:1.

No Tiffany Square Strip Mall, 4147 S. Maryland Pkwy. (em Flamingo Rd.). ℂ **702/731-6030**. www.paymons.com. Reservas não aceitas. Pratos principais US$10-US$19 (a maioria dos sanduíches a menos de US$8). AE, DISC, MC, V. Restaurante, de segunda a quinta, das 11h às 1h; de sexta e sábado, das 11h às 15h; de domingo, das 11h às 17h. Lounge de segunda a quinta, das 17h às 1h; de sexta e sábado, das 17h às 3h; fechado aos domingos.

Toto's ✯✯ *Econômico* COZINHA MEXICANA Um restaurante mexicano estilo família preferido pelos locais, com porções enormes e serviço rápido, este lugar oferece bom valor para seu dinheiro. Com toda essa comida, você provavelmente pode dividir as porções e ainda ficar satisfeito. Não há surpresas no menu, embora haja alguns pratos com frutos do mar. As batatas fritas não gordurosas vêm com salsa fresca e os nachos são incríveis. Os tamales de frango recebem aprovação e os fregueses que não comem carne ficam contentes em explorar o burrito vegetariano (embora ele não seja especialmente saudável, todos os ingredientes são frescos, com enormes fatias de abobrinha e pimentões assados). A palavra de operação aqui é enorme; os burritos são quase do tamanho do seu braço. As porções generosas continuam com a sobremesa – um pedaço de flan é praticamente do tamanho de uma torta. O brunch com margaritas de domingo é bastante divertido e as bebidas são grandes (naturalmente) e deliciosas.

2055 E. Tropicana Ave. (na Burnham Ave.). ℂ **702/895-7923**. Pratos principais US$7-US$15. AE, DISC, MC, V. De segunda a quinta, das 11h às 22h; de sexta e sábado, das 11h às 23h; de domingo, das 9h30 às 22h.

5 West Las Vegas

CARO
Austins Steakhouse ✯✯ *Achados* FILÉ/FRUTOS DO MAR Agora, entenda que nós não o mandamos para regiões mais baixas como a Texas Station por nada. Nós fazemos isso aqui porque o Austins Steakhouse ganhou uma

Restaurantes & Vida Noturna ao West da Strip

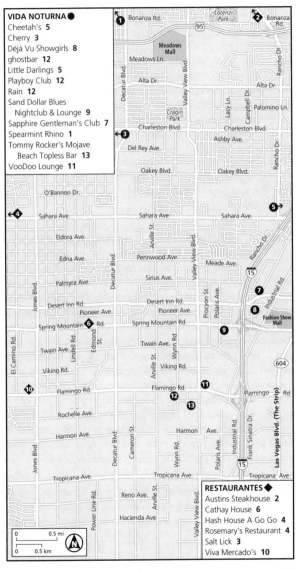

VIDA NOTURNA ●
Cheetah's **5**
Cherry **3**
Déjà Vu Showgirls **8**
ghostbar **12**
Little Darlings **5**
Playboy Club **12**
Rain **12**
Sand Dollar Blues
  Nightclub & Lounge **9**
Sapphire Gentleman's Club **7**
Spearmint Rhino **1**
Tommy Rocker's Mojave
  Beach Topless Bar **13**
VooDoo Lounge **11**

RESTAURANTES ◆
Austins Steakhouse **2**
Cathay House **6**
Hash House A Go Go **4**
Rosemary's Restaurant **4**
Salt Lick **3**
Viva Mercado's **10**

109

reputação por fazer o melhor filé da cidade. Mesmo. Até mesmo os esnobes críticos do Las Vegas Review-Journal concordam com as massas. E aqui está o que levou todos, inclusive nós, à loucura: uma costela de 680g – sim, nós sabemos, é só dividir – envelhecida e marinada, cozida sobre madeira de mesquite e, em seguida, passada em grãos de pimenta e refogada em uma panela com alho, manteiga e coentro. Um pedaço enorme de carne com um sabor defumado de alho como nenhum outro bife que nós nos lembramos. Para aqueles que não estão prestando atenção especial ao seu colesterol, há o camarão sautée em molho de manteiga de alho, mergulhado em queijo, e envolvido por bacon. A sopa de cebola do Maui também é um destaque assim como quase tudo no menu de sobremesas. Observe que uma refeição comparável na Strip custaria de US$10 a US$20 a mais por pessoa – outra razão para vir até essa área mais distante.

Em Texas Station, 2101 Texas Star Lane. ✆ **702/631-1033**. Reservas recomendadas. Pratos principais US$15-US$45. AE, DC, DISC, MC, V. De domingo a quinta, das 17h às 22h; de sexta e sábado, das 17h às 23h.

Rosemary's Restaurant ✪✪✪ *Achados* COZINHA *NOUVELLE* AMERICANA Você não tem que comer em um templo de marca da cozinha sofisticada ou em um salão de um chef celebridade para fazer uma refeição incrível em Vegas. Os chef's Michael e Wendy Jordan já cozinharam em alguns dos melhores lugares em Nova Orleans, vieram para cá para abrir o Emeril's Seafood e então lançaram franquias próprias, com dois restaurantes que apresentam suas versões sagazes da cozinha americana. A comida aqui é divertida, mas saborosa; o foie gras fatiado com coulis de pêssego, nozes adoçadas e rúcula com semente de baunilha é como uma colcha, com sabores distintos, mas todos ainda se combinam bem juntos. Os acompanhamentos interessantes incluem uma salada de repolho com queijo bleu ultrarrico, fatias de tortilla fritas e crocantes ligeiramente apimentadas e os perfeitos bolinhos de jalapeño com fubá, para não mencionar os "pepinos fatiados da vovó". Em uma visita recente, nós encontramos vermelho crocante e fatiado competindo com o salmão coberto por mel e refogado na panela pelo "melhor prato de peixe que eu já provei". As sobremesas são similarmente sulistas – torta gelada de limão! – e muito agradáveis.

Há uma bela lista de vinhos com uma ampla variedade. Eles também se especializaram em sugestões de bebidas para combinar com os pratos, incluindo algumas versões belgas com gosto de frutas. Este é um mimo tão raro que se você beber, terá que experimentar algumas das sugestões deles.

WEST LAS VEGAS 111

8125 W. Sahara. ✆ **702/869-2251**. www.rosemarysrestaurant.com. Reservas altamente recomendadas. Almoço, US$14-US$17; jantar US$27-US$42. AE, DISC, MC,V. De segunda a sexta, das 11h30 às 14h30 e das 17h30 às 22h30; de sábado e domingo, das 17h30 às 22h30.

MODERADO

Cathay House COMIDA CHINESA Las Vegas realmente tem uma Chinatown – uma faixa de lojas muito grande (naturalmente) na Spring Mountain Road próximo a Wynn. Mas pergunte aos locais que parecem bem informados e eles os mandarão ainda mais para cima na Spring Mountain Road até o Cathay House, que fica a uma distância de cerca de 7 minutos de carro de Treasure Island.

O destaque no Cathay House é um *bao* de vegetais, que inclui broto e feijão chinês. Ligeiramente dourado e sem ser muito cheio de massa, como a maioria dos baos, ele é ligeiramente doce e incrivelmente delicioso. O camarão envolvido em macarrão de arroz são grandes e robustos e qualquer prato frito é tão bom que você deveria ignorar suas artérias um pouco (foi o que nós fizemos!). O Cathay House, que apresenta uma boa vista pelas janelas de um dos lados, também tem um menu de jantar completo, que inclui o frango com morangos inventado pelo restaurante local agora já extinto, Chin's.

Em Spring Valley, 5300 W. Spring Mountain Rd. ✆ **702/876-3838**. www.cathayhouse.com. Reservas recomendadas. Pratos principais US$6,75-US$19. AE, DC, DISC, MC,V. Diariamente, das 10h30 às 22h.

Salt Lick ★★ CHURRASCO Uma outra franquia do bastante adorado restaurante de churrasco de Austin, este restaurante não se parece nenhum pouco com o original em Driftwood, mas ainda é relacionado a ele como uma espécie de primo de segundo grau, com as mesmas mesas em madeira de pinheiro pesada e, mais importante, com o mesmo aroma divino. Muitos acreditam que o Salt Lick serve o ideal platônico do que seria um churrasco. Esse não é o caso aqui. A carne é defumada e os temperos secos têm seu toque, mas os resultados não são tão tenros nem tem um sabor tão memorável. A linguiça e as costelas são melhores do que a carne de peito de vaca, que é sublime no Texas. Ainda assim, o prato de rodízio é uma boa oferta e você pode comprar comida para viagem se estiver indo a um piquenique no Red Rock Canyon ou se for comer em seu hotel depois de um longo dia de trilhas.

No Red Rock Resort, 10972 W. Charleston. ✆ **702/797-7535**. Pratos principais US$9-US$17. AE, MC,V. De domingo a quinta, das 11h às 22h; de sexta e sábado, das 11h às 23h.

Viva Mercado's ★★ COZINHA MEXICANA Pergunte a qualquer morador local sobre onde conseguir comida mexicana em Vegas e provavelmente ele indicará o Viva Mercado's como o melhor lugar da cidade. Essa recomendação, além da atitude consciente quanto à saúde do restaurante, faz valer a pena a viagem de 10 minutos de carro da Strip.

Dados todos aqueles avisos sobre comida mexicana e suas propriedades que causam infartos, a abordagem no Viva Mercado's é algo que não deve ser ignorado. Nenhum prato é preparado ou cozido com qualquer tipo de gordura animal. Não, o toucinho tão querido da cozinha mexicana não é encontrado aqui. O óleo usado é de canola, bom para as artérias. Isso torna o lugar especialmente atraente para os vegetarianos, que também ficarão satisfeitos com os especiais vegetarianos regulares. Tudo é bastante fresco, e como eles fazem pratos particularmente incríveis com os frutos do mar. Experimente o Maresco Vallarta, que é um camarão com pedaços de laranjas e vieiras cozidas, em um molho de tomate com coco, alcaparras e azeitonas. Eles têm todos os tipos de pratos notáveis com camarão e 11 diferentes salsas, classificados de 1 a 10 em grau de pimenta (peça conselhos).

6182 W. Flamingo Rd, (no Jones Blvd.). ✆ **702/871-8826**. www.viva mercadoslv.com. Reservas aceitas apenas para grupos grandes. Pratos principais US$8-US$1 9. AE, DISC, MC,V. De domingo a quinta, das 11h às 21h30; de sexta e sábado, das 11h às 22h30.

BARATO

Hash House A Go Go ★★★ LANCHONETE/COZINHA AMERICANA Uma versão hilária da cozinha americana clássica (Eles a chamam de "Comida da fazenda alterada" e dispõem tudo em um tipo de celeiro de laticínios que parece fruto de uma alucinação), com abordagens tão exageradas e excêntricas ao mercado da comida que ele realmente deveria ficar em um cassino, em vez de a uma distância de diversos quilômetros pelo Sahara. Faça essa viagem ou arrisque perder as panquecas do tamanho de uma pizza (nós não estamos brincando), waffles com tiras de bacon assados diretamente neles, frango e alecrim com sanduíches de brie, queijo grelhado com prosciutto, costela de porco em cima das Caesar salads e quase qualquer outra coisa que um cérebro claramente em estado febril poderia pensar, incluindo o "*O'Hare of the Dog That Bit You*" – um Bud de 680g servido em um saco de papel com acompanhamento de bacon. As porções são enormes, para dizer o mínimo, o que o obriga a dividir e os preços ficam ainda mais razoáveis, apesar da pequena taxa cobrada por dividir.

6800 W, Sahara Ave. ✆ **702/804-4646**. www.hashhouseagogo.com. Pratos principais US$9-US$14, café da manhã, US$7-US$16 almoço, US$8-US$25 jantar. De segunda a sábado, das 7h30 às 14h30 e das 17h às 22h; de domingo, das 7h30 às 14h30.

6 Centro

MUITO CARO

Hugo's Cellar ⭐⭐ COZINHA INTERNACIONAL O Hugo's Cellar é, de fato, um porão ou, no mínimo, ele fica abaixo do nível da rua no hotel Four Queens. Não, eles não têm vergonha disso – pelo contrário. Isso é motivo de orgulho e alegria, e o lugar é altamente considerado pelos locais. Este é um restaurante tradicional e elegante de Vegas. Uma rosa é oferecida a cada um das freguesas quando elas entram no restaurante – o primeiro de uma série de toques refinados. O restaurante tem uma iluminação baixa adequada, juntamente com madeira escura e tijolos. É bastante íntimo, mas se você realmente quiser ficar confortável, peça por uma das cabinas com cortinas encostadas à parede.

A carne é cheia de cerimônias, perfeitamente servida por uma equipe de garçons bem treinada e cordial. Infelizmente, os pratos principais não são tão inovadores assim (diversos cortes de carne, frutos do mar e frango preparados de maneiras diferentes), mas em uma visita recente, todas as seis pessoas que jantaram conosco ficaram completamente deliciadas. O filé de carne, recheado com carne de siri e envolvido com bacon é exagerado para nós, mas os outros adoraram, enquanto o pato assado temperado com erva doce e flambado na mesa é um prazer culposo, exatamente o efeito certo para esta experiência gastronômica tradicional de Vegas. O filé T-bone estava tenro o suficiente para cortá-lo com o garfo. Os vegetais e pomposos acompanhamentos estão incluídos, assim como um prato final de frutas mergulhadas em chocolate com creme. Embora não valha a pena se desviar do seu caminho pela comida (embora aqui nós admitamos que comida tradicional bem preparada é melhor do que comida nouvelle feita com descuido a qualquer dia), talvez o pacote inteiro valha a pena.

No Four Queens, 202 Fremont St. ✆ 702/385-4011. www.hugoscellar.com. Necessárias reservas. Pratos principais US$36-US$52. AE, DC, DISC, MC, V. Diariamente, das 17h30 às 23h.

BARATO

Ice House Lounge ⭐ LANCHONETE Não deixe que a localização abatida o desanime; do lado de dentro tudo é animado, com aparência de um clube moderno e popular e um menu repleto de opções, senão inspiradas, certamente confiáveis e com preço bom. O funcionamento durante a madrugada também faz dessa uma boa escolha para aqueles localizados próximo ao centro. O almoço, em especial, é uma pechincha, considerando que os pratos do tamanho da circunferência de uma bola de basquete são carregados com sanduíches empilhados ou grandes pães sírios, montes de salada de repolho, ou pilhas de fritas crocantes. Nós gostamos do prato com três mini hambúrgueres. Nenhum deles é sensacionalmente apimentado ou especialmente executado com sagacidade, mas tudo é certamente bom, considerando as porções que invariavelmente devem ser divididas.

650 S. Main St. (esquina da Bonneville Ave.). 702/315-2570. www.icehouselounge.com. A maioria dos itens abaixo de US$15. AE, DISC, MC, V. De segunda a sexta, das 10h às 14h; sábado, das 11h às 14h.

El Sombrero Cafe ★★ COZINHA MEXICANA Este tipo de estabelecimento pequeno que oferece comida mexicana pode ser encontrado por toda a Califórnia, mas eles nem sempre estão presentes em outros lugares. Esta também é a terra de estabelecimentos familiares (desde 1950) que estão cada vez mais sendo forçados para fora de Vegas pelos gigantes conglomerados de hotéis, o que faz valer ainda mais a pena o seu tempo (está ficando cada vez mais difícil, especialmente no centro, encontrar opções econômicas que apresentam comidas que são mais do que um mero combustível). Os fãs da comida mexicana, em especial, devem procurar este lugar amigável, embora esta não seja uma parte atraente da cidade. As porções são generosas, melhores do que a média, e inesperadamente apimentadas. Eles também atendem pedidos especiais – trocar o burrito de carne por um de frango (uma opção que é altamente recomendada), por exemplo, sem relutar. O combo com enchilada e taco também conquista as multidões.

807 S. Main St. (na Gass Ave.). 702/382-9234. Almoço, US$8; jantar US$13, MC, V. De segunda a quinta, das 11h às 16h; de sexta e sábado, das 11h às 20h30.

M&M Soul Food ★★ *Achados* SOUL FOOD Embora nós tenhamos listado esse estabelecimento no centro, ele não é muito longe da Strip. À primeira vista, o bairro parece intimidante, mas ele, na verdade, não é arriscado. Por que vir aqui? Porque os moradores locais votaram neste restaurante como sendo seu favorito a vender pratos da soul food e, embora a competição possa não ser assim tão alta, a qualidade se destaca de qualquer maneira. Ele é, adequadamente, um estabelecimento pequeno, com preços um tanto mais altos do que você poderia esperar, mas as porções generosas compensam. As mini panquecas de bolo de fubá são servidas em todas as mesas. O frango frito abafado é úmido, ligeiramente apimentado e coberto com um robusto caldo. O menu inclui chouriço, couves e outras opções típicas.

3923 W. Charleston. 702/453-7685. US$6-US$17. AE, DISC, MC, V. Diariamente, das 7h às 20h.

7 Buffets & Brunches de Domingo

Buffets generosos e com preços baixos são uma tradição de Las Vegas, projetados para atraí-lo até as mesas de jogo e fazer com que você sinta que economizou tanto com a comida que você pode gastar mais dinheiro. Eles são um chamariz e nós os adoramos. Algo como se encher de muita costela de primeira e camarão simplesmente diz "Vegas" para nós. É claro que há uma ampla gama de estabelecimentos. Alguns são simplesmente balcões de comida superficiais e bares de salada carregados de alface, enquanto outros são balcões inacreditavelmente opulentos, com caviar e *champagne* em abundância. Alguns também são apresentados de forma bastante bela. Algumas das comidas são horríveis, algumas funcionam meramente como combustível e outras são memoráveis.

Nenhuma viagem a Vegas está completa sem experimentar um ou dois buffets. Dentre as dezenas de opções, os mais notáveis estão descritos aqui. Além do mais, quase todos os buffets têm algumas coisas em comum. A menos que avisado do contrário, todos os buffets listados aqui possuem pelo menos uma estação de pratos, um bar de saladas (a qualidade difere), pratos principais e acompanhamentos quentes. Nós tentaremos destacar apenas quando um buffet tiver algo original e notável.

Nota: As refeições dos buffets são extremamente populares e geralmente não são aceitas reservas (nós indicamos quando elas são aceitas e, em todos esses casos, elas são altamente recomendadas). Chegue cedo (antes de abrir) ou mais tarde para evitar uma fila grande, especialmente nos fins de semana.

SOUTH STRIP
CARO

Mandalay Bay's Bay Side Buffet BUFFET Este é um buffet particularmente bonito e não grande demais. As janelas de verdade – nada menos que do chão ao teto – com vista para a parte da praia da elaborada área da piscina, o tornam mais ventilado e eliminam aquele sentimento de obstrução que muitos dos outros buffets da cidade possuem. O buffet, em si, é adequadamente arranjado, mas não apresenta nada particularmente especial, embora haja algumas boas saladas frias, carnes saborosas, e um bar de sobremesas maior e melhor do que a média (eles fazem as próprias sobremesas e isso se destaca).

No Mandalay Bay, 3950 Las Vegas Blvd. S. **702/632-7777**. Café da manhã, US$17; almoço, US$21; jantar, US$28; brunch de domingo, US$25; pacote Shark Reef Brunch, US$36. Preços reduzidos para crianças até 11 anos. Crianças até 3 anos comem de graça. AE, DC, DISC, MC, V. De segunda a sexta, das 7h às 14h30 e das 16h45-21h45; sábado e domingo, das 7h às 22h.

CAPÍTULO 4 · ONDE COMER

MGM Grand Buffet ⭐ BUFFET Este buffet, um tanto mediano, apresenta uma estação de *waffle* belgas frescos no café da manhã. O jantar também tem rodízio com opções de camarões e costelas de primeira. Também disponível: sobremesas com baixo teor de gordura e sem açúcar! E em todas as refeições você recebe uma caneca de café cheia em sua mesa.

No MGM Grand, 3799 Las Vegas Blvd. S. ✆ **702/891-7777**. De segunda a sexta, café da manhã, US$13; sábado e domingo, café da manhã US$12; almoço, US$15; domingo a quinta, jantar US$25; sexta e sábado, jantar US$27; sábado e domingo, brunch US$20. Preços reduzidos para crianças até 9 anos; gratuito para crianças até 3 anos. AE, DC, DISC, MC, V. Domingo a quinta, das 7h às 14h30 e das 16h às 22h; sexta e sábado, das 7h às 14h30 e das 16h às 22h30.

MODERADO

Monte Carlo's Buffet ⭐ BUFFET Um "pátio" sob um céu pintado, o salão do buffet Monte Carlo's possui um tema de mercado marroquino, com murais de cenas árabes, arcadas mouras, tapetes orientais e paredes cobertas por fotografia e artefatos do Marrocos. O jantar inclui uma rotisserie (para frango e lombo de porco, ou carne grelhada), uma estação de comida chinesa, um bar de tacos/fajitas, um bar de batatas assadas, diversas saladas, e mais de uma dúzia de sobremesas, além de iogurte congelado e máquinas de sorvete. O almoço é semelhante. No café da manhã, os pratos esperados são complementados por uma estação de omeletes e as opções incluem crepes, blintzes e picadinho de carne em conserva. Bagels frescos ao estilo de Nova York são um extra.

3770 Las Vegas Blvd. S. ✆ **702/730-7777**. Café da manhã, US$12; almoço, US$14; jantar e brunch de domingo, US$19 (todos incluem taxa). AE, DC, DISC, MC, V. Diariamente, das 7h às 22h.

MORE, The Buffet at Luxor ⭐⭐ BUFFET Localizado no andar inferior, onde costumava ser o salão de luxo do Luxor, este enorme buffet parece ter sido estabelecido no meio de uma escavação arqueológica, completo com braçadeiras de madeira suportando o teto, pedaços de vaso, papiros e atendentes vestidos em roupas de escavação cor cáqui. É uma decoração única e divertida, mas assegure-se de evitar tropeçar nas múmias e seus sarcófagos levantados no chão. A comida é melhor do que na maioria dos buffets baratos. O lugar apresenta uma estação mexicana com algumas comidas genuinamente apimentadas, uma estação de frituras chinesas e diferentes massas italianas. As sobremesas são desanimadoras, embora haja muitas opções com baixo teor de gordura e sem açúcar. A notícia sobre esse buffet já se espalhou, infelizmente, pois as filas são sempre enormes.

No Luxor, 3900 Las Vegas Blvd. S. ✆ **702/262-4000**. Café da manhã, US$12; almoço, US$14; jantar US$20. AE, DC, DISC, MC, V. Diariamente, das 7h às 22h.

MID-STRIP
MUITO CARO
Bally's Sterling Sunday Brunch ✪✪ BUFFET Agora, o admitido alto custo deste brunch parece antiético em relação ao propósito original de um buffet, que é muita comida por um preço mínimo. Se você é um fã dedicado dos buffets, no entanto, este lugar provavelmente será mais divertido do que muitos dos novos restaurantes de preços altos. Em longo prazo, você acaba gastando menos dinheiro e terá, para seus propósitos, mais prazer com o que gastar. É um negócio elegante – mesas enfeitadas com toalhas e prataria, garçons para ajudá-lo, se você quiser – e, embora a variedade de comidas não seja tão grande quanto nos buffets regulares, a qualidade é muito maior em termos de conteúdo e execução. Nós estamos falando de champagne ilimitada, lagosta grelhada, caviar, sushi e pratos do dia rotativos (itens como tamboril com essência de romã, lombo envolvido em mousse de cogumelos e, até mesmo, avestruz). Não tem nenhuma torrada francesa guardada há dias aqui! Perfeito para um café da manhã de uma cerimônia de casamento, um brunch comercial ou simplesmente um grande mimo; fique bastante tempo e coma quanto puder.

No Bally's, 3645 Las Vegas Blvd. S. ✆ **702/967-7999**. Reservas recomendadas. Brunch, US$75. AE, DC, MC, V. Domingo, das 9h30 às 14h30.

CARO
Bellagio's Buffet ✪✪ BUFFET Mais caro do que seu parente no The Mirage, o buffet do Bellagio ganha notas relativamente mais altas. As opções de comidas são fabulosas, com um prato étnico após o outro (japoneses e chineses, que incluem pratos inesperados para um buffet, como dim sum, itens mexicanos faça você mesmo e assim por diante). Há massas elaboradas e pizzas semitradicionais estilo italiano feitas em forno à lenha. Os aperitivos com peixe frio, em cada uma das extremidades da fila, não devem ser deixados de lado – vieiras, salmão defumado, garras de siri, camarão, ostras e condimentos selecionados. As especialidades incluem peito de pato e galinhas. Não há estação de corte, mas a carne é servida pré-cortada. O bar de saladas é mais comum, embora as saladas preparadas ofereçam algumas surpresas refinadas, como tofu com berinjela e uma excepcional salada de frango chinesa. As sobremesas, infelizmente, têm uma aparência melhor do que o gosto.

No Bellagio, 3600 Las Vegas Blvd. S. ✆ **877/234-6358**. De segunda a sexta, café da manhã, US$15; sábado e domingo, brunch US$23-US$28; segunda a quinta, almoço US$19; sexta, almoço US$18; domingo a quinta, jantar US$27; sexta e sábado, jantar US$35. AE,

DC, DISC, MC,V. Café da manhã, de segunda a sexta, das 8h às 10h30; almoço, de segunda a quinta, das 11h às 15h, de sexta, das 11h às 15h30; jantar, de segunda a quinta, das 16h às 22h, sexta e sábado, das 16h30 às 23h, domingo, das 16h30 às 22h; brunch, sábado e domingo, das 8h às 16h.

Paris Las Vegas's Le Village Buffet ✧✧✧ BUFFET Um dos buffets mais ambiciosos, com um preço alto para combinar – ainda assim, você tem, mesmo num jantar com um preço mais alto, uma boa seleção de comidas e mais valor por dólar do que você provavelmente encontrará em outros lugares (a menos que seja outro buffet).

Além disso, o buffet Paris tem o salão mais agradável dentre todos os buffets. É uma réplica, em dois terços, em estilo Disneylândia dos clichês clássicos de uma vila francesa; trata-se ou de um refúgio charmoso das luzes de Vegas ou de algo enfadonho, dependendo do seu nível de tolerância para os atrativos. As estações do buffet são agrupadas de acordo com as regiões da França e, embora, em teoria, as entradas sejam alteradas diariamente, elas parecem ser constantes, incluindo a maioria dos pratos a seguir. Na seção da Grã-Bretanha, você encontra coisas como crepes sob medida, pato assado surpreendentemente saboroso com grão de pimenta verde e pêssegos, e mexilhões no vapor com manteiga e chalotas. Na Normandia, há quiche e algumas vieiras de baía secas com cidra e mel. A estação de corte é apresentada em estilo da Borgonha, mas se distingue incluindo opções de molho chateaubriand e molho de cereja Escoffier. O ensopado de cordeiro é uma possibilidade para a Alsácia, enquanto Provença tem opções de massas e uma excelente carne refogada. A estação de salada não é forte em seus sabores, mas os vegetais são frescos e há, até mesmo, alguns queijos nacionais (droga!).

Você pode pular em grande parte a estação de sobremesas para voltar até a Grã-Bretanha para comer alguns crepes sob medida, mas talvez você queira experimentar as Bananas Foster.

No Paris Las Vegas, 3655 Las Vegas Blvd. S. ✆ 702/946-7000. Café da manhã, US$13; almoço, US$18; jantar US$25; brunch de domingo, US$25. AE, DC, DISC, MC, V. De domingo a quinta, das 7h às 22h; de sexta e sábado, das 7h às 23h.

Wynn Las Vegas Buffet ✧✧✧ BUFFET Agora, nós, de fato, ficamos um pouco tontas com um bom buffet e este é particularmente bom, mas também é particularmente caro. Vamos pensar nele não como uma prova a mais do aumento geral dos preços em Vegas (embora, nós admitamos que isso seja verdade), mas sim como uma alternativa dentre os restaurante mais caros que nós descrevemos anteriormente. Em vez de limitar-se a uma en-

BUFFETS & BRUNCHES DE DOMINGO

trada de US$30, além do preço da sobremesa e dos aperitivos, você adquire, por um preço único, a capacidade de experimentar todos os tipos de opções bem preparadas, como frango picante, carne processada, pizza em forno à lenha, carne de porco coberta com mel, belos rolinhos de salmão, cinco tipos de ceviche, churrasco doce estilo Kansas City, e frango tandoori entre as estações, que incluem pratos mexicanos, sulistas, frutos do mar e comida italiana. O melhor de tudo, as sobremesas são superiores provavelmente a todos os outros buffets, em termos de construção e de gosto, dando a impressão de que um chef especializado em doces está na ativa, na cozinha. Não perca as mini-ilhas flutuantes, o tiramisu incomum, o excelente mousse de chocolate, os sorvetes, e até mesmo um prato cheio de madalenas.

No Wynn Las Vegas, 3131 Las Vegas Blvd. S. (C) **702/770-3463**. Café da manhã, US$16; almoço, US$20; jantar, US$32-US$36; sábado e domingo, brunch US$26-US$32. AE, DC, DISC, MC, V. Café da manhã, de segunda a sexta, das 8h às 10h30; almoço, de segunda a sexta, das 11h30 às 15h30; jantar, de segunda a quinta, das 16h às 22h, sexta e sábado, das 16h30 às 22h30, domingo, das 16h30 às 22h; brunch, de sábado e domingo, das 8h30m às 15h30.

MODERADO
Mirage's Cravings ⚜ BUFFET Recém remodelado para que se pareça com uma cafeteria da era espacial, este é um buffet tanto ultramoderno quanto retrô e, como tal, ele não tem uma personalidade bastante específica. Você se move por uma fila (você pode pular na frente) passando pelas várias estações – comida chinesa decente (boas guiozas e churrasco de carne de porco), comida japonesa (tépida), boas pizzas feitas em forno à lenha, belos churrascos, entradas quentes bacias diárias com molho extra, comida Mexicana decente (incluindo carne de porco cozida vagarosamente, doce, mas seca), um bar de sobremesa com sopa de morangos (ou seria molho? De qualquer maneira, nós gostamos), uma estação de sanduíches com saladas que são fáceis de não ser notadas (e um ponto de saladas sob medida que está sempre cheio), e *cookies* que valem a pena esconder alguns na bolsa – nenhum deles é tão grande quanto pode se esperar dos buffets de Vegas com o passar dos anos. Por um lado, isso ajuda a reduzir a quantidade de desperdício ao qual esses lugares estão fadados; por outro, parece mesquinhamente ruim considerando os novos preços inflacionados. Os idosos podem ter problemas em ler os sinais pequenos e as crianças pequenas provavelmente ficarão irritadas antes de sair. Entretanto, com certeza o lugar é elegante.

No The Mirage, 3400 Las Vegas Blvd. S. (C) **702/791-7111**. Café da manhã, US$14; almoço, US$19; jantar, US$24; brunch de sábado e domingo, US$23. Preços reduzidos para crianças com idades entre 5-10; gratuito para crianças até 4 anos. AE, DC, DISC, MC, V. De segunda a sexta, das 7h às 22h; brunch de sábado e domingo, das 8h às 15h.

Rio's Carnival World Buffet ⭐⭐ BUFFET Este buffet há muito tempo é votado pelos locais como o melhor na cidade e foi recentemente reaberto após uma extensa reconstrução. As reações vão ser as mais diversas. Em termos de qualidade, ele provavelmente está tão bom quanto nunca ou mais. Em termos de decoração, está ainda melhor, já que a reformulação foi devotada em grande parte para melhorar os salões de jantar. As más notícias? O lugar não pode mais fingir ser barato – ele está bem no topo da categoria "moderado". Considere esta como sendo uma praça de alimentação de alto padrão, com frituras sob medida "sul-americanas", porções de tacos e acompanhamentos mexicanos, comida chinesa, um sushi bar japonês e teppanyaki grill, um grill misto brasileiro, massas e antepastos italianos e peixe com batatas. Há até mesmo uma banca de lanchonete com cachorros quentes, hambúrgueres, fritas e milkshakes. Faça os seus próprios milkshakes – há conceito mais divertido em outro lugar? Tudo isso além das ofertas típicas da maioria dos buffets de Las Vegas. O melhor de tudo, há uma estação de sobremesas nova em folha, exibindo pelo menos 70 tipos de tortas, bolos e doces feitos por um chef especializado em doce, ganhador de prêmios, além de uma grande e decente seleção de gelatos e sorbets.

No Rio All-Suite Hotel & Casino, 3700 W. Flamingo Rd. ✆ **702/252-7777**. Café da manhã, US$15; almoço, US$17; jantar US$24; sábado e domingo, brunch com champagne, US$24. Preços reduzidos para crianças até 7 anos. Gratuito para crianças até 3 anos. AE, DC, MC, V. De segunda a sexta, das 7h às 22h; de sábado e domingo, das 7h30 às 22h.

BARATO
Palms Fantasy Market Buffet ⭐⭐ *Achados* BUFFET Via de regra, você terá mais sorte em satisfazer seus desejos em termos de buffet (a menos que os outros ofereçam os preços mais baixos) em um dos hotéis mais novos, e a entrada do Palms, na modalidade dos buffets, segue estas regras. Não somente ele tem uma aparência bastante elegante, como também, considerando que os proprietários do hotel vêm de uma história no Oriente Médio, isso se traduz em conceitos mais frescos nas estações – mais notadamente, com uma ênfase na comida do Oriente Médio, como gyros com pão pita quente, hummus, baba ghanouj e kabobs de todas as variedade. Além disso, há uma enorme estação chinesa, completa com bolinhos; uma seção mongol de churrascos (onde eles jogam todos os seus ingredientes selecionados em um caldeirão de fritura); algumas comidas judias (knishes e kugel); uma estação de cortes ambiciosa com costelas e pastrami; e sobremesas que, como de costume, não são nada de mais. E, na verdade, este buffet chega tão perto quanto qualquer outro dos preços econômicos clássicos dos buffets, enquanto ainda oferece comidas que podem ser descritas como melhor do que "meramente comestíveis".

BUFFETS & BRUNCHES DE DOMINGO

No Palms Resort & Casino, 4321 W. Flamingo Rd. ✆ **702/942-7777**. Café da manhã, US$6; almoço, US$8; jantar US$12; domingo, brunch US$12. AE, DC, DISC, MC, V. De segunda a sábado, das 8h às 10h, 11h às 15h e das 16h às 19h; de domingo, das 8h às 15h e das 16h às 21h.

CENTRO
BARATO

Golden Nugget's Buffet ★★ BUFFET Este buffet, geralmente votado como o número um em Las Vegas, foi completamente reformulado em uma nova localização, com vista para uma bela área de piscinas. As mesas do buffet também são providas por um extenso bar de saladas (cerca de 50 itens), frutas frescas e maravilhosas sobremesas, incluindo o famoso pudim de pão feito a partir da receita secreta de Zelma Wynn (a mão do Steve). Todas as noites são servidos frutos do mar frescos. O aspecto mais esbanjador é o brunch com champagne durante todo o dia de domingo, que acrescenta pratos como omeletes feitos sob medida e carnes no café da manhã que quase nunca você pode comer.

No Golden Nugget, 129 E. Fremont St. ✆ **702/385-7111**. Café da manhã, US$10; almoço, US$11; jantar, de segunda a quinta, US$18, sexta, jantar US$30, sábado e domingo, jantar US$21; sábado e domingo, brunch US$18; Crianças de 3 a 12 anos pagam metade do preço, gratuito para crianças até 2 anos. AE, DC, DISC, MC, V. De segunda a sexta, das 7h às 22h; sábado e domingo, das 8h às 22h.

Main Street Station's Garden Court ★★★ *Achados* BUFFET Estabelecido no que é verdadeiramente um dos mais belos espaços de buffet da cidade, com tetos bastante altos e grandes janelas deixando entrar a luz natural tão necessária, o buffet Main Street Station Garden Court é um dos melhores da cidade, senão o único do centro. Apresentando nove estações de ação ao vivo (o que significa que você pode observar sua comida sendo preparada), incluindo um forno de tijolos para pizza à lenha (delicioso), muitas salsas frescas na estação mexicana, uma rotisserie de churrascos, linguiças frescas na estação de corte, especialidades da China, do Havaí e do Sul (soul food e afins) e tantas coisas mais que nós perdemos a conta. Nas noites de sexta, eles têm tudo isso, além de variedades quase infinitas de frutos do mar, até lagosta. Nós comemos até ficar em estupor e não nos arrependemos.

Na Main Street Station, 200 N. Main St. ✆ **702/387-1896**. Café da manhã, US$6; almoço, US$8; jantar, US$11-US$16; brunch com champagne de sábado e domingo, US$10. Gratuito para crianças com até 3 anos. AE, DC, DISC, MC, V. Diariamente, das 7h às 10h30, 11h às 15h, e das 16h às 22h.

5 O Que Ver & Fazer em Las Vegas

Nós precisamos dizer a você qual é a principal atividade em Las Vegas? É claro que não. A essa altura, você certamente já imaginou qual é – se você era cético quanto a isso antes de chegar à cidade, as máquinas caça-níquel esperando por você quando você saiu do avião no aeroporto esclareceram quaisquer dúvidas.

Mas não há falta de atividades para quem não joga em Vegas. A cidade não fica completamente feliz quando os visitantes não estão nos cassinos, mas ela reconhece que nem todo mundo (droga!) vai jogar 24 horas por dia, 7 dias por semana. Alguns dos hotéis até admitiram, por ora, que alguns visitantes possam estar interessados em um pouco de cultura junto com os seus tigres brancos.

Sua primeira tarefa deve ser passear pela Strip, olhando aqueles grandes hotéis de modo possível, tanto durante o dia (quando os hotéis são menos cheios) quanto à noite (quando a Strip está iluminada em uma exibição extravagante como nenhuma outra coisa no país).

Não se esqueça de conferir as **atrações gratuitas dos hotéis,** como o balé da fonte de água do *Bellagio*, o vulcão do *The Mirage*, a sensual e épica batalha entre sereias e piratas no *Treasure Island* e o show *Carnival in the sky,* no Rio.

Você também pode considerar usar um spa num grande hotel, eles são bastante caros (chegando a US$30 por dia) para tomar o lugar de sua visita diária à academia. Mas gastar algumas horas se exercitando, suando as toxinas de Vegas na sauna a vapor e, em geral, mimando-se, fará com que você se sinta relaxado, refrescado e pronto para passar a noite toda de pé novamente. Realmente, mime-se e faça uma massagem ou um tratamento facial.

Também há muitas opções de atrações turísticas fora da cidade, como o **Hoover Dam** (um grande destino turístico), o **Red Rock Canyon** e o **Grand Canyon.** Nós listamos as melhores dessas viagens paralelas no capítulo 8, "Viagens Paralelas de Las Vegas."

ITINERÁRIOS SUGERIDOS

Os itinerários destacados aqui são para adultos. Se você estiver viajando com crianças, incorpore algumas das sugestões da seção "Especialmente para Crianças", listada posteriormente neste capítulo. As atividades mencionadas brevemente aqui são descritas com mais detalhes ao final do capítulo e nos capítulos 7 e 8.

Se Você Tiver 1 Dia

Passe maior parte do dia **passeando pelos cassinos.** Estes são prédios como nenhum outro (ainda bem). Cada interior grandioso supera o outro. Assegure-se de visitar o The Venetian, o Bellagio, o The Mirage (inclusive os tigres brancos), o TI, o Paris Las Vegas, o Caesars Palace (incluindo o Forum Shops e as estátuas falantes), o New York-New York, o MGM Grand e os exteriores do Luxor e do Excalibur. Depois, à noite, passeie de carro (se puder) pela ***Strip*** 🌟🌟🌟. Por mais impressionante que tudo isso seja durante o dia, você não vai conseguir acreditar à noite. Além da própria Strip, há as **fontes de água do Bellagio** 🌟🌟🌟, que se "apresentam" em vários números musicais, a **batalha das sereias e piratas no Treasure Island** (estúpido e beirando o vulgar agora que ele virou mais uma apresentação de showgirls do que uma atração) e a **erupção do vulcão** (sem lava, apenas luzes coloridas e fumaça) ao lado, no The Mirage. Coma em um buffet (detalhes no capítulo 4) e tome uma bebida no topo do Stratosphere, observando a vista do prédio mais alto, ao oeste do Mississippi.

Se Você Tiver 2 Dias

Faça mais coisas como as descritas acima, já que você pode não ter conseguido fazer tudo. Depois, faça algo bastante "Vegas" e visite o **Liberace Museum**. O **The Dolphin Habitat at The Mirage** também vale uma visita. À noite, vá a um espetáculo. Nós achamos que *o O, o KÀ* e o *Mystère*, as produções do vanguardista **Cirque du Soleil,** são os melhores em Vegas, mas há muitos dentre os quais escolher. Embora os buffets ainda sejam as experiências gastronômicas mais apropriadas em Vegas, os pratos genuinamente sofisticados dos chefs celebridades invadiram a cidade, e você deve tomar vantagem disso. **Joël Robuchon** e o **L'Atelier de Joël Robuchon,** o **Bartolotta,** o **Bouchon** e o **Fleur de Lys** são nossas principais escolhas, mas não tem como errar com o **Aureole,** o **Picasso,** ou o **Andre's,** além disso, há as filiais do Olives, do Circo, do Pinot Brasserie e do Border Grill. Você também pode ir até o centro no clássico Glitter Gulch e o show de luzes **Fremont Street Experience**.

Se Você Tiver 3 Dias

Até agora, você passou 2 dias só olhando. Então, faça uma pausa e dirija até o **Red Rock Canyon**. A viagem panorâmica e cênica de 20 quilômetros é mais bem aproveitada logo pela manhã quando há pouco trânsito. Se você estiver bastante inclinado, passe algum tempo fazendo trilhas lá. Se quiser passar o dia inteiro fora, almoce no Red Rock Resort, lá perto.

Se Você Tiver 4 Dias

Planeje uma visita ao **Hoover Dam**. Saia logo cedo pela manhã, voltando a Las Vegas após o almoço por meio do **Valley of Fire State Park**, parando no **Lost City Museum** em Overton, no caminho (consulte o capítulo 8 para obter detalhes). Alternativamente, você pode descansar, passando o dia na piscina do hotel ou indo até o spa do hotel. À noite, presumidamente refrescado e com as toxinas purificadas, coma mais um pouco e/ou vá ver outro espetáculo. Se você não está cansado de mágica, o **Lance Burton** é um espetáculo maravilhoso por um preço razoável, ou então há a estranheza artística do **Blue Man Group** no The Venetian, ou o **Jubilee!** se sua viagem não estiver completa sem uma apresentação de *topless*. Você também pode se deleitar no jantar, já que certamente ainda não experimentou tudo o que há. A gente se encontra no Wynn Buffet?

1 As Principais Atrações

Consulte também as listas para parques temáticos e outras coisas divertidas na seção "Especialmente para Crianças", posteriormente, neste capítulo.

Nota: No momento da publicação, havia sérios rumores de que o Star Trek: The Experience seria mudado de seu lar de longa data, o Hilton (onde ele recentemente foi fechado), para o Neonopolis, no centro. Se você se denomina um Trekker ou um Trekkie, não pode perder essa atração, que inclui um cinema 4D e viagens no simulador de movimentos, se ele aparecer novamente na cidade.

The Arts Factory ★★ *Achados* Acredite ou não, Las Vegas tem um cenário artístico em expansão (o que alguns podem considerar aniquilador é o que outros consideram inspirador) e este complexo, localizado no *Gateway District*, é o lugar onde isso é comprovado. Ele exibe algumas galerias e uma série de espaços de trabalho para os artistas locais. Diversos dos espaços são fechados ao público.

Atrações de Las Vegas

125

101-107 E. Charleston Blvd. ✆ **702/676-1111**. www.theartsfactory.com. Entrada gratuita. Os horários variam de acordo com a galeria.

The Atomic Testing Museum ✯✯✯ *Achados* De 1951 a 1992, o Nevada Test Site era o principal local do país para o teste de armas nucleares. As rajadas acima do solo, no início, eram visíveis aos turistas e residentes de Las Vegas, a meros 104 quilômetros de distância. Este museu, biblioteca e espaço de galerias bem executado oferece aos visitantes uma fascinante visita ao local de testes de antigamente, nos "dias modernos", por meio de artigos antigos, exibições, documentos oficiais, vídeos, exposições interativas, cinemas com simuladores de movimentos (como sentar em um bunker para observar uma explosão) e testemunhos emotivos das pessoas que trabalharam lá. Ele traça respeitosamente aquela linha tênue entre honrar o trabalho feito no local e entender suas terríveis complicações. Isso não deve ser perdido, mesmo que seja somente para ver o boneco de Albert Einstein na loja de presentes. Sério.

755 E. Flamingo Rd. ✆ **702/794-5151**. www.atomictestingmuseum.org. Entrada, US$10 adultos; US$7, idosos, militares, estudantes com identificação e residentes de Nevada; gratuito para crianças até 5 anos. De segunda a sábado, das 9h às 17h; domingo, das 13h às 17h.

Bellagio Gallery of Fine Art ✯ Ninguém ficou mais surpreso do que nós quando o então proprietário do Bellagio, Steve Wynn, abriu uma galeria de arte e as pessoas vieram para ver a arte. Nós ficamos surpresas novamente, após a saída de Wynn, quando não somente a galeria permaneceu aberta, com exposições de viagem no lugar da coleção própria de Wynn, mas pelo fato de que a popularidade do local permaneceu alta. De fato, quando a galeria abrigou uma exibição de Steve Martin (sim, ele), um colecionador de arte moderna de longa data, a exibição recebeu uma crítica nada menos do que na revista *Time*. Em outras palavras, isso é sério e real.

Agora, haverá uma exposição interessante quando você for? Não sabemos. Agora há a questão do preço da entrada: deixe-nos destacar que a coleção de arte do Louvre – que é, não precisamos nem dizer, um tanto maior e que, podemos seguramente afirmar, possui obras notáveis – custa cerca de US$11.

No Bellagio, 3600 Las Vegas Blvd. ✆ **702/693-7871**. www.bellagio.com/amenities/gallery-of-fine-art.aspx. Reservas sugeridas, mas as entradas são feitas a cada 15 min. Entrada US$17, adultos; US$14, idosos, residentes de Nevada; estudantes com identificação; gratuito para crianças até 12 anos. De segunda a quinta, das 10h às 17h, sexta e sábado, das 10h às 21h. Última entrada meia hora antes do fechamento.

Bodies Uma exposição surpreendente e controversa, que apresenta o que pode ser, talvez, mais bem descrito como Cadáveres Reais ao Vivo. Utilizando uma operação patenteada do tipo congelamento a seco, corpos inteiros (em teoria doados pelos seus antigos habitantes, embora seja aqui onde a polêmica se inicie), partes de corpos artisticamente dissecadas e cadáveres sem pele são exibidos não por sensacionalismo – embora seja bastante sensacional em quase todos os sentidos da palavra – mas para que os visitantes apreciem completamente as maravilhas e os mecanismos que ocorrem nesta carne tão passageira. Quando um corpo é posicionado em uma pose atlética é possível ver como os músculos funcionam e quando um corte transversal de um pulmão afligido por câncer está bem na sua frente, você pode ficar bastante feliz que Vegas é cada vez mais uma cidade não fumante. É educacional e bizarro e é algo que provavelmente você não esquecerá tão cedo. Surpreendentemente não grotesco, mas não é algo para os ultra sensíveis.

No Luxor 3900 Las Vegas Blvd. S. **702/946-7000**. Entrada US$31, adultos, US$29, idosos com mais de 65, US$23 crianças entre 4-14, gratuito para crianças até 3 anos. Diariamente, das 10h às 22h, última entrada às 21h.

Eiffel Tower Tour *Superestimado* É uma vista e tanto. Do topo (mais ou menos) de uma réplica, com a metade do tamanho normal do "Orgulho de Paris". Com um operador de elevador que o apresenta fatos sobre a estrutura (uma réplica com a metade do tamanho normal, nós já mencionamos isso?) durante os poucos segundos que leva a viagem até o topo. Se você gosta de grandes vistas, pode valer a pena o dinheiro gasto.

No Paris Las Vegas, 3655 Las Vegas Blvd. S. **702/946-7000**. Entrada US$10 adultos, US$7 idosos com mais de 65 anos e crianças de 6-12, gratuito para crianças até 5 anos. Diariamente, das 9h30 às 00h30, conforme a condição do tempo.

Fremont Street Experience ✯✯ Pobre centro. Por anos ele tem sido ignorado em favor da Strip. E não é de se surpreender: ele é tão... pequeno... em comparação. Sua outrora estonteante coleção de luzes nas marquises dos hotéis parece de velas, quando comparada à voltagem das luzes de Klieg da Strip. Nem mesmo um projeto de revitalização no valor de US$70 milhões ajudou o centro a recuperar seu quê a mais. É uma pena, as coisas são mais baratas aqui e, se você ficar cansado de não se sentir bonito ou rico o suficiente para a Strip, saiba que não está sozinho. Junte se a nós ao admirar o projeto que fechou o coração do "Glitter Gulch" e o transformou em um shopping muito mais adequado aos usuários. A Fremont

Street Experience é uma faixa ajardinada de 5 quadras, a céu aberto, de lojas externas de petiscos, carrinhos de vendedores e quiosques coloridos oferecendo comidas e mercadorias. Na parte de cima fica uma "abóbada celestial" feita de malha de aço com 27 metros de altura. À noite, é apresentado o **Viva Vision**, um espetáculo de alta tecnologia de luzes e lasers (a abóbada é equipada com mais de 12,5 milhões de luzes) acentuado por um sistema de som com qualidade de sala de concertos, que acontece quatro vezes por noite. Mas também há música entre os espetáculos. Não apenas a abóbada oferece sombra, mas ela também refresca a área através de um sistema de cobertura no verão e o aquece com radiantes aquecedores no inverno. É tão legal, num jeito exagerado de Vegas, que nós adoramos. O lugar ainda não conferiu inteiramente uma segunda vida ao bairro que merece tal revitalização, mas ele ainda é parte das boas atrações que tornam Vegas tão, bem, tão Vegas.

Fremont St. (entre a Main St. e Las Vegas Blvd.). Centro, www.vegasexperience.com. Entrada gratuita. Espetáculos todas as noites.

GameWorks (Crianças) Embora o lugar mostre que precisa de um pouco de manutenção aqui e ali, este é o lugar para o qual famílias de adolescentes, que adoram diversão, devem vir, pois ele tem uma gama tão ampla de variedades, desde escalada de pedras a jogos de realidade virtual da mais alta tecnologia (o que você esperaria quando Steven Spielberg e a DreamWorks entram no negócio dos jogos?). Cace dinossauros no jogo do Jurassic Park, rebata algumas bolas em uma gaiola de treinamento de baseball de realidade virtual ou, simplesmente, jogue os jogos clássicos que vão desde sinuca a Pac-Man. Há praticamente algo para todo mundo, embora nada seja barato. Os jogos são precificados de acordo com um sistema de pontos: com US$5 você obtém um valor equivalente a US$7 em pontos de jogo, com US$10 você obtém um valor equivalente a US$16 em pontos de jogo, com US$20 você adquire um valor equivalente a US$36 e com US$25 um valor equivalente a US$50. De quinta à noite, das 21h até o fechamento, à meia-noite, você pode adquirir um cartão para jogar nas 3 horas finais por US$30. Os pontos adquiridos são registrados em um cartão de débito que você então insere nas diversas máquinas para ativá-las. As máquinas são ajustadas para pessoas com idade universitária ou mais, as crianças devem ter pelo menos 10 anos ou mais, a menos que elas se divirtam jogando com os pais.

No Showcase Mall, 3785 Las Vegas Blvd. S. ✆ 702/432-4263. www.gameworks.com. De domingo a quinta, das 10h às 0h; de sexta e sábado, das 10h às 1h. Os horários podem variar.

AS PRINCIPAIS ATRAÇÕES

Las Vegas Cyber Speedway/SPEED: The Ride ✯✯ As corridas de automóvel são o esporte que mais cresce em termos de espectadores nos Estados Unidos, por isso, essa é uma parada popular. A primeira parte da atração é uma corrida em realidade virtual de 8 minutos, a Cyber Speedway, apresentando uma réplica com três quartos do tamanho real de um carro de corrida da NASCAR. Suba em um deles para uma corrida animada, de simulação ou no Las Vegas Motor Speedway, ou para uma corrida pelas ruas de Las Vegas (começando na Strip, com todos os hotéis e suas luzes brilhantes e, em seguida, passando pelo Forum Shops – ops! Lá se vai a Versace! – e assim por diante). Aperte o acelerador e você pode se recostar e sentir a velocidade a toda; passe em uma lombada e sairá voando. Se seu carro se envolver em uma batida, você terá que fazer um pit stop. No final, um relatório gerado por computador o informa sua velocidade média, quantas voltas você fez, como você foi ao competir contra os outros corredores próximos a você e assim por diante. É uma experiência bastante notável.

A SPEED: The Ride é uma montanha russa que lança os passageiros por um buraco na parede do NASCAR Cafe, depois em um loop, por baixo da calçada, por entre a marquise do hotel e, finalmente, subindo por uma torre de 76 metros. No pico, você sente um momento de falta de gravidade e tem que voltar pelo mesmo caminho, de costas! Não é para os fracos de coração.

No Sahara Hotel & Casino, 2535 Las Vegas Blvd. S. ✆ **702/737-2111**. US$20 para uma passagem para o dia inteiro em ambos os passeios. Simulador da stock-car apenas US$10 (é preciso ter pelo menos 1,20m de altura para entrar), Speed: The Ride (montanha russa) US$10 para viagem única. De segunda a quinta, das 10h às 21h; de sexta e sábado, das 10h às 23h (os horários de fechamento podem variar).

Las Vegas Mini Gran Prix ✯✯✯ (Crianças) Eis aqui uma jóia absoluta de um centro para diversão familiar, apresentando uma galeria de jogo de bom tamanho e bem equipada (com jogos de vídeos atuais e jogos antigos), uma mini montanha russa, um escorregador gigante e, o melhor de tudo, quatro pistas de kart. A última apresenta, não apenas uma volta círculos, mas uma pista onde os pilotos podem correr contra o tempo por um circuito com voltas que, na sua imaginação, o levam a qualquer circuito que você fantasiar – uma corrida de Fórmula Um ou uma corrida contra os bandidos no General Lee, o que for. O lugar é bem mantido pela família de proprietários/operadores, e apresenta uma banca de lanches genuinamente boa, incluindo pizzas maiores e melhores do que as que você encontrar em seu hotel, o que contribui com o prazer desta atração. Ela

Free Vegas

Vegas costumava ser a terra dos eventos gratuitos. Aqueles dias não passam de uma fraca lembrança, mas muitos hotéis ainda oferecem atrações gratuitas feitas para atraí-lo para dentro dos cassinos, onde você pode muito bem gastar mais do que o custo do ingresso de um dia para a Disney World. Não dê a eles essa satisfação. Em vez disso, eis aqui uma lista útil do melhor das iscas gratuitas, quer dizer, atrações gratuitas:

Bellagio Conservatory (no Bellagio Hotel)✸✸✸. Um conceito estranho para a mesquinha Vegas de hoje em dia: um átrio de uma estufa, repleto com plantas sazonais em cores e estilos exuberantes, alteradas a aproximadamente cada 6 semanas. Da Páscoa até o Ano Novo chinês, os eventos são celebrados com exibições cuidadosamente projetadas de flores, plantas e decorações notáveis. Aberto 24 horas.

Bellagio Fountains (do lado de fora do Bellagio Hotel)✸✸✸. Jatos gigantes de água são esguichados para cima, para baixo e para os lados e danças, com seus corações aquáticos, em números cuidadosamente coreografados, ao som de músicas que vão de show a Chopin. Diariamente, a cada meia hora, começando no início da tarde, depois a cada 15 minutos, das 19h à meia-noite. Fechado quando está ventando.

Forum Shops Fountain Shows (no Forum Shops no Caesars) ✸. O primeiro dos espetáculos gratuitos e, facilmente, o mais tolo. Nós adoramos, pelo menos em teoria, conforme as gigantes estátuas greco-romanas de "mármore" criam vida "animatrônica" e, cheia de chiados, fazem um discurso em grande parte ininteligível, muitas vezes incitando a multidão a comer, beber e ficar tão feliz que eles não pensarão em outra coisa além de gastar um monte de moedas. Diariamente, a cada hora, começando às 10h.

Masquerade Show in the Sky (no Rio)✸. Pense naqueles bondinhos da Disneylândia transformados em barcos com tema de carnaval, alguns apresentando cenas um tanto adultas (como o número na cama gigante) e você terá uma ideia básica desta exuberante parada. Figurantes fantasiados com roupas de Mardi Gras, em estilo do Rio, jogam botões para a multidão animada, que provavelmente não está notando como os carros alegóricos são assustadores, mas animados. Diariamente, às 15h, 16h, 17h, 18h30, 19h30, 20h30 e 21h30.

Mirage Volcano (do lado de fora do The Mirage). A primeira atração de rua gratuita e uma das razões pelas quais Wynn o projetou de um modo que você não conseguisse ver seu novo espetáculo na montanha e no lago da rua (veja abaixo) – porque isso não traz as pessoas para dentro da propriedade – o espetáculo pode, por fim, ser mais animador do que desapontador depois que uma cara reformulação aumentou os efeitos. Ainda assim, não espere muito em termos de lava. A cada 15 minutos após o anoitecer, até a meia-noite.

Sirens of TI (do lado de fora do Treasure Island no The Mirage) ✫. Nós demos uma estrela à atração por ela ter valores de uma alta produção, mas fizemos isso de má vontade. Veja só, a atração costumava ser divertida, uma apresentação de acrobacias com ar cafona, em que os piratas atacavam uma embarcação britânica. Agora os piratas são atraídos por belezinhas, que cantam e dançam vestidas em lingeries, mais adequadas para um catálogo da Victoria's Secret do que para Homero. As coisas acontecem, mas ninguém presta atenção: ou você gosta das garotas seminuas ou você fica tão horrorizado por todo o espetáculo, porque ele é tão pavorosamente ruim que as reviravoltas no enredo não importam muito. Pais, estejam avisados. Diariamente, às 17h30, 19h, 20h30 e 22h, quando o tempo permitir.

Wynn Conservatory (no Wynn Las Vegas) ✫. Sim, notadamente parecido com o espetáculo do Bellagio, mas nós temos que admitir que este é melhor localizado, situado próximo, ao lado da porta, e arranjado de forma que as pessoas possam passar por ele, em seu caminho, para as outras partes do hotel, em oposição à versão espremida no canto do Bellagio. As exibições florais são alteradas regularmente. Aberto 24 horas.

Wynn Lake of Dreams (no Wynn Las Vegas) ✫. A montanha de 45 metros de altura, completa com árvores maduras salvas do antigo campo de golfe do Desert Inn, além de diversas cachoeiras, não pode ser vista completamente de qualquer outro lugar, a não ser dos quartos do hotel virados para o oeste. O espetáculo em si pode ser visto apenas se você está comendo na Daniel Boutud Brasserie ou na SW Steakhouse, nos bares Parasol ou Chanel, ou se estiver em uma pequena plataforma de visualização localizada na parte de cima desses lugares, no nível do cassino. Você deve se incomodar em fazer isso? Talvez. Basicamente, a cada duas vezes por hora, o lago se ilumina com lindas cores, que se alteram de acordo com músicas que vão desde música clássica a Louis Armstrong, para fazer os "interlúdios". No horário principal, são apresentadas extravagâncias maiores de estranhas imagens erótico-psicodélicas em hologramas projetados contra a cachoeira, enquanto formas e bonecos aparecem em números ainda mais esquisitos, com imagens um tanto adultas, às vezes. Não vale a bebida com preço exagerado, a menos que você beba devagar para durar a noite toda. As apresentações começam às 19h, com uma nova apresentação começando a cada 20 minutos até a meia-noite.

também tem bom preço, presumindo que você tenha seu próprio carro, porque, do contrário, será uma viagem de táxi cara da Strip.

1401 N. Rainbow Rd., logo após a U.S. 95 N, © **702/259-7000**. www.lvmgp.com. Bilhetes para corrida US$6,50 cada, US$6 cada para 5 ou mais; bilhetes válidos em todas as corridas, a qualquer horário. De domingo a quinta, das 10h às 22h; de sexta e sábado, das 10h às 23h.

Las Vegas Motor Speedway ✯✯ Este estabelecimento, com 176.000 lugares foi a primeira nova super pista de corrida a ser construída na região sudoeste, em mais de 2 décadas. Um complexo do entretenimento de esportes sobre rodas de última geração, no valor de US$200 milhões, que inclui uma super pista de corrida de 1,6 quilômetros, um circuito de estrada de 3,2 quilômetros aprovado pela FIA, com curvas curtas de pavimento e terra e uma faixa de 1,2 quilômetros. Também, na propriedade, há instalações para *Go-Karts*, carros antigos, carros que levantam poeira, competição de *Motocross*, escolas de direção, atrações, e mais. O lugar é tão popular que condomínios estão sendo construídos com vista para a pista, para aqueles que, aparentemente, não querem dormir nos dias de corrida. Alguns grandes hotéis têm seus próprios *shuttles* para a pista durante os grandes eventos, então verifique no balcão de recepção ou com o concierge de seu hotel.

7000 Las Vegas Blvd. N., diretamente do outro lado da rua do *Nellis Air Force Base* (pegue a I-15 ao norte até a saída 54). © **800/644-4444** ou 702/644-4443. www.lvms.com. Entradas, US$10-US$75 (preços mais altos para grandes eventos). Os dias de corrida variam.

Liberace Museum ✯✯✯ *Momentos* Cultura, uma ova. Você pode esquecer os Louvres, Vaticanos e Smithsonians; isto é um museu. Localizado, como tudo em Vegas, em uma faixa de lojas, este é um santuário à glória e ao excesso que era o projeto de arte conhecido como Liberace. Você tem as fantasias (brilhantes), os muitos carros (brilhantes), os muitos pianos (brilhantes) e muitas jóias (também brilhantes). É um testemunho do que pode ser comprado com muito dinheiro e nenhum bom gosto. Este é um lugar único. A menos que você não valorize muito os passeios ou leve suas excursões aos museus muito a sério, você não deveria pedir, e provavelmente não pedirá, considerando a reforma que inclui uma entrada com uma

---

Dicas **Informações dos Conhecedores**

Um bom lugar para ver o espetáculo de luzes do Sky Parade é do terraço do Fitzgeralds Casino/Hotel.

AS PRINCIPAIS ATRAÇÕES

forma que imita um brilhante gigante com um enorme piano cor-de-rosa em cima. O museu fica a 3,2 quilômetros ao east da Strip, à sua direita.

1775 E. Tropicana Ave. (na Spencer St.). ✆ **702/798-5595**. www.liberace.org. Entrada US$15 adultos, US$10 idosos com mais de 64 e estudantes com identificação, gratuito para crianças até 10 anos. De terça a sábado, das 10h às 17h; de domingo, do meio-dia às 16h. Fechado às segundas, no dia de Ação de Graças, em 25 de dezembro e 1º de janeiro.

Madame Tussauds Las Vegas 👨‍👩‍👧 *Crianças* As obras em cera do Madame Tussauds são a principal atração de Londres, por quase 2 séculos, por isso, mesmo se você não for um fã dos museus de cera, este, a única filial ao oeste de Mississippi, pode valer a parada – se puder aguentar o preço. Nós, sinceramente, não podemos. As estátuas aqui são de última geração, meticulosamente construídas para se assemelharem perfeitamente à pessoa original. (Que a verdade seja dita, embora algumas estátuas sejam quase idênticas às suas contrapartes vivas – o Brad Pitt é um exemplo – outras parecem tanto com a celebridade em questão quanto um manequim de uma loja de departamento.) Eles recentemente aumentaram o quociente de interação; as estátuas não apenas ficam em pé sem apoio (vá em frente, cutuque-as para ver se elas gritam), mas você pode também vestir um vestido de noiva e se casar com "George Clooney" (ah, como se você não quisesse). Você pode passar a mão em certa parte da anatomia de J. Lo (ah, como se você não quisesse). Há muito mais, além de uma espécie de casa mal assombrada glorificada onde pessoas vivas podem pular em você e o assustar. Consequentemente, tudo ficou um pouco mais divertido do que costumava ser, mas o preço ainda faz a gente parar para pensar. ***Dica:*** Reserve suas entradas online para obter um desconto de 10%.

No The Venetian, 3355 Las Vegas Blvd. S. ✆ **702/862-7800**. www.madametussauds.com/lasvegas. Entrada US$25 adultos, US$18 idosos e estudantes, US$15 crianças de 7-12, gratuito para crianças até 6 anos. Diariamente, das 10h às 22h, mas os horários variam sazonalmente, e o museu pode fechar mais cedo para eventos privados.

Marjorie Barrick Museum 👨‍👩‍👧 Antigamente conhecido como o Natural History Museum (em oposição ao Las Vegas Natural History Museum, que ainda existe – e agora você pode entender porque eles mudaram o nome), este é um bom lugar para se refugiar do calor e do barulho de Vegas enquanto examina algumas exposições atraentes, senão imaginativas demais, sobre os artesanatos dos índios nativos americanos e a história de Las Vegas. Os artefatos incluem peças de arte religiosa mexicanas do século XIX, uma variedade de máscaras de dança coloridas do México e cerâmicas dos índios nativos americanos. A primeira parte do salão geralmente é o destaque, com impressionantes exposições de arte itinerantes. As crianças não acharão tão divertido, senão pelas redomas

Quando Bate a Tentação

Você não joga. Você não está interessado em jogos ou apostas de qualquer tipo. Nós respeitamos isso. Nós também respeitamos o efeito que os sinos e apitos das onipresentes máquinas caça-níquel (elas os recebem no aeroporto, pelo amor de Deus!) e dos gritos de vitória vindos do andar do cassino podem ter sobre, até mesmo, os mais ávidos dos não jogadores. Afinal de contas, nós já vimos uma pessoa assim se transformar diante dos nossos olhos, num verão, quando ela descobriu os jogos de dados em sua primeira viagem a Vegas. Até o fim de suas férias, ela estava jogando os dados entre os melhores jogadores.

Por isso, caso a canção de sereia dos cassinos o atraia a fazer parte do pecado original da Cidade do Pecado, nós oferecemos os seguintes conselhos para ajudá-lo a evitar perder sua auréola, suas asas e – mais importante – sua carteira:

1. **Volte à escola**. Muitos dos hotéis cassino oferecem aulas gratuitas de jogos (pergunte ao dealer para descobrir se as aulas são oferecidas em um cassino específico) para aqueles interessados nos principais jogos de mesa. Se você está somente curioso em vez de altamente interessado, essas aulas mais do que satisfarão seus desejos de cassino. Observe que a maioria das aulas são oferecidas em dias de semana, então, se você estiver na cidade para um fim de semana, você não terá muita sorte.

2. **A luz do dia é sua amiga**. A menos que você decida tentar a sorte nas máquinas caça níquel, atenha-se a jogar durante o dia e a tarde, quando os limites das mesas (a aposta mínima que você deve fazer) serão mais baixos. O nível de animação pode não ser tão alto, mas o risco também não será. O mesmo conselho se aplica aos dias de semana (mais baixos) vs. fins de semana (mais altos).

3. **Encontre uma mesa amigável**. Jogar tem que ser divertido. Se você não está se divertindo (e não só porque você está perdendo – isso é uma simples probabilidade em ação) então você está no lugar errado. Se um dealer está sendo rude, se o cassino estiver muito abafado ou muito cheio ou se você não simpatizar com os jogadores em sua mesa, vá para outro lugar.

4. **Jogue por meio de um representante**. Se seu quociente pessoal de risco for zero, talvez não haja algo melhor em Vegas do que observar os outros jogarem com suas próprias fortunas. Não custa nada assistir aos jogos no local e é muito mais divertido do que você pode imaginar.

AS PRINCIPAIS ATRAÇÕES

de vidro contendo espécimes de répteis locais, geralmente venenosos (que, se você estiver com sorte – ou sem sorte, dependendo do seu ponto de vista – estarão jantando ratos quando você aparecer).

No campus da UNLV, 4505 Maryland Pkwy. ✆ **702/895-3381**. http://hrcweb.nevada.edu/museum. Entrada gratuita. De segunda a sexta, das 8h às 16h45; sábado, das 10h-14h. Fechado em feriados estaduais e federais.

MGM Grand Lion Habitat *Crianças* Venha ver essa atração no momento certo e é um dos melhores eventos gratuitos da cidade. Este é um grande espaço, cercado por vidro, com diversos andares nos quais vários leões fazem suas travessuras em diversos horários do dia. Além dos pontos de vista regulares, você pode passar por um túnel de vidro e ter a visão do ponto de vista de uma minhoca, da parte de baixo de um leão. Diversos leões compartilham as apresentações (com cerca de 6 horas de duração e, então, com folga de 2 dias em um rancho para fazerem atividades ao ar livre, para que os animais nunca fiquem presos aqui por muito tempo). Venha ver os grupos com um macho gigante e cinco fêmeas que cresceram de filhotes a quase o tamanho adulto, durante sua vida no MGM.

No MGM Grand, 3799 Las Vegas Blvd. S. ✆ **702/891-7777**. Entrada gratuita. Diariamente, das 11h às 22h.

Shark Reef at Mandalay Bay *Superestimado* Este é só um grande aquário e, para que você saiba, nós adoramos grandes aquários, então nosso único problema (ou seria naufrágio?) com esta exposição é o preço. Embora ficar no túnel feito completamente de vidro, cercado por tubarões e amigos de barbatanas, seja legal. Observe também que o lugar fica bem distante, em uma parte remota do *Mandalay Bay*, o que pode dar trabalho para quem tiver problemas de mobilidade.

No Mandalay Bay, 3950 Las Vegas Blvd. S. ✆ **702/632-4555**. www.mandalaybay.com. Entrada US$16 adultos, US$11 crianças de 5-12, gratuito para crianças até 4 anos. Diariamente, das 10h às 23h. Última entrada às 22h.

Siegfried & Roy's Secret Garden & Dolphin Habitat *Crianças* O **Secret Garden** é uma ampla exibição (embora não tenha o tamanho de um zoológico) de diversos dos amigos felinos de S&R, além de um ou dois elefantes. O lugar é surpreendentemente charmoso, cheio de folhagens e vistas de perto de alguns gatos bem grandes. Os puristas dos zoológicos não devem temer, este é apenas um bico diurno desses animais, que passam as noites em grande luxo e, geralmente, completamente soltos, na casa de seus donos. É uma atmosfera um tanto esquisita, dado o fim abrupto da carreira artística dos animais – para não dizer nada sobre a carreira dos donos – mas ainda é uma diversão agradável.

O **Dolphin Habitat** 🌟🌟🌟 é ainda mais agradável do que o Secret Garden – talvez essa seja a coisa mais divertida a se fazer em Vegas. Ele foi projetado para oferecer um ambiente saudável e estimulante e para educar o público quanto aos mamíferos marinhos e seu papel no ecossistema. Especialistas no mundo todo foram consultados durante a criação do habitat, que foi projetado para servir como um ambiente seguro, modelo de qualidade. Isso deve estar funcionando, pois os golfinhos adultos aqui estão acasalando regularmente. O The Mirage exibe apenas golfinhos já em cativeiro – nenhum golfinho é tirado da natureza. Você pode ver os golfinhos fazendo suas travessuras acima e abaixo do solo, por meio de vitrines de visualização, em três piscinas diferentes. Não há nada como a emoção que você tem ao ver um golfinho bebê brincando. Os membros da equipe bem informada que, com certeza, têm os melhores empregos em Vegas, respondem às suas perguntas e, geralmente, brincam com os golfinhos para ajudar a estimulá-los. Se você estiver com sorte, poderá jogar uma bola para um dos golfinhos, que a arremessará de volta a você com seu focinho, se você fizer qualquer coisa que for mais divertida do que isso durante sua viagem, nós queremos saber o que é. Também há um vídeo de um golfinho fêmea residente (a Duchess) dando à luz (Squirt) sob a água. Você pode ficar o tempo que quiser, o que pode significar horas.

No The Mirage, 3400 Las Vegas Blvd. S. ✆ **702/791-7111**. www.mirage.com. Entrada US$15 adultos, US$10 crianças de 4-10, gratuito para crianças até 3 anos se acompanhadas por um adulto. Do Memorial Day ao Labor Day, diariamente, das 10h às 19h; do Labor Day ao Memorial Day, de segunda a sexta, das 11h às 17h30, de sábado e domingo, das 10h às 17h30. Horários sujeito a alteração.

Springs Preserve 🌟🌟🌟 A essa altura, talvez você já tenha aprendido que "Las Vegas" significa "os prados" em espanhol. Esta instalação é localizada no terreno de 180 acres, onde ficava a nascente original que abastecia Las Vegas até que ela secou nos anos 60. (Eu disse que Hoover Dam era útil.) Hoje em dia, Las Vegas é um pesadelo ambiental, juntamente com grande parte deste planeta, e esta notável atração recreativa está aqui para nos educar quanto às possibilidade de reverter um pouco do dano.

Localizado em meio à natureza e trilhas de caminhada, além de pântanos artificiais, o que é um conceito interessante, o ponto focal é um grande centro interpretativo que apresenta a história de Las Vegas de uma perspectiva do uso da terra e da água. As exibições são criativas e interativas, incluindo uma sala com uma reprodução de uma inundação que usa 5.000 galões de água e uma sala com uma simulação da experiência de trabalhar em Hoover Dam. As outras estruturas são todas feitas de acordo com o padrão que possui o menor dano ambiental, usando versões modernas de construções de adobe e outros conceitos ecológicos. Há apenas 30 estruturas como essa no mundo e sete delas estão aqui. Cada construção trata de um aspecto da vida no deserto e do meio ambiente, incluindo uma que instrui as crianças sobre as vantagens de reciclar, completada por um túnel de composto pelo qual você pode passar! A área externa de recreação para as crianças é feita com materiais reciclados e possui grandes animais, nos quais elas podem subir, caso elas tenham se cansado de aprender sobre coisas responsáveis. O menu da cafeteria foi elaborado por Wolfgang Puck com ainda mais ênfase nos vegetais.

Finalmente, este será a localização do museu histórico estadual de Nevada. Considerando o cuidado, o conhecimento e a urgência das questões abordadas, esta é uma instalação extraordinária para qualquer cidade, mas especialmente para esta.

3333 S. Valley View Blvd. ✆ **702/822-8344**. www.springspreserve.com. US$19 adultos, US$17 idosos e estudantes com identificação, US$11 crianças de 5-17. A entrada para as trilhas é gratuita. Diariamente, das 10h às 22h no verão; das 10h às 18h no inverno.

Stratosphere Thrill Rides ★★ *Crianças*

Você não terá esse tipo de passeio emocionante em outro lugar. Você também nunca, jamais, nos encontrará aqui. No topo do Stratosphere Tower, com 350 metros, há três passeios emocionantes de virar o estômago: o **Big Shot** ★★, uma queda livre de tirar o fôlego que o arremessa a 48 metros no ar por uma haste de 69 metros no topo da torre, depois o puxa de novo para baixo. Sentado em um carro aberto, você parece estar voando no espaço acima de Las Vegas. Nós temos um parente, um entusiasta dos passeios emocionantes, que disse nunca ter sentido mais medo do que quando ele foi ao Big Shot. Após sobreviver, ele imediatamente colocou os filhos no carrinho; eles amaram. E há também o **X-Scream**, uma gangorra gigante que mergulha uma de suas pontas na extremidade do Strat – você sabe, para que você sinta como se estivesse mergulhando na Strip, 350 metros abaixo. Há muitos idiomas nos quais nós sabemos dizer "não", e quando nós não estamos utilizando-os nesse passeio, estaremos economizando-as adequadamente para o nomeado **Insanity: the Ride,** uma geringonça giratória e rodopiante que o prende em um assento e gira no ar a cerca de 305 metros da terra firme em uma bugiganga giratória. *Nein, nyet, non!* Mas não deixe que nossa atitude de gato arisco o detenha. **Nota:** *o*s brinquedos são fechados em dias de tempo ruim e ventos fortes.

No topo do Stratosphere Las Vegas, 2000 Las Vegas Blvd. S. ✆ **702/380-7777.** www.stratospherehotel.com. Entrada: Big Shot US$10; X-Scream US$10; Insanity US$10; além de uma taxa para subir até a Torre: US$12 para adultos; US$8 para locais, idosos, hóspedes do hotel e crianças de 4-12; gratuito para crianças até 3 e aqueles que forem fregueses do buffet ou do Top of the World. Os pacotes para múltiplos brinquedos e para todo o dia também são disponibilizados por diversos preços. De domingo a quinta, das 10h às 1h; de sexta e sábado, das 10h às 2h. Os horários variam sazonalmente. A altura mínima necessária para o Big Shot é de 1,2m, a altura mínima necessária para o X-Scream e o Insanity é de 1,3.

Titanic: The Exhibition ✪ Embora esta atração seja obviamente obrigatória para os entusiastas, ela ainda pode interessar aqueles com sentimentos apenas marginais em relação ao desastre massivo de 1912. É interessante refletir sobre o que transforma os fatos históricos e um significado romântico. São mostradas exibições explicando a primeira viagem desafortunada do navio, as relíquias recuperadas do navio naufragado e até mesmo recriações de cabines de amostra da primeira, segunda e terceira classes, incluindo as condições atmosféricas, oferecendo a você uma noção de como foi viajar a bordo do que foi uma incrível embarcação. Há até mesmo um grande pedaço de gelo de verdade no lugar do iceberg culpado. O lugar é construído com bom gosto, exceto pelo suposto bar vizinho no qual os fregueses são içados até o estabelecimento, por meio de um bote salva-vidas. Nós esperamos que ninguém venha a desmaiar.

No Luxor, 3900 Las Vegas Blvd. S. Os preços e horários não estavam disponíveis até o momento da publicação.

2 Casando-se

Casar-se é uma das coisas mais populares a se fazer em Las Vegas. Por quê? É muito fácil se casar aqui. Fácil demais. Está vendo o completo estranho ao seu lado? Agarre-o, e vá até o **Clark Country Marriage License Bureau,** 201 Clark Ave. (✆ **702/761-0600;** aberto diariamente, das 8h às 0h, incluindo feriados), para obter sua licença. Encontre uma capela para casamentos (não é difícil, já que há cerca de 50 delas na cidade - elas se agrupam na extremidade norte da Strip e a maioria dos hotéis tem uma) e faça a cerimônia. Simples assim. Sem teste sanguíneo, sem tempo de espera – melhor ainda, sem nem mesmo um constrangedor namoro. Ah, vamos lá. Se nós aprendemos alguma coisa com as ações impetuosas de Britney Spears e Nicky Hilton, é que anulamentos são quase tão fáceis quanto casamentos!

Mas mesmo se você realmente conhece seu pretendente por bastante tempo, Las Vegas é um ótimo lugar para se casar. A facilidade é a principal atração, mas há uma série de outros motivos atraentes. Você pode ter qualquer tipo de casamento que quiser, desde uma cerimônia grande e tradicional a algo pequeno e íntimo; desde algo impulsivo "só um casal feliz vestindo jeans" até algo como Elvis em um Cadillac cor de rosa em um drive-thru. (Ah, sim. O último é mais provável.) As capelas cuidam de tudo; geralmente elas até oferecem uma limusine que os leva até a agência de licenças e o traz de volta. A maioria oferece todos os acessórios, desde alianças a flores e uma lembrança em vídeo do evento.

Nós, pessoalmente, conhecemos diversos casais muito felizes que optaram pela "estrada" de Vegas. As motivações são diferentes, com o fator da facilidade encabeçando a lista (embora o aspecto Vegas, da coisa toda, chega em segundo lugar), mas todos relatam terem se divertido muito. Realmente, há uma maneira mais romântica de começar uma vida juntos do que em meio a "temporais de risadas"?

Qualquer que seja a circunstância, os mais de 100.000 casais que se beneficiam anualmente de tudo isso não podem estar errados. Se você quiser seguir os passos de Elvis e Priscilla (no hotel Aladdin original), Michael Jordan, Joan Collins, Bruce Willis e Demi Moore e, é claro, Dennis Rodman e Carmen Electra, é melhor você examinar a seguinte lista das capelas de casamento mais notáveis na ou próximo à Strip. Há muitas outras na cidade, e quase todos os principais hotéis também oferecem capelas; embora essas últimas sejam mais limpas e menos bregas do que algumas das capelas da Strip, elas tendem a não ter personalidade alguma. (Duas exceções podem ser a capela no Excalibur Hotel, onde você pode se vestir com fantasias medievais e a agradável capela do Bellagio, que possui coordenadores pessoais para casamentos e um alto nível de serviços ao cliente, realizando apenas de 8 a 10 cerimônias por dia – parece muito, mas não é nada comparado ao volume na Strip.)

Em relação à decoração, não há uma diferença radical entre os principais lugares (por isso, não há classificações por estrela aqui), embora algumas das capelas sejam decididamente mais elegantes e menos tristes do que outras. A atitude certamente faz diferença em diversas das capelas e varia radicalmente, dependendo de quem está trabalhando em um determinado momento.

Considerando como seu casamento é importante – ou deveria ser – nós o encorajamos a tomar o seu tempo, comparando as ofertas, e a rejeitar qualquer lugar que não pareça interessado o bastante em seu negócio.

Você também pode ligar para o **Las Vegas Weddings and Rooms** (✆ 800/488-MATE [6283]; www.lasvegasweddings.com), que oferece tudo o que você precisa para cerimônias de casamento. Eles encontrarão uma capela ou um jardim a céu aberto que seja adequado ao seu gosto (sem mencionar alguns lugares exclusivos de Vegas como as antigas mansões de Elvis Presley e Liberace); reservarão seu hotel para a lua de mel, organizarão a cerimônia e providenciarão as flores, um fotógrafo (ou equipe de vídeo), o bolo de casamento, a limusine, aluguel de carro, música, champagne, balões e uma liga para a noiva. Basicamente, eles podem providenciar tudo o que você quiser.

Os casamentos podem ser muito baratos em Vegas: uma licença custa cerca de US$55 e uma cerimônia básica não custa muito mais. Até mesmo um pacote completo com fotos, música, algumas flores, vídeo, bolo e outros artigos, custará cerca de apenas US$500 no total. Nós não orçamos nenhum preço aqui, já que o custo final dependerá inteiramente do quanto você quer gastar. Se quiser algo barato, a cerimônia inteira custará talvez US$100, incluindo a licença (talvez até um pouco menos); se decidir por algo mais elaborado, o preço ainda será razoável em comparação aos padrões para os casamentos hoje em dia. Não deixe de lembrar que geralmente existem cobranças escondidas, como uma gratificação esperada para o pastor (cerca de US$25 será o suficiente; não há muita necessidade de dar gorjeta a qualquer outra pessoa) e assim por diante. Se você está contando os centavos, será melhor manter isso em mente.

Esteja ciente que o Dia dos Namorados é uma data bastante popular para os casamentos em Vegas. Algumas das capelas realizam até 80 cerimônias no dia 14 de fevereiro.

Mas lembre-se: você também não precisa planejar a cerimônia com antecedência. Apenas apareça, consiga a papelada, feche os olhos, escolha uma capela e, acima de tudo, divirta-se. Boa sorte e nossos votos de felicidades aos dois.

Chapel of the Bells Exibindo talvez a maior e mais vistosa placa da Strip, esta capela também divide um estacionamento com o Fun City Motel, em rosa-choque. Nós não faremos nenhum piada. Brega por fora, mas cafona - no bom sentido - por dentro. A capela tem painéis em madeira, carpetes solenes e enfeites dourados no púlpito. Velas elétricas iluminam as paredes. O lugar

CASANDO-SE

acomoda apenas cerca de 25 pessoas. Eles preferem reservas com antecedência, mas também podem realizar cerimônias no mesmo dia, se necessário.

2233 Las Vegas Blvd. S. (no Sahara Ave.). ✆ **800/233-2391** ou 702/735-6803. www.chapelofthebellslasvegas.com. De segunda a quinta, das 9h às 22h; de sexta e sábado, das 9h às 1h. Aberto até a última cerimônia, aos sábados.

Cupid's Wedding Chapel "A pequena capela com um grande coração". Bem... pode até ser. O gerente explica que, diferentemente das outras capelas na Strip, esta marca as cerimônias com um intervalo de uma hora para haver tempo para a execução de toda a produção. A equipe da *Cupid's* se orgulha em oferecer "uma casamento tradicional de igreja, por um preço de capela". A capela é agradavelmente sem frescuras e realista, com paredes e bancos brancos e modernas janelas em vitral, com pombas e rosas. Aqueles que têm fobia ao cafona gostarão de saber que os cupidos ficam apenas no *lobby*. O lugar acomoda de 60 a 70 pessoas. Eles têm dois salões de baile, um com estilo de um salão de banquete, o outro parece mais uma lanchonete dos anos 50. E um vídeo de seu casamento pode ser arquivado e postado *online* dentro de uma hora.

827 Las Vegas Blvd. S. (entre as avenidas Gass e Hoover). ✆ **800/543-2933** ou 702/598-4444, www.cupidswedding.com. Casamentos apenas com agendamento, os horários variam.

Graceland Wedding Chapel Localizada em um prédio marco, que é uma das capelas de casamento mais antigas de Vegas, a Graceland se autodescreve: "o proverbial estabelecimento familiar. Nós oferecemos um serviço amigável e cortês e estamos dispostos a dar aquele passo a mais". Não, não há nenhum ligação com Elvis (um dos proprietários era amigo de Elvis e pediu sua permissão para usar o nome). Esta é uma pequena igreja de New England com uma pequena ponte e uma cerca de madeira branca na frente. Do lado de dentro fica uma capela com 33 assentos, as paredes são em Borgonha e branco, com uma grande e moderna janela com vitral de pombas e rosas atrás do púlpito. Os bancos são em madeira, com tom médio. Não é a mais agradável das capelas, mas Catherine Oxenberg e Casper Van Dien se casaram aqui. Jon Bon Jovi e Lorenzo Lamas também, mas não um com o outro.

Nota: Se o Rei é importante para você, deve saber que há um sósia de Elvis no local que pode realizar a sua cerimônia – pelo preço certo. Os casamentos são disponibilizados para visualização online 45 minutos após a cerimônia.

Dicas Fotógrafos

Em uma cidade cheia de nada além de Maravilhas Artificiais do Mundo, os fotógrafos estão sempre ocupados clicando. Para aqueles que procuram possibilidades para os cartões de natal personalizados, junte a família ao redor da famosa e antiga placa **"Bem-Vindo a Las Vegas"**, no limite da cidade (ou entre em contato com Jesse Garon, um sósia de Elvis, no telefone ✆ **702/588-8188** – e veja se você pode pagar para que ele pose em seu Cadillac rosa com você).

Daí, você pode escolher entre posar com a réplica de David de Michelangelo ou com as estátuas animatrônicas falantes do **The Forum Shops no Caesars Palace**, ou ainda os leões não falantes do **MGM Grand Lion Habitat** (com um vidro de segurança entre você e os gatinhos, é claro – você precisará de um filtro de polarização em sua câmera para capturá-los adequadamente). Mais bichanos podem ser encontrados no The Mirage, atrás das barras do **Siegfried & Roy's Secret Garden**. Peça com jeito, e talvez um treinador do **Dolphin Habitat** fará com que um dos seus amigos de barbatanas dê um salto atrás de você no momento certo.

Se os bichos não são sua praia, você pode posar com um gladiador no **Caesars** ou com uma das figuras vestidas em fantasias da Renascença italiana (Casanova, talvez) que perambulam pelo **The Venetian**. Confunda a sua família, ao lado da **Estátua da Liberdade** do lado de fora do New York-New York (enquanto os rebocadores espirram água no ar) ou os deixe confusos, de verdade, com fotos de você em meio à flora sazonal belamente disposta no The **Conservatory at Bellagio**.

---

619 Las Vegas Blvd. S. (na E. Bonneville Ave.). ✆ **800/824-5732** ou 702/382-0091. www.gracelandchapel.com. De segunda a quinta, das 9h às 21h; de sexta e sábado, das 9h às 0h.

Little Chapel of the Flowers A suposta fama dessa capela se dá pelo fato de que Dennis Rodman e Carmen Electra trocaram seus votos eternos aqui. Não use isso contra o lugar, pois ele oferece os serviços mais agradáveis da Strip, um grande complexo que oferece sua melhor chance de ter um casamento tradicional. A Heritage Chapel acomoda 65 pessoas e tem uma graciosa aparência de igreja, com bancos de madeira e um espectral lustre de bronze. A Victorian Chapel, que acomoda apenas 30 pessoas, possui paredes brancas e bancos em madeira escura e não parece ter muito o estilo vitoriano – mas, por ser a capela mais simples, é também a mais agradável. A menor das capelas é a Magnolia Chapel, repleta de flores artificiais e um arco livre. Se você quiser trocar os votos ao ar livre, poderá escolher a sacada ao lado de um lago com uma cascata que abafa o barulho da Strip quase que completamente. A Heritage Chapel acomoda 70 pessoas e possui também cortinas em tons de rosa e lustres com velas elétricas. Há também um salão de baile de tamanho médio e música ao vivo tocada no órgão, mediante solicitação. É um lugar bonito e agradável que parece estar atento em seu alvoroçado negócio. Não é permitido jogar arroz ou confetes.

1717 Las Vegas Blvd. S. (no E. Oakey Blvd.). ✆ **800/843-2410** ou 702/735-4331. www.littlechapel.com. De segunda a quinta, das 8h às 20h; de sexta e sábado, das 8h às 21h; de domingo, das 12h às 18h (ocasionalmente).

Little White Wedding Chapel Esta é possivelmente a mais famosa das capelas da Strip, talvez porque a Brit, vestida em jeans, casou-se aqui com o... qual é o nome dele mesmo? Talvez seja por causa da grande placa que diz que Michael Jordan e Joan Collins se casaram aqui (não um com o outro), talvez porque esta foi a primeira capela a usar o drive-thru. Ela é de fato pequena e branca. Há um ar de linha de fabricação, talvez pelo lugar realizar uma cerimônia após a outra, após a outra, 24 horas por dia. É sempre um entra e sai. (Não é de surpreender que eles tenham colocado aquele drive-thru!) A equipe é rude, apressada e pode se comportar um pouco mal (embora nós conheçamos um casal que se casou aqui e que não tem reclamações). A Little White Chapel oferece cerimônias de casamento completas, com serviço à luz de velas e música tradicional. Há duas capelas, a maior delas – decorada com tule e flores artificiais brancas – é a mais agradável. Há também um terraço para cerimônias externas, mas já que ele fica perto da Strip, não é tão bom quanto parece. Se você quer algo especial, provavelmente há escolhas melhores, mas para ter uma verdadeira experiência de um casamento de Vegas, esta é a Central dos Casamentos Cafonas.

1301 Las Vegas Blvd. S. (entre os boulevards E. Oakey e Charleston), ✆ **800/545-8111** ou 702/382-5943. www.alittlewhitechapel.com. Diariamente, 24 horas.

Wee Kirk O' the Heather Esta é a capela de casamentos mais antiga de Las Vegas (ela está em funcionamento desde 1940) e fica bem no fim da Strip, um pouco antes do centro (e, portanto, bem perto da agência de licenças). Ela poderia ser declarada um marco histórico, não fossem algumas renovações no passado que ergueram paredes interiores e que a alteraram suficientemente, de modo a evitar que o título fosse oficial. Uma recente renovação fez grandes melhorias.

231 Las Vegas Blvd. S. (entre as avenidas Bridger e Carson). ✆ **800/843-5266** ou 702/382-9830. www.weekirk.com. Diariamente, das 10h às 0h.

3 Especialmente para Crianças

Assim como grande parte do resto do mundo, você pode estar sob a impressão que Las Vegas evoluiu, de uma terra de fantasia só para adultos, em um destino de férias adequado para toda a família. A única explicação para este mito é que Las Vegas foi referida como a "Disneylândia dos adultos" por tantas pessoas e durante tanto tempo que a cidade ficou momentaneamente confusa e decidiu que ela *era,* de fato, a Disneylândia. Alguns dos enormes hotéis, então, gastaram pequenas fortunas em redecoração na tentativa de atrair as famílias, com grandes quantidades de *junk food* e muita modernidade. Eles agora negam veementemente que uma ideia como essa já tenha passado por sua mente coletiva e, não, eles não sabem como aquela montanha russa foi parar no estacionamento.

Para falar de maneira simples, Las Vegas ganha dinheiro – muito, muito dinheiro – ao promover os jogos, as bebidas e o sexo. Esses são todos bons objetivos se você for adulto, mas se você ainda não tiver atingido a idade mágica dos 21 anos, você realmente não conta nessa cidade. De qualquer forma, os cassinos e até mesmo a própria Strip são simplesmente estimulantes, barulhentos e abafados demais para crianças mais novas.

A prole mais velha pode tolerar as multidões e o incessante barulho das máquinas caça-níquel, mas eles ficarão completamente chateados com você quando os seguranças do cassino os expulsarem se fizerem algo como simplesmente parar para amarrar os cadarços em qualquer lugar perto das mesas de jogo. Já que você não pode chegar do seu quarto de hotel até o estacionamento sem passar por um cassino, você não pode esperar razoavelmente que um adolescente esteja de bom humor depois de chegar do lado de fora. E aqueles parques de diversão e galerias de vídeo, que ainda não foram expulsos daqui, são lugares caros para deixar seus filhos durante a tarde ou a noite, presumindo que eles tenham idade suficiente para ser deixados sem supervisão. E pode ser difícil ater-se ao seus negócios na Strip, com showgirls vestidas com fio-dental em placas de dois andares anunciando o *Jubilee*! e *Folies Bergere* ao lado do Bally's e do Tropicana, respectivamente, para não dizer nada da giganta de seios nus na proa do navio pirata na entrada do TI, na Strip. Ou os homens entregando folhetos para serviços de "acompanhante" e linhas de telefone pornôs. De fato, se você não quiser ter que entrar em alguma discussão sobre biologia com sua prole, é melhor deixá-los em casa.

Entretanto, você pode ter um motivo perfeitamente legítimo para trazer seus filhos a Las Vegas (se a avó deles estiver ocupada ou se você só estiver

ESPECIALMENTE PARA CRIANÇAS

dando uma passada no caminho para outro lugar), então aqui estão alguns lugares para levar as crianças na Strip e fora dela.

O **Circus Circus** (p. 66) apresenta números circenses contínuos durante todo o dia, uma ampla galeria de videogames e pinball, e dezenas de fliperamas em seu mezanino. Atrás do hotel fica o *The Adventuresome*, detalhado abaixo.

O **Excalibur** (p. 44) também oferece *videogames* e fliperamas, além de emocionantes cinemas e apresentações gratuitas (de malabarismo, bonecos etc).

No **Caesars Palace** (p. 50), estátuas falantes animadas no **Forum Shops** são uma diversão, embora as crianças também devam ficar surpresas ao andar dentro do gigante cavalo de Tróia que se move do lado de fora do FAO Schwarz, explorando as lojas e se maravilharem com a apresentação da fonte.

O **Star Trek: The Experience**, se ele tiver sido reinaugurado, em algum lugar, até você ler isso (p. 124), poderá atrair algumas famílias, mas pode ser um pouco demais para crianças mais jovens.

A **batalha** na frente do **Treasure Island** (p. 54) não é mais adequada para crianças, graças à inclusão de garotas nuas, por isso, atenha-se ao vulcão em erupção e ao **Siegfried & Roy's Secret Garden and Dolphin Habitat** no **The Mirage** (p. 51) e ao **Shark Reef** no **Mandalay Bay** (p. 135). As crianças que gostam de coisas asquerosas podem achar o Bodies no Luxor desagradavelmente interessante; você não precisa dizer a eles que também é educacional. Ou deixe-os zum, zum, zum no **Las Vegas Cyber Speedway** (p. 132) no **Sahara.**

As crianças com mais de 10 anos adorarão as diversas opções de diversão (de alta e baixa tecnologia, desde maravilhas em vídeo a genuínas atividades físicas) oferecidas no **GameWorks** (p. 128), assim como os pais também vão adorar.

Os espetáculos apropriados para crianças incluem o *Tournament of Kings* no Excalibur, o *Lance Burton* no Monte Carlo, e o *Mystère* do Cirque du Soleil no Treasure Island. Como regra geral, os espetáculos de matinê são menos competidos do que as apresentações noturnas. Todas essas produções são revisadas com detalhes no capítulo 7.

O **Lake Mead** possui grandes instalações de recreação para férias em família. Por fim, as excursões organizadas (consulte "Excursões Organizadas" abaixo) até o Grand Canyon e outras atrações turísticas interessantes, no sul de Nevada e nos estados vizinhos, podem ser divertidas atividade familiares. Confirme com o balcão turístico de seu hotel. As crianças também ficarão entretidas com as excursões personalizadas oferecidas pela **Creative Adventures** (© 702/893-2051; www.pcap.com/creativeadventures); consulte a p. 149.

As atrações que agradam especialmente às crianças são descritas abaixo.

The Adventuredome ⚜ *Crianças* Este não é um lugar ruim de se passar uma tarde de calor, especialmente porque o Circus Circus, hotel cassino que construiu este parque de diversões coberto um tanto defasado, ainda é bastante adequado às crianças. A cúpula de vidro que coroa o lugar deixa que a luz natural entre, um conforto para aqueles de nós que parecemos definhar sob a luz artificial. Uma montanha com loop duplo dá voltas pela réplica do Grand Canyon e há o obrigatório tobogã de água e um número modesto de outros brinquedos para crianças, de todas as idades. Os videogames e uma galeria são separados das atrações, diminuindo só um pouco o nível de barulho. Nosso único aviso é para não deixar as crianças aqui sozinhas; elas poderiam perder-se facilmente.

2880 Las Vegas Blvd. S. (atrás do Circus Circus). © **702/794-3939**. www.adventuredome.com. Entrada gratuita; pagamento por brinquedo US$4-US$7; passagem para o dia US$25 adultos, US$15 crianças entre 0,8 e 1,2m de altura. AE, DC, DISC, MC, V. Os horários do parque variam sazonalmente, mas geralmente o funcionamento é de segunda a quinta, das 10h às 18h; de sexta e sábado, das 10h às 0h; de domingo, das 10h às 21h.

Las Vegas Natural History Museum ⚜ *Crianças* Convenientemente localizado entre a rua do Lied Discovery Children's Museum (descrito abaixo), este humilde templo da taxidermia nos leva de volta às viagens de campo da escola elementar, por volta de 1965, quando alce e ursos pardos empalhados, que estavam sempre protegendo sua caça, era o mais próximo que a maioria de nós chegaria de animais exóticos. Já desgastado, em alguns aspectos, mas muito doce e relaxante, o museu é avivado por uma sala de atividades práticas e por dois dinossauros em tamanho real que rugem intermitentemente um para o outro. Um garotinho foi observado agarrando-se ao pai ao ver essa exibição, por isso, talvez seja melhor avisar as crianças mais sensíveis de que os grandes tiranossauros não vão sair do lugar. Surpreendentemente, a loja de presentes aqui é particularmente bem equipada, com itens maravilhosos que você não se importará muito em comprar para as crianças.

900 Las Vegas Blvd. N. (na Washington Ave.). © **702/384-3466**. www.lvnhm.org. Entrada US$8 adultos; US$7 idosos, estudantes e militares; US$4 crianças de 3 aos 11 anos; gratuito para crianças até 3 anos. Diariamente, das 9h às 16h.

ESPECIALMENTE PARA CRIANÇAS

Crianças Os Fliperamas nos Hotéis

Praticamente todos os hotéis tem algum tipo de galeria de fliperamas – ainda melhor para preparar aqueles com menos de 21 anos para seu futuro no jogo, é o que supomos, porque somos cínicos e, também, provavelmente certas. Essas galerias variam consideravelmente em tamanho e qualidade. A principal da cidade é a **Coney Island Emporium** (✆ **702/740-6969**) no New York-New York, onde as máquinas de vídeo são dispostas em estilo fliperama e as crianças podem trocar os bilhetes ganhos em suas vitórias por diversas bugigangas sem valor e bichos de pelúcia. O **Fantasy Faire** no Excalibur (✆ **702/597-7777**) possui máquinas de simulação próximas a seus fliperamas. O **Pit Pass Arcade** (✆ **702/737-2111**) do Sahara possui jogos adicionais com temas de corridas, como a galeria de fliperama que faz parte do NASCAR Cafe.

Nota: Diversas galerias restringem o número de vezes que os menores de 18 anos podem jogar, enquanto não acompanhados por um adulto. Ligue ou dê uma passada para conferir as políticas do local se você planeja deixar seus filhos nas galerias por um tempo.

Lied Discovery Children's Museum ✰✰ *Achados* *Crianças* Um museu de ciência com atividades práticas projetado para crianças curiosas, o Lied é claro, arejado e com dois andares e faz desse um passeio ideal para bebês e crianças mais jovens. Há muitas exposições interativas para examinar, que são alteradas periodicamente, mas as exibições passadas incluem uma mercearia em miniatura, um tubo para que as crianças entrem dentro de uma bolha de sabão, uma estação de rádio e áreas de música e desenho. As exposições inteligentes e que induzem o pensamento estão por todos os lados. Aprenda como é ter uma deficiência jogando basquete em uma cadeira de rodas. Dê um "sanduíche" de madeira para um aparelho que imita uma cobra e para outro que imita um humano e veja quanto de nutrição cada um recebe. Veja quanto protetor solar o gigante mascote empalhado precisa para não se queimar. Nas tardes de sábado, das 13h às 15h, aulas gratuitas de arte são oferecidas, dando aos adultos um pouco de tempo para passearem pela loja de presentes ou ler as letras miúdas nas placas das peças expostas. O Lied também divide espaço com uma filial da biblioteca da cidade, então, depois de as crianças terem corrido por aí, você pode acalmá-las com uma ou duas histórias.

833 Las Vegas Blvd. N. (Uma quadra ao sul de Washington, do outro lado da rua do Cashman Field). ✆ **702/382-3445**. www.lclcm.org. Entrada US$7 adultos; US$6 idosos, militares e crianças de 1 aos 17 anos; gratuito para crianças com menos de 1 ano. De terça a domingo, das 10h às 17h. Fechado na Páscoa, no Dia de Ação de Graças, em 24 de dezembro, 25 de dezembro e 1º de janeiro.

Ficando Vegas

Se você procura ter a experiência fundamental de Las Vegas, experimente essas sugestões de James P. Reza, Geoff Carter e dos editores do Las Vegas Weekly:

- **Peppermill's Fireside Lounge** (p. 190). Essa lounge evoca tanto a "Me Decade", que é impossível não amá-la. Escura, confortável, sensual e um tanto brega, é um ótimo lugar para encontros românticos. Tente sentar-se próximo à lareira que funciona o ano inteiro, se puder aguentar o calor.

- **GameWorks** (p. 128). Esse centro de entretenimento multinível oferece aos visitantes uma chance de satisfazer seus desejos digitalizados, nas mais recentes criações em termos de videogames. Algumas almas corajosas experimentam a parede de escalada de 23 metros; a maioria fica só na lounge e nas mesas de bilhar.

- **Cheetah's** (p. 199). Como você poderia visitar a Cidade do Pecado e não ter uma amostra da onipresente lap dance? Os casais são bem vindos no Cheetah's, o local onde foi filmado o cômico e exagerado filme de Paul Verhoven, Showgirls. Mais qualidade, menos silicone e uma lounge VIP que já ofereceu lap dances a gente como Sting e Drew Barrymore.

- **The Forum Shops no Caesars Palace** (p. 160). A experiência de compras mais singular do mundo. Pegue a Rodeo Drive, combine-a com Roma, adicione à mistura uma dose de Spielberg, e você ainda não estará nem perto desta elegante área de varejo.

- **Hard Rock Hotel & Casino** (p. 57). Tudo neste hotel-cassino – os bares, o salão de exibição, The Joint, o Mr. Lucky's 24/7 – dá um jeito de lembrar a Vegas clássica, uma cidade que foi construída para jovens modernos e não para famílias enfadonhas.

- **Red Rock Canyon** (p. 214). Oferecendo um refúgio necessário da selva de neon, o Red Rock é o lugar mais bonito do deserto. Este abrigo para quem gosta de fazer caminhadas e escalar rochas fica um pouco agitado por vezes, mas ainda vale a pena conferir. Nota: Não alimente os burros selvagens. Diferentemente dos animais que se apresentam no Cheetah's, eles mordem.

4 Excursões Organizadas

Quase todos os hotéis da cidade possuem um balcão turístico que oferece um número praticamente infinito de excursões em Las Vegas e nas cidades vizinhas. Com certeza você encontrará uma empresa de excursões que o levará aonde quiser ir.

A **Gray Line Tours** (✆ 800/634-6579; www.grayhnc.com) oferece uma lista bastante abrangente, incluindo:

EXCURSÕES ORGANIZADAS

- Um par de passeios pela cidade com duração de 5 a 6 horas (1 dia, 1 noite), com diversos itinerários, incluindo visitas à Ethel M Chocolates, ao Liberace Museum e à Fremont Street Experience
- Excursões com duração de meia hora ao **Hoover Dam e ao Red Rock Canyon** (consulte o capítulo 8 para obter detalhes)
- Um passeio com duração de meio dia ao **Lake Mead** e ao **Hoover Dam**
- Diversas excursões de um dia inteiro ao **Grand Canyon**

EXCURSÕES PELO GRAND CANYON

Em geral, os turistas que visitam Las Vegas não dirigem os 482 km até o Arizona para ver o Grand Canyon, mas muitas excursões turísticas estão disponíveis para os interessados. Consulte o capítulo 8 para obter detalhes.

EXCURSÕES ÚNICAS AO DESERTO PELA CREATIVE ADVENTURES ✯✯✯

Um tipo de excursão completamente diferente é oferecido por Char Cruze da Creative Adventures (✆ 702/893-2051; www.creativeadventuresltd.net). Char, uma charmosa nativa de quarta geração de Las Vegas (ela estava presente na abertura do Flamingo), passou a infância andando de cavalo pelos arbustos de mesquite e choupos-do-canadá do Deserto de Mojave, descobrindo lugares mágicos que você nunca encontraria sozinho ou em uma excursão comercial. Uma palestrante e contadora de história, além de guia turístico, Char estudou extensivamente a geologia e a vida selvagem do sul de Nevada, bem como sua história regional e as culturas dos índios nativos americanos. Suas excursões personalizadas, realçadas por histórias fascinantes sobre tudo, desde mineiros a criminosos, visitam minas assombradas, terras sagradas dos Paiutes, cidades fantasmas, canyons e petróglifos antigos. Ela também oferece várias opções para entreter e educar as crianças e carrega uma sacola cheia de materiais visuais, como uma placa repleta de pedras com rótulos para melhor ilustrar uma palestra sobre geologia local. Char tem algumas excursões estruturadas, mas ela adora fazer excursões individuais, adequadas ao grupo. Isso vale completamente o seu dinheiro – você definitivamente não vai receber nada de diferente de uma excursão convencional, além do fato de Char ser mais receptiva, atenciosa, conhecedora e preparada. Char aluga meios de transporte de acordo com o tamanho do grupo e tem meios para transportar clientes com deficiências.

Cada excursão é customizada com base nos seus interesses, por isso os preços variam drasticamente. Reserve pelo menos US$150 para o básico (que é muito mais do que o básico), com os preços aumentando a partir desse valor. É uma boa ideia fazer um planejamento com a Char, antes de sair de casa.

5 Olha a Frente! Golfe no Grande Deserto

Além das menções abaixo, há dezenas de circuitos locais, incluindo alguns bastante desafiadores que receberam os torneiros do PGA. ***Nota:*** Os preços dos campos variam radicalmente dependendo do horário do dia e da época do ano. Devido ao calor, será melhor aproveitar o carrinho de golfe que, na maioria das vezes, está incluso no preço do campo.

Se você é um jogador de golfe sério, talvez você queira contatar a **American Golf** *(✆ 800/468-7918),* um serviço de reservas nacional, com base em Arizona. Eles podem ajudá-lo a organizar os pacotes de golfe e a reservar horários de jogo difíceis de conseguir.

Observe também que o **Rio All-Suite Hotel & Casino** tem um campo de golfe; consulte a p. 66.

Angel Park Golf Club ⛳⛳ Este campo público com 36 buracos, par 70/71, é um favorito local. Arnold Palmer projetou originalmente os campos Mountain e Palm (o Palm Course foi reprojetado diversos anos mais tarde por Bob Cupp). Os jogadores chamam este lugar de um grande refúgio dos cassinos, alegando que não importa quantas vezes eles joguem, eles nunca se cansam. O Palm Course possui partes lisas, ligeiramente onduladas, o que oferece aos jogadores de todas as habilidades um layout desafiador, ainda que calmo. O Mountain Course possui um terreno natural com ondulações maravilhosas vistas panorâmicas. Além desses dois campos desafiadores com 18 buracos, o Angel Park oferece o campo Cloud 9 Course, com iluminação noturna (12 buracos para partidas ao ar livre, 9 à noite), onde cada buraco é projetado com base em um par-3 famoso. É possível reservar os horários de jogo com até 60 dias de antecedência, com uma garantia do cartão de crédito.

Extensão em jardas: Palm Course, 6.525 para campeonatos e 5.438 para resort; Mountain Course, 6.722 para campeonatos e 5.718 para resort.

Instalações: Lojas de artigos profissionais, percurso com iluminação noturna, campo sem obstáculos, com 18 buracos, restaurante, lanchonete, bar de coquetéis e carrinho com bebidas.

100 S. Rampart Blvd. (entre a Summerlin Pkwy. e Alta St.; 20 min. ao norte da Strip). ✆ 888/629-3929 ou **702/254-0566**. www.angelpark.com. Os preços para os campos com 18 buracos, que incluem aluguel de veículo, bolas de treino e taxa são de US$75-US$155, o preço para campos menores é de US$25, sem incluir o aluguel de veículo, opcional. Taxas com desconto para o anoitecer disponíveis para o campo com 18 buracos.

Bali Hai Golf Club ⛳⛳⛳ Um dos mais novos e mais exclusivos endereços do golfe pertence a este campo multimilionário construído em 2000 na

OLHA A FRENTE! GOLFE NO GRANDE DESERTO 151

Strip, logo ao sul de Mandalay Bay. Construído com um ousado tema do Oceano Pacífico, o campo par 72 apresenta mais de 7 acres de recursos aquáticos, incluindo um campo em uma ilha, palmeiras e folhagens tropicais. Ainda não está impressionado? E o que você acha do fato de que todos os carrinhos de golfe são equipados com sistemas de posicionamento global (GPS)? Ou que o chef celebridade Wolfgang Puck escolheu abrir seu mais recente restaurante de Vegas aqui (agora administrado por outra pessoa)? Certo, se isso não o convenceu da natureza de alto padrão do estabelecimento, confira as taxas dos campos. Até mesmo a esses preços, os horários de jogos geralmente têm lotação de 6 meses de antecedência.

Extensão em jardas: 7.002 para campeonatos.

Instalações: Loja de artigos profissionais, campo sem obstáculos, restaurante gourmet, grill e lounge.

5150 Las Vegas Blvd. S. ✆ **888/427-6678**. www.balihaigolfclub.com. Os preços dos campos, que incluem veículo, bolas de golfe e taxas US$99-US$395.

Black Mountain Golf & Country Club *ϕϕ* Dois novos campos foram recentemente adicionados a este campo de 18 buracos, par 72, semi-privado, que requer reservas com 4 dias de antecedência. Este é considerado um grande campo antigo, com muita vida selvagem, incluindo galos-corredores. Ventos imprevisíveis, no entanto, podem soprar durante sua partida.

Extensão em jardas: 6.550 para campeonatos, 6.223 regular, e 5.518 para mulheres.

Instalações: Loja de artigos profissionais, campo sem obstáculos, percurso dirigido, restaurante, lanchonete e lounge de coquetéis.

500 Greenway Rd., Henderson. ✆ 866/596-4833. www.golfblackmountain.com. Os preços para os campos, que incluem aluguel de veículo, são de US$75-US$120; ligue para saber os preços para o anoitecer.

Craig Ranch Golf Club *Econômico* Este é um campo público e plano com 18 buracos, par 70, com muitas árvores e buracos com obstáculos; as partes lisas tanto estreitas como abertas apresentam um gramado Bermuda. Os preços dos campos são uma pechincha e é possível reservar os horários de jogo com 7 dias de antecedência.

Extensão em jardas: 6.001 regular e 5.221 para mulheres.

Instalações: Percurso dirigido, loja de artigos profissionais, profissional de ensino PGA, campo sem obstáculos e lanchonete.

628 W, Craig Rd. (entre a Losee Rd. e o Martin Luther King Blvd.). ✆ **702/642-9700**. Os preços dos campos são de US$19 a pé, US$30 no veículo de golfe.

Desert Rose Golf Course *Econômico* Este é um campo público de 18 buracos, par 71, construído em 1963 e projetado por Dick Wilson/Joe Lee. As partes lisas estreitas apresentam gramado Bermuda. É possível reservar os horários dos jogos com até 7 dias de antecedência.

Extensão em jardas: 6.511 para campeonatos, 6.135 regular e 5.458 para mulheres.

Instalações: Percurso dirigido, campos sem obstáculos e com serragem, Profissional de ensino PGA, loja de artigos profissionais, restaurante e *lounge* de coquetéis.

5483 Clubhouse Dr. (3 quadras a oeste de Nellis Blvd., saindo da Sahara Ave.). ✆ **800/470-4622** ou 702/566-7618. Os preços dos campos, incluindo aluguel de veículo, são de US$60-US$80.

Las Vegas National Golf Club Este é um campo público de 18 buracos (cerca de oito deles submersos em água), par 72, com um layout clássico (não de deserto, que seria de se esperar). Se você jogar dos bancos de areia do fundo pode realmente ser um desafio. O Las Vegas Invitational de 1996, vencido por Tiger Woods, foi realizado aqui. Geralmente são disponibilizados horários de jogos com desconto. As reservas são aceitas com até 60 dias de antecedência; uma taxa de US$5 a US$7 se aplica.

Extensão em jardas: 6.815 para campeonatos, 6.418 regular e 5.741 para mulheres.

Instalações: Loja de artigos profissionais, escola de golfe, percurso dirigido, restaurante e lounge de coquetéis.

1911 Desert Inn Rd. (entre a Maryland Pkwy. e a Eastern Ave.). ✆ **702/734-1796**. www.lasvegasnational.com. Os preços dos campos são de US$60-US$179, incluindo aluguel de veículo.

6 Permanecendo Ativo

Para nosso gosto, sempre faz calor demais (ou frio demais) para fazer muita coisa ao ar livre – foi por isso que inventaram o controle de clima interno. Mas se você é mais ativo do que nós, primeiro de tudo, estamos impressionadas e, segundo, aqui estão algumas maneiras de fazer atividades físicas em Vegas ou nas cidades vizinhas.

BOLICHE **Lucky Strike at the Rio,** 3700 W. Flamingo Blvd. (✆ **702/777-7777**). O lugar tem apenas 10 pistas, mas você não veio a este estabelecimento com ares de clube para jogar boliche. Você veio para comer itens como macarrão com queijo frito e outros lanches salgados e saborosos. Isso, então, o deixa com sede para beber várias bebidas engraçadas, como martinis com gosto de algodão doce (a taça é coberta com os vibrantes fios de açúcar, e quando a bebida é servida, um curioso efeito colorido pode ser visto) ou o Mambo for Two, no qual o gelo seco cria uma espuma dramática. Você, então, pode repousar em alguns dos sofás e pensar "Boliche? Ah..." Aberto diariamente, das 14h às 2h; não são admitidas pessoas com menos de 21 anos após as 21h.

O **Gold Coast Hotel,** 4000 W. Flamingo Rd. (em Valley View; ✆**702/367-7111**) possui um centro de boliche com 72 pistas, aberto 24 horas por dia.

O **The Orleans,** 4500 W. Tropicana Ave. (✆ **702/365-7111**) possui 70 pistas, uma loja de artigos profissionais, armários, salas de reunião etc. Aberto 24 horas.

Na área leste da cidade, você encontrará 56 pistas no **Sam's Town,** 5111 Boulder Hwy. (✆ **702/456-7777**), além de uma lanchonete, uma lounge de coquetéis, uma galeria de fliperama, uma creche, uma loja de artigos profissionais etc. Aberto 24 horas.

Em 2005, o **Sunset Station,** 1301 W. Sunset Rd. em Henderson *(*✆ ***702/547-7777)***, incluiu uma instalação de 72 pistas de alta tecnologia chamada Strike Zone. Ela tem todos os dispositivos eletrônicos automatizados mais recentes para marcação de pontos, telas de vídeo gigantes, um bar completo, uma lanchonete, uma loja de artigos profissionais, uma galeria de fliperama etc.

Ao norte, na **Santa Fe Station,** *4949 N. Rancho Rd.* (✆ *702/ 658-4900)*, você encontrará um recém remodelado (em 2005) estabelecimento com 60 pistas, com os equipamentos de marcação de pontos mais modernos, móveis totalmente novos, um bar divertido e moderno, um pequeno café e muito mais.

Descendo a rua fica o hotel pertencente à mesma rede, **Texas Station,** 2101 Texas Star Lane *(*✆ ***702/631-8128)***, com um estabelecimento com 60 pistas, galeria de fliperama, mesas de bilhar, lanchonete e *lounge* etc. Eles ficam abertos 24 horas.

O **Suncoast**, 9090 Aha Dr., em Summerlin *(*✆ ***702/636-7111)***, oferece uma das mais novas instalações da cidade, com 64 pistas divididas por um corredor central único. O centro de alta tecnologia, com equipamentos de marcação de ponto operados por touch-screen, tornou-se um ponto de parada regular nos torneios do Pro Bowlers. Aberto 24 horas.

MONTAR A CAVALO O **Cowboy Trail Rides** ✰ (© 702/ 387-2457; www.cowboytrailrides.com) oferece uma variedade de passeios a cavalo no Red Rock Canyon e no Mt. Charleston (a cerca de 19 quilômetros), com preços de variam de US$69 a US$389. O grand finale fica por conta de um passeio no Red Rock começando com o pôr do sol e subindo até as montanhas. O passeio dura cerca de 5 horas e é para aqueles com mais experiência e maior nível de resistência. Nós preferimos o passeio de 2 horas, ao pôr do sol, pelo Red Rock com o canyon oferecendo um glorioso fundo para o fim do dia. Os caminhantes, então, voltam para o acampamento para um jantar regado a churrasco (incluindo um filé T-bone de 450g), unindo-se aos cowboys para cantar canções e assar marshmallows.

Os estábulos de montagem no **Bonnie Springs Ranch** (© 702/875-4191; www.bonniesprings.com/ranch.html) também oferecem passeios de cavalo guiados diariamente. Os preços são de US$45 por pessoa por um passeio de 1 hora e chegam até US$150 por uma aventura de 4 horas com café da manhã. Os preços variam dependendo da estação e o tempo ruim torna os passeios impraticáveis, por isso, certifique-se de ligar antes.

ESCALADA EM ROCHAS O **Red Rock Canyon** ✰✰✰, a apenas 16km a oeste de Las Vegas, é um dos lugares mais populares do mundo para escaladas em rochas. Além da beleza natural inspiradora, ele oferece de tudo, desde pedras arredondadas a grandes paredes. Se você gosta de se juntar aos carneiros das Montanhas Rochosas, o Red Rock possui mais de 1.000 rotas para introduzir os iniciantes e desafiar os escaladores avançados. Os escaladores com experiência podem entrar em contato com o **centro de visitantes** (© 702/515-5350; www.nv.blm.gov/redrockcanyon) para obter informações.

TÊNIS Os entusiastas do tênis devem escolher um dos muitos hotéis na cidade que têm quadras .

O **Bally's** ✰✰ (© 702/739-4111) possui oito quadras com iluminação noturna. Os preços por hora começam em US$10 para hóspedes e US$15 para não hóspedes. As instalações incluem uma loja de artigos profissionais. Os horários variam sazonalmente. Reservas são recomendadas.

O **The Flamingo Las Vegas** ✰✰ (© 702/733-3444) possui quatro quadras externas (todas iluminadas para partidas noturnas) e uma loja de artigos profissionais. Fica aberto ao público diariamente, das 7h às 19h. Os preços são de US$12 por hora para hóspedes, US$20 para não hóspedes. Aulas são disponibilizadas. Reservas necessárias.

Dicas Conselhos Para Caminhadas no Deserto

Exceto no verão, quando as temperaturas podem atingir 120°F (49°C) na sombra, a região de Las Vegas é ótima para caminhadas. A melhor temporada acontece de novembro a março. Os melhores locais incluem o incrivelmente cênico Red Rock Canyon e o Valley of Fire State Park (consulte o capítulo 8 para obter detalhes sobre ambos).

Caminhar no deserto é excepcionalmente gratificante, mas pode ser perigoso. Aqui estão algumas dicas de segurança:

1. Não caminhe sozinho.
2. Leve bastante água e beba frequentemente. Não presuma que a água de uma nascente é segura para beber. Um galão de água por pessoa, por dia, é recomendado para quem caminha.
3. Esteja alerta quanto aos sinais de exaustão por calor (dor de cabeça, náusea, tontura, fadiga e pele fria úmida, pálida ou avermelhada).
4. Meça seu condicionamento físico com precisão. As caminhadas no deserto podem envolver terrenos brutos ou íngremes. Não tente fazer mais do que você pode aguentar.
5. Verifique a previsão do tempo antes de sair. Tempestades podem se transformar em violentas inundações, que são extremamente perigosas aos caminhantes.
6. Vista-se adequadamente. Use calçados de caminhada robustos para passar pelas rochas, calças compridas (para se proteger das rochas e cactos), um chapéu, protetor solar e óculos de sol.
7. Carregue um pequeno kit de primeiros socorros.
8. Tome cuidado ao escalar arenitos, que podem ser surpreendentemente lisos e esfarelar com facilidade.
9. Não alimente nem brinque com os animais, como os burros selvagens do Red Rock Canyon. (Na verdade, é ilegal se aproximar dos animais).
10. Esteja alerta quanto à cobras e insetos. Embora eles raramente sejam encontradas, é melhor olhar dentro dos espaços antes de colocar sua mão dentro de um.
11. Visite o parque ou outras agências de informações antes de começar e familiarize-se com as regras e regulamentos e quaisquer riscos possíveis. Também é uma boa ideia comunicar à equipe sobre onde você está indo, quando voltará, quantas pessoas estão no seu grupo e assim por diante. Algumas agências dos parques oferecem programas de registro de caminhantes.
12. Siga a regra geral dos caminhantes: só traga de volta as fotografias e deixe apenas as pegadas.

6

Compras

Sua classificação de compras em Las Vegas dependerá da sua filosofia pessoal em relação a compras. Se você não precisa de uma desculpa para fazer compras, então vai achar essa experiência sublime. Além de quatro shopping centers grandes, mais três outlets, cada hotel tem sua própria galeria de lojas, incluindo três (The Forum Shops no Caesars, os Grand Canal Shoppes no The Venetian e Miracle Mile no Planet Hollywood) que são, possivelmente, coisas de grande beleza e certamente de prazeres eternos, caso você não queira passar por lojas esquisitas e primitivas, considerando que não esteja esperando muito em termos de lojas singulares e originais.

Pois - deixando de lado as referências de Keats, por um momento – mesmo Las Vegas tendo, pelo menos, um representante de cada grande loja de marca em que se pode pensar (não comece parando na Gap e na Victoria's Secret; vá para Sur La Table e Tiffany & Co.), o que ela não tem é algo que diferencie as compras aqui das compras de Miami ou até mesmo Duluth, por exemplo. Claro, tudo o que você quiser, de Chanel a Cost Plus, está dentro de um raio de 8 quilômetros; então, se tudo o que você quer é fazer umas mudanças ou gastar o tempo do intervalo entre conferências ou enquanto outros membros de sua família estão fazendo algazarra no cassino, você está com sorte. Mas, provavelmente, não há nada aqui que você não possa encontrar em casa, talvez com exceção de lojas para consumidores de alta renda, encontradas em algumas galerias de hotel.

Você pode pensar em dirigir na **Maryland Parkway**, que fica paralela à Strip no east e tem quase de tudo: Target, Toys "R" Us, grandes lojas de departamentos, farmácias, algumas lojas de cultura alternativa (salões de tatuagem e lojas de roupas modernas) e assim por diante. Ela se estende por vários quarteirões.

1 Os Shopping Centers

Você não encontrará nenhuma surpresa em nenhum dos seguintes shoppings – marcas conhecidas e rede de lojas dominam – mas algumas são melhores em termos de ambiente e localização.

The Boulevard 🌟 Este é o segundo maior shopping de Las Vegas – o Fashion Show na Strip o faz ficar movimentado. Suas 150 lojas e restaurantes ficam organizados no estilo de galerias em um único piso – leia-se: *layout* de shopping de fórmula estrita – ocupando 1,2 milhões de metros quadrados. Direcionado para o consumidor comum, possui âncoras como Sears, JCPenney, Macy's, Dillard's e Marshalls. O serviço de manobristas é gratuito. Aberto aos sábados, das 10h às 21h, e aos Domingos, das 11h às18h. 3528 S. Maryland Pkwy. (entre Twain Avenue e Desert Inn Road). ✆ **702/732-8949**. www.blvdmall.com.

Fashion Show 🌟🌟 Este shopping center de luxo localizado no centro, o maior da cidade, está maior do que nunca, graças a uma expansão de US$300 milhões, que incluiu o primeiro Nordstrom da cidade e uma Bloomingdale's, além de Neiman Marcus, Saks Fifth Avenue e Macy's. Foi também colocado um negócio estranho no formato de uma espaçonave, na parte superior, e uma tela luminosa do tamanho de um quarteirão. Os dois itens não contribuem para nossa experiência em compras, mas até um shopping em Las Vegas precisa ter um chamativo visual e eletrônico, ao que parece. Tem boa localização para visitantes, pois é o único shopping verdadeiro da Strip, e dá uma boa sensação de luxo. Há serviço de manobristas e você pode mandar lavar seu carro enquanto faz compras. Aberto de segunda a sexta, das 10h às 21h, sábado, das 10h às 20h e Domingo, das 11h às 18h. 3200 Las Vegas Blvd. S. (na esquina com a Spring Mountain Road). ✆ **702/784-7000**. www.thefashionshow.com.

Galleria at Sunset 🌟 Este é o shopping mais distante do grupo (14,5 km a sudeste do Centro de Las Vegas, em Henderson), mas é, esteticamente, o mais agradável, um shopping center de 1 milhão de metros quadrados, com tema do sudoeste, animais em arte topiária, dando um toque encantador à praça de alimentação. Ancorada pelas marcas Dillard's, JCPenney, Mervyn's e Robinsons-May, os 140 empórios da Galleria incluem filiais da Gap/Gap Kids/Baby Gap, Limited Too, Ann Taylor, bebe, Cache, Lane Bryant, Victoria's Secret, The Body Shop, B. Dalton e Sam Goody. Aberto de segunda a sábado, das 10h às 21h e aos Domingos, das 11h às 19h.

Nas proximidades, em Henderson, 1300 W. Sunset Rd. (na Stephanie St., na saída I-515), ✆ 702/434-0202. www.galleriaatsunset.com

Meadows Mall ✮ Outro shopping imenso, ele tem mais de 144 lojas, serviços e restaurantes, ancorados por quatro lojas de departamento: Macy's, Dillard's, Sears e JCPenney. Fontes e árvores aprimoram o interior ultramoderno e de teto alto do Meadows Mall e existem algumas áreas confortáveis para conversar e sentar, nas quais você pode descansar os pés por um momento. O Meadows Mall fica aberto de segunda a sábado, das 10h às 21h e aos Domingos, das 10h às 18h. 4300 Meadows Lane (na intersecção de Valley View e U.S. 95). ✆ 702/878-3331. www.meadowsmall.com.

2 Outlets

Para chegar ao Las Vegas Outlet Center, você pode ir dirigindo ou pegar o ônibus de dois andares, Deuce, de qualquer lugar na Strip ou no centro de Las Vegas para chegar no shopping center.

Fashion Outlets Las Vegas ✮✮✮ Os dedicados caçadores de pechincha podem preferir dirigir por 40 minutos pela I-15 de terreno irregular até esse grande complexo de outlets (há também um serviço de transporte do New York-New York ou do MGM Grand, mas fique atento, pois a MGM vendeu, há pouco tempo, os hotéis que ficam próximos ao outlet e esse serviço de transporte pode desaparecer), bem na divisa entre Califórnia e Nevada. À sua esquerda fica um grande outlet de fábrica com alguns nomes de designers notáveis o bastante para fazer esse deslocamento valer a pena - Kenneth Cole, Gap, Banana Republic, Old Navy, até mesmo um raro Williams-Sonoma, entre muitos outros. Por que tão longe da cidade? Nós achamos que isso acontece porque esses designers têm boutiques de preço integral, em vários hotéis, e eles não querem que você as ignore em favor dos ítens com desconto. Abertas diariamente, das 10h às 20h. 32100 Las Vegas Blvd. S. ✆ 888/424-6898. www.fashionoutletlasvegas.com.

Las Vegas Outlet Center Anteriormente Belz Outlet Center, esse complexo enorme abriga mais de 150 outlets, com ar condicionado, incluindo algumas dezenas de lojas de roupa e calçados. Oferece uma série de mercadorias, mas mesmo com o nosso conhecimento da natureza do acertar-e-errar dos outlets, nunca compramos algo aqui que nos fizesse sentir algo além de indiferença pelo outlet. Entre outras lojas (que talvez você ache menos insatisfatórias do que nós achamos), encontrará Liz Claiborne, Perry Ellis, Calvin Klein, Levi's, Nike, dressbarn, Oshkosh B'Gosh, Carter's, Reebok, Jockey, Springmaid, Danskin, Van Heusen, Tommy Hilfiger, Royal Doulton, Waterford, Black & Decker e Geoffrey Beene. Há também um carrossel e uma praça de alimentação. Aberto de segunda a sábado, das 10h às 21h e aos Domingos, das 10h às 29h. 7400 Las Vegas Blvd. S. (em Warm Springs Rd.). ✆ **702/896-5599**. www.premium outlets.com.

Las Vegas Premium Outlets Tínhamos muita esperança nesse que é o shopping de outlets com localização mais conveniente e o maior outlet de Las Vegas. Podemos dizer que tem uma aparência legal, com aquele jeito bonito do lado de fora de um shopping, e é um dos lugares preferidos pelos Brasileiros. Mas passear aqui do "lado de fora" das lojas é agradável em um dia normal, mas em um dia quente de Las Vegas – e eles são muitos –, é um miserável forno aberto. Eles deveriam colocar um teto ou, pelo menos, instalar alguns esguichos. Você vai fritar enquanto faz compras, em lojas escuras que causam desapontamento, sendo algumas consideradas "outlets" só porque não estão em shoppings normais. Talvez estejamos nos sentindo cruéis com o par de sapatos Bass que eram muito pequenos ou com os tamanhos de amostra da Dolce & Gabbana em que quase não entramos. Ainda assim, traga muita água se vier durante o verão. Entre as lojas estão Armani, Bernini, Brooks Brothers, Calvin Klein, Coach, Crabtree & Evelyn, Kenneth Cole, Lacoste, Nike, Perry Ellis, Ralph Lauren, Quiksilver, Sam-sonite, Timberland, Tommy Hilfiger, Wilson's Leather e Zales. ***Cuidado:*** É sempre um pesadelo estacionar aqui. É melhor pegar um táxi. Aberto de segunda a sábado, das 10h às 21h e aos Domingos, das 10h às 20h. 875 S. Grand Central Pkwy. (na I-15). ✆ **702/474-7500**. www. premiumoutlets.com.

3 Galerias de Compras em Hotéis

Quase todos os hotéis de Las Vegas oferecem algumas oportunidades de compras. Os seguintes possuem as galerias mais extensas. Os espaços físicos dessas galerias de compras estão sempre abertos, mas as lojas, individualmente, possuem horários imprevisíveis.

Nota: Forum Shops no Caesars, Grand Canal Shoppes no The Venetian e Desert Passage no Planet Hollywood—tanto atrações turísticas como galerias de compras estão na categoria de coisas que devem ser vistas.

CAPÍTULO 6 · COMPRAS

BALLY'S Avenue Shoppes do Bally conta com 20 empórios oferecendo bugigangas, você sabe. Além disso, há diversas lojas de presente, galerias de arte e lojas de vestuários para piscina. O recente acréscimo de uma calçada com o vizinho Paris Las Vegas conta com mais lojas e restaurantes.

BELLAGIO 💰💰 **Via Bellagio** é onde os grandes apostadores vão gastar suas vitórias ou, pelo menos, mandar seus parceiros entediados se divertirem, enquanto você participa de sessões de maratona de apostas. É uma genuína chamada para propagandas de revistas de papel brilhante: Armani, Prada, Chanel, Tiffany, Hermes, Fred Leighton, Gucci, Dior e Yves Saint Laurent. Nada mais. Você precisa de mais alguma coisa? Bem, precisa: dinheiro. Não conseguimos pagar nem o oxigênio desses lugares. (Na verdade, descobrimos alguns itens de preço razoável e de bom gosto em todas as lojas desse lugar, desde um chaveiro prateado de US$30 da Tiffany's, até um porta-cartão de US$100 da Prada). Um fator bom é o estacionamento perto da entrada mais distante de Via Bellagio, por isso não é necessário passar pela grande distância da estrutura principal de estacionamento de Bellagio: você pode simplesmente entrar e já pegar algo para você.

CAESARS PALACE 💰💰💰 Antes de surgir concorrência com The Venetian e Planet Hollywood, *The Forum Shops* era o auge das compras tolas em Las Vegas, um local de 375.000 metros quadrados onde a Rodeo Drive encontra o Império Romano, completo, com uma passagem de entrada do pátio de três andares, com sua própria escada rolante circular (tem que ver para crer). Sua arquitetura e escultura abarcam um período de 300 a.C. a 1770 d.C., fazendo você obter todos os clichês das vistas antigas da cidade italiana. Há também o Festival Fountain, onde um Baco assustador e embriagado e alguns bonecos vestindo toga, representando deuses e deusas, ganham vida por sete minutos a cada hora. Não dá para entender muita coisa além de incentivos vagos de "folia". Esse é um jeito extravagante dos deuses romanos dizerem "gaste", e você pode fazê-lo agradavelmente.

Impressões

Dica Número 3: Ganhe bastante dinheiro. Não posso recomendar muito isso. Se ainda não aconteceu com você, ganhe $1.200 e veja por você mesmo. É muito energizante e realmente aumenta seu divertimento em Las Vegas.

—Merrill Markoe, Viva Las Wine Goddesses!

GALERIAS DE COMPRAS EM HOTÉIS

Caso não seja suficiente, há toda a extensão do Roman Hall que tem como peça central um aquário circular de 50.000 galões e outra fonte, que também ganha vida com um show de fogo (não fique muito perto, fica muito quente), águas dançantes e bonecos animados, enquanto o continente mítico de Atlântida surge e desaparece a cada hora. Os valores de produção são muito maiores do que o da produção de Baco, mas é mais levado a sério, a fim de que o fator da diversão permaneça. Fica no local que possui vários andares, em que se tenta passar pelo "brega" e ir até "a experiência de compras de pessoa rica e elegante", embora qualquer tipo de movimento, literal ou metafórico, seja complicado, mesmo com todos os pilares gigantes, estátuas e fontes, mais um átrio que, verdadeiramente, deixa a luz do sol entrar. Então, com todas essas oportunidades tolas pode ser fácil esquecer que existem lojas reais aqui, nas quais você pode pesquisar e comprar coisas. As estrangeiras são quase que exclusivas, embora existam algumas lojas americanas (sim, é claro que há uma Gap). Alguns exemplos: Louis Vuitton, Bernini, Christian Dior, Christian Lacroix (sweetie darling), A/X Armani Exchange, Agent Provocateur, bebe, Gucci, Ann Taylor, Gianni Versace, Harry Winston, Brooks Brothers, Juicy Couture, Taryn Rose, uma filial da famosa barbearia da Família Real Truefitt & Hill, uma loja Playboy, cosméticos Kiehl's, MAC, Vosges Haut-Chocolat e muitas outras lojas de roupas, calçados e jóias, algumas delas nos deixam mais instigados do que a experiência normal de compras em Las Vegas, porque são lojas com disponibilidade mais limitada. A maioria das lojas fica aberta de Domingo a quinta, das 10h às 23h, de sexta a sábado, das 10h às 0h.

CIRCUS CIRCUS O passeio do shopping fica ao lado do Adventuredome; então, se seus filhos já tiverem idade para ser deixados no parque temático, você pode andar por dezenas de lojas, oferecendo uma seleção de presentes e diversas coisas, mais uma nova galeria de compras com o tema de vilarejo europeu, com calçadas de paralelepípedo, falsa madeira e assim por diante, decorada com réplicas clássicas de pôsteres de circo.

ESPLANADE *AT WYNN LAS VEGAS* Ao longo das mesmas linhas raras da área de compras do Bellagio, esta é uma rua de compras no estilo europeu, delineada por lugares caros com nomes famosos - Chanel, Cartier, Dior, Judith Leiber, Jean Paul Gaultier, Manolo Blahnik, Oscar de la Renta, La Flirt (um tipo de mini-Sephora), Chocolat (doces excelentes e chocolates gourmet) e Jo Malone. Preferimos esse do que o de Bellagio pois parece ter lojas suficientes (como La Flirt), que estão ao alcance da renda de uma pessoa normal.

EXCALIBUR As lojas do **The Realm,** em sua grande parte, refletem o tema medieval do hotel. Dragon's Lair, por exemplo, conta com itens que vão de espadas de peltre e escudos a armaduras completas, a Merlin's Mystic Shop (Loja Mística de Merlin) possui cristais, amuletos da sorte e gárgulas. As outras lojas contém artigos mais convencionais - presentes, doces, jóias, roupas femininas e itens com o logo Excalibur. Em Fantasy Faire, podem tirar uma foto sua vestindo trajes do Renascimento. E o mais importante: há uma filial daquele artigo da realeza–Krispy Kreme!

HARRAH'S ⭐ O shopping center **Carnaval Court** do Harrah é o único shopping a céu aberto da Strip e é, surpreendentemente, um lugar agradável para olhar vitrines. Entre os destaques de loja está uma loja Ghirardelli Chocolate, uma filial da famosa loja de chocolates que fica em São Francisco. Essa loja tem, notavelmente, a versão menor da que existe em São Francisco (ai, e sem os baldes de chocolate líquido sendo misturado) e, além de doces, você pode experimentar uma variedade de sundaes deliciosos e outras delícias de sorvete.

MONTE CARLO Uma galeria de paralelepípedos de lojas de varejo, a **Street of Dreams** (Rua dos Sonhos) possui diversas boutiques de roupa, relógios, óculos e presentes mais caros, mais uma loja Lance Burton.

PLANET HOLLYWOOD ⭐⭐⭐ O que foi um dia a **Desert Passage** (Passagem do Deserto) de Aladdin, uma rendição visualmente apelativa dos estilos arquiteturais "venha comigo para Casbah" que vêm do norte da África e da Turquia, e o que foi um bom exemplo da experiência de "shopping como parque de diversões" de Las Vegas, agora foi transformado em uma "experiência" de compras ainda mais pomposa, esplendorosa, muito menos coerente tematicamente, chamada "Miracle Mile". O quê? Pense da Quinta Avenida, menos as partes internas. Com grandes telas e outros itens eletrônicos que exibem propagandas contínuas e uma entrada criada depois daquela fortaleza de bom gosto, Times Square. Somos cruéis porque gostávamos muitos da encarnação anterior. Ficamos consolados, pois muitas das lojas permanecem as mesmas, e há algumas novas, como a filial da H&M.

RIO A **Masquerade Village** de 60.000 metros quadrados, com dois andares é uma galeria muito bem disposta no hotel Rio. Ela se parece com um vilarejo europeu e conta com uma grande variedade de lojas.

THE VENETIAN ⭐⭐ Depois de fazer compras na Roma Antiga no *Caesars*, venha para o **The Grand Canal Shoppes** e veja se fazer compras na Veneza (quase), da era do Renascimento, tem alguma diferença. Certamente, os valores de produção permanecem altos; esse é um vilarejo italiano re-criado, completo com uma pintura de céu azul adornado com nuvens e um canal bem no centro, no qual gondoleiros flutuam e cantam. Pague-os ($15) e você ganha um passeio lento, ida e volta, com serenatas feitas pelo seu remador (atores contratados especialmente para isso e com sotaques que poderiam enganar Roberto Benigni perfeitamente). Enquanto você passa, sob e sobre pontes, floristas farão serenata para você e cortesãs flertarão com você e pode ter um encontro com um ou dois venezianos famosos, enquanto Marco Polo discute suas viagens e Casanova externa seu famoso charme. O passeio termina em uma versão em miniatura (não tão pequena assim) da Praça de São Marcos, marco central de Veneza. Aqui, você encontrará cantores de ópera, músicos ambulantes, sopradores de vidro e outras atividades alvoroçadas de mercado. É bastante ambicioso e derruba todas as estátuas animadas.

Os Shoppes têm acessibilidade diretamente do lado de fora, por meio de uma grande escadaria, cujo teto conta com mais daquelas impressionantes reproduções pintadas à mão. É bárbaro.

Ah, as lojas? Os nomes de marca, médios e altos, de sempre: Jimmy Choo, Mikimoto, Movado, Davidoff, Kenneth Cole, Ann Taylor, BCBG, bebe, e mais, além de vidro veneziano e lojas de papel. O Madame Tussauds (p. 133) também fica aqui, bem como o Canyon Ranch SpaClub.

E, se isso não é o bastante, lojas-irmãs no Palazzo vizinho incluem uma compacta Barney's New York (a loja de departamentos de designer querida dos corações de muitos que gostam de moda), além de Christian Louboutin, Bottega Veneta, Chloe etc.

As lojas ficam abertas de domingo a quinta, das 10h às 23h, de sexta a sábado, das 10h às 0h.

4 Roupas Clássicas

The Attic ⓖ Antiga estrela de um comercial da Visa, essa loja oferece várias escolhas de roupas em muitas prateleiras. Durante uma visita recente, um homem chegou pedindo uma saia de *poodle* para sua filha de 8 anos. Eles tinham. Aberta de segunda a quinta, das 10h às 17h, às sextas, das 10h às 18h, sábados, das 11h às 18h e fecha no Domingo. 1018 S. Main St. ⓒ **702/388-4088**. www.theatticlasvegas.com.

Buffalo Exchange ⓖ Essa é, na verdade, uma filial de uma rede de lojas espalhadas pelo oeste dos Estados Unidos. Não permita que a palavra final lhe preocupe – os produtos não parecem padronizados. Com funcionários jovens, incrivelmente elegantes, vestindo alta costura (pergunte a eles o que está acontecendo na cidade durante sua visita), é cheia de vestidos, camisetas, calças e assim por diante. Como com qualquer loja clássica, o conteúdo é único. Pode-se facilmente ir um dia e voltar com 12 novos modelitos e ir, em outro dia, e não achar mais nada. Mas é provavelmente a mais confiável entre as lojas clássicas locais. A loja fica aberta de segunda a sábado, das 10h às 20h e aos Domingos, das 11h às 19h. 4110 S. Maryland Pkwy. (na Flamingo Rd.). ✆ **702/791-3960**. www.buffaloexchange.com.

5 Lembranças

Com certeza, você pensa que Las Vegas é *o* lugar ideal para lembrancinhas bregas - a cidade em si é uma grande fortaleza de bom gosto, afinal de contas. Mas, infelizmente, mesmo em padrões generosos, muito das porcarias vendidas é porcaria, de fato. Mas existem alguns lugares para comprar aquele globo de neve e os dados de pelúcia que você tanto quer.

O **Arts Factory Complex** ✯✯✯, 103 E. Charleston Blvd. (✆ **702/382-3886**), possui uma loja de presentes cheia de flamingos rosas (bem, talvez nem tantos, agora que a fábrica de flamingos rosas fechou) e itens específicos de Las Vegas. Aqui deve haver algo para todos os gostos.

Se você preferir que as lembranças sejam menos icônicas, siga para a **Bonanza Gift and Souvenir Shop** ✯✯ 2460 Las Vegas Blvd. S. (✆ **702/384-0005**). Olhamos e sentimos que o item mais cafona disponível era o par de brincos feitos de fichas de pôquer. Mas gostamos muito dos braceletes feitos de dados.

Para imitações burlescas, cobertas por lantejoulas, dê uma olhada no **Liberace Museum gift store** ✯✯, 1775 E. Tropicana Ave. (✆ **702/ 798-5595**). Encoraje-os a ganharem ainda mais lá (você não acha que eles deveriam incluir *mouse pads* e protetores de tela do *Liberace*?).

Se você quer seus souvenires com mais estilo (estraga prazeres), o espetáculo **O** do **Cirque du Soleil** tem uma loja de presentes no Bellagio, 3600 Las Vegas Blvd. S. (✆ **702/693-7444**), com artigos específicos do *Cirque*, mas também elegantes cerâmicas, máscaras e outras curiosidades.

Para emoções confusas, pouca coisa pode ser melhor do que os itens decorados com imagens vintage de testes, com bombas e outras glórias da época auge das explosões atômicas, no **Atomic Testing Museum gift store** ✯✯, 755 E. Flamingo Rd. (✆ **702/794-5161**).

6 Doces

M&M World *Crianças* Todo mundo precisa de um vício e, no nosso caso, é o chocolate, minha nossa! Seu poder de atração é tão grande, que ele sobrepuja até mesmo nossa típica postura esnobe perante qualquer coisa que lembre, mesmo que remotamente, uma armadilha pra turistas e nos leva diretamente ao M&M World. O que nós podemos fazer quando nos vemos diante de uma parede de M&M's em cores nunca antes vistas pelo homem (prata, rosa-choque, turquesa!)? Caro demais? Mas é claro! E quem se importa? Há uma abundância de outros artigos, repletos com o logotipo do M&M, um curta-metragem e um número cômico surpreendentemente agradáveis, aparentemente sobre a "história" do doce, mas realmente se trata apenas de uma aventura bonitinha, com um orçamento decente por trás. Aberto de domingo a quinta, das 9h às 23h, de sexta e sábado, das 9h à 0h. No Showcase Mall, 3785 Las Vegas Blvd. S. (ao norte do MGM Grand). **702/ 736-7611**.

7 Antiguidades

Curiosamente, a única área em que Vegas quebra o padrão de minishoppings das lojas de cadeia é no setor das lojas de antiguidades. Há poucas delas – cerca de duas dúzias – com qualidade e preços consistentes, quase todas localizadas à distância de algumas quadras uma da outra. Nós temos uma amiga, alguém que leva o design de interiores muito a sério, que vem diretamente a Vegas para encontrar os seus melhores achados (você deveria ver a coleção de lustres antigos dela!). E nós adoramos nosso conjunto de chá com xícaras e pires do enxoval de casamento de Charles e Diana, adquirido por quase nada, nessa mesma rua.

Para chegar lá, comece no meio da **quadra 1600 do East Charleston Boulevard** e continue dirigindo na direção leste. As pequenas lojas, quase todas localizadas em antigas casas datando da década de 30, se enfileiram em cada um dos lados da rua. Ou você pode fazer uma parada no **Silver Horse Antiques,** 1651 E. Charleston Blvd. *(* **702/385-2700***)* e apanhar um mapa para quase todas as lojas, com números de telefone e horários de funcionamento.

Antiques at the Market Um novo mini-shopping de antiguidades (pela falta de uma frase melhor) com uma série de pessoas operando suas barraca, debaixo de um teto. Aberto de segunda a sábado, das 10h às 18h, de domingo das 12h às 17h. 6665 S. Eastern Ave. (entre as estradas Sunset e Warm Springs). **702/307-3960**.

Antique Square Uma coleção de lojas com aspecto sujo em diversas casas remodeladas dispostas em uma quadra. Mas todos os bons compradores de antiguidades sabem que esse tipo de lojas de bugigangas apertadas são os melhores lugares para encontrar verdadeiros tesouros e fazer uma verdadeira caça às antiguidades (porque uma vez as lojas já foram realmente vistoriadas e lindamente organizadas pelos profissionais, você pode dar adeus às ofertas e verdadeiros achados). Os horários individuais das lojas variam, mas a maioria fica fechada de domingo e segunda. 2014-2034 E. Charleston Blvd. (na Eastern Ave.). **702/471-6500**.

Red Rooster Antique Mall Um mini-shopping sortido, apenas com "antiguidades", em vez de conter uma filial do 7-Eleven e um salão de manicure. O lugar é mais antigo e desgastado, mas exibe bancas individuais, que vendem todas as categorias de coisas, desde bugigangas a tesouros. Os horários individuais das lojas variam, mas a maioria fica aberta de segunda a sábado, das 10h às 18h, e domingo, das 11h às 17h. 1109 Western Ave. (na Charleston e I-15). **702/382-5253**.

8 Perucas

Serge's Showgirl Wigs Ah, você provavelmente pensou que todas aquelas showgirls tinham naturalmente generosas mechas abundantes. Nós sentimos muito por estragar seu prazer. Se você quer se parecer com uma das showgirls (e por que não?), venha até o Serge's que, por mais de 23 anos, tem suprido as necessidades relacionadas a perucas em Vegas, com mais de 2.000 perucas para escolher. As perucas têm preços que vão de US$130 a mais de US$1.500, dependendo da qualidade e semelhança a um cabelo de verdade, e você pode escolher entre a linha de perucas Dolly Parton ou comprar uma peça feita sob medida. Eles também fazem apliques e topetes postiços, e oferecem produtos para tratamento capilar. Aberto de segunda a sábado, das 10h às 17h30.

E, se os preços no Serge's forem altos demais para dar vida à sua fantasia, do outro lado do caminho fica o Serge's Showgirl Wigs outlet, com uma faixa de preços mais razoável, de US$60 a US$70. 953 E. Sahara Ave., no.A-2. **800/947-9447** ou 702/732-1015. www.showgirlwigs.com.

Las Vegas Após o Anoitecer

7

Se há algo tão abundante em Vegas quanto as apostas, é a vida noturna. Você não seria a primeira pessoa a fazer uma visita inteiramente noturna. Todos os hotéis têm diversos bares e várias lounges gratuitas, com música ao vivo, além de um ou dois clubes. Em qualquer outro lugar da cidade há mais bares, mais clubes, além de casas de striptease, cafeterias e mais. Além de tudo isso, Vegas está ficando famosa, novamente, como uma parada legítima para concertos e também tem seus próprios espetáculos ostentosos e produções teatrais especiais.

Naturalmente, muitas dessas opções serão custosas e, naturalmente, nós temos maneiras de contornar isso. Enquanto as produções são oferecidas gratuitamente como cortesia aos apostadores que tentam a sorte nos caça-níqueis e mesas, você, em vez disso, precisará consultar aquelas revistas gratuitas (*What's On* e *Show Biz*) oferecidas em seu quarto de hotel, e procurar nelas cupons de desconto. Observe que há alguns espetáculos vespertinos que são consideravelmente mais baratos do que os eventos noturnos. Os bares dos hotéis podem ser mais caros do que operadores independentes, mas você poderá beber de graça, se ficar próximo a uma máquina caça-níquel, ou se sentar na lounge dos jogos de azar, fingindo jogar, até que uma garçonete de coquetéis passe por você, já que as bebidas são oferecidas gratuitamente aos apostadores. As garçonetes precisam ter certeza de que você está jogando antes de oferecer a bebida, mas elas nunca fazem isso. A entrada para os clubes tende a ser gratuita para residentes de Nevada, por isso, tente conversar com as pessoas que estão na fila com você e veja se eles são do estado, em caso positivo, veja se estão dispostos a fingir que você está com eles.

Tenha em manter em mente: embora Vegas seja bastante casual, muitas das danceterias têm códigos de vestimenta, o que significa que eles não aceitam jeans nem tênis, ou qualquer outra coisa que faça você parecer um gângster. O movimento nos bares e clubes não começa até muito tarde, quando todos os trabalhadores locais dos restaurantes e as *showgirls* saem do trabalho. É sério, os lugares podem parecer desertos às 22h30 e, inacreditavelmente, cheios à meia-noite – e ficar desse jeito até as primeiras horas da manhã, graças ao horário de trabalho invertido de uma grande parte dos jovens de Vegas. Lembre-se também que uma proibição de fumo, recentemente instaurada em Vegas, proíbe fumar em bares que servem comida. Para obter mais informações, consulte a p. 220.

Para descobrir quem vai se apresentar durante sua estada e para obter listas atualizadas de shows (os preços são alterados, os espetáculos fecham), você pode ligar para os vários hotéis, usando seus números gratuitos. Ou então ligue para a **Las Vegas Convention and Visitors Authority** (© **877/VISIT-LV [847-4858]** ou 702/892-0711) e peça que eles lhe enviem cópias gratuitas do *Showguide* ou do *What's On in Las Vegas* (uma dessas publicações, ou ambas, provavelmente serão disponibilizadas em seu quarto de hotel). Você também pode verificar o que está em cartaz no site **www.visitlasvegas.com**. É melhor planejar, com bastante antecedência, se você quiser ver um dos espetáculos mais populares ou se quiser assistir a uma apresentação de renome.

As opções de entretenimentos dos hotéis descritas nesse capítulo incluem informações sobre os preços dos ingressos, o que está incluído nesse preço (bebidas, jantar, taxas e/ou gratuidades), políticas das casas de eventos e reservas. Sempre que possível faça reservas com antecedência, especialmente para apresentações nos fins de semana e feriados. Se a casa de eventos tem assentos com maitre d' (em oposição a assentos pré-designados), talvez seja melhor oferecer uma gorjeta a ele por um assento melhor. Uma gorjeta de US$15 a US$20, por casal, geralmente é o suficiente em um espetáculo grande, ou ainda uma quantia menor em um evento pequeno. Uma alternativa para oferecer uma gorjeta ao maitre d' é esperar até que o atendente o leve até o seu lugar. Talvez seja adequado e, nesse caso, você terá economizado dinheiro. Em caso negativo, você pode oferecer ao atendente uma gorjeta por um lugar melhor. Se você planeja oferecer gorjetas, tenha o dinheiro em mãos; maitres d' e atendentes tendem a se aborrecer se você se atrapalha na hora das gorjetas. Você também pode dar gorjetas com fichas do cassino (apenas do cassino do hotel onde o espetáculo está acontecendo), em vez de dinheiro. De qualquer modo, a regra de etiqueta adequada é oferecer a gorjeta um tanto subitamente – um tipo de ação mão a mão. Não há muito motivo para fazer isso, já que todo mundo sabe o que está acontecendo, mas ser espalhafatoso não é de bom tom. Chegue cedo em espetáculos com maitre d' para ter as melhores opções de lugares.

Se você comprar ingressos para um espetáculo, com assentos designados, em pessoa, você pode olhar um mapa de assentos. Evite sentar muito próximo ao palco, se possível, especialmente no caso de grandes produções. Os números de dança são melhores visualizados do meio do teatro. Com os espetáculos de renome, você pode querer sentar mais próximo.

AS PRINCIPAIS PRODUÇÕES

Nota: *d*eixando de lado todas essas advertências e instruções, a maioria das casas de eventos oferecem boa visibilidade de praticamente todos os lugares.

Se você prefere rock ou música alternativa suas opções no passado seriam limitadas, mas isso mudou. Mais dessas bandas estão vindo para a cidade, atraídas pela House of Blues e o The Joint do Hard Rock Hotel, o que significa que você pode realmente ver gente como Marilyn Manson e Beck em Vegas. Confira as listas nesse capítulo para bares e cafeterias, dentre os quais muitos oferecem música alternativa ou blues ao vivo. Se você quiser saber o que está em cartaz durante sua estadia, consulte o **Las Vegas Weekly**, com grandes descrições de clubes e bares em suas listas. Você pode conseguir uma cópia da publicação em restaurantes, bares, lojas de música e lojas de varejo modernas. Se você procura boas dicas de cultura alternativa, experimente perguntar à equipe da loja de roupas vintage Buffalo Exchange (℃ **702/791-3960**; p. 163); eles têm um pé no meio underground.

Além das listas abaixo, considere a **Fremont Street Experience**, descrita na p. 127.

1 As Principais Produções

Os shows em Vegas estão mais resplandecentes e exagerados do que nunca, mas com algumas exceções, eles não valem os preços cada vez mais altos. Nós não estamos falando de espetáculos do calibre da Broadway aqui, mas há algumas exceções. A maioria das apresentações do Cirque du Soleil e do Blue Man Group podem garantir seu lugar entre os melhores. Três ícones se apresentam rotativamente com shows bastante especiais no Caesar's:

Dicas **Nossos Favoritos**

Nosso voto como **melhor espetáculo**? É um empate entre o KÀ no MGM Grand, o O no Bellagio, e o *Mystère* no Treasure Island, todos do Cirque du Soleil. Em qualquer um dos casos, você tem que ver para crer – e mesmo assim pode não acreditar, mas não esquecerá a experiência muito cedo. O espetáculo **mais inteligente da cidade** é o Penn & Teller, no Rio. O único motivo pelo qual nós não o consideramos o melhor **espetáculo de mágica** é porque nós apreciamos o delicioso Lance Burton, no Monte Carlo. **O melhor número de topless de Vegas** fica por conta do Jubilee!, no Bally's. **O melhor na categoria "não sabemos bem como denominar esse espetáculo"** é o Blue Man Group, no The Venetian. **A melhor apresentação para toda a família** ficará por conta do *Rei Leão* no Mandalay Bay.

Bette Midler, Cher e Elton John. Barry Manilow emociona seu fanilows com seu número no Las Vegas Hilton. Por falar em Broadway, em 2009, o altamente elogiado *Rei Leão* começará a se apresentar no Mandalay Bay.

Mas, na maior parte dos casos, seu dinheiro será mais bem gasto em outro lugar, talvez num espetáculo de renome que esteja na cidade para uma breve apresentação. Do contrário, os shows dos hotéis são simplesmente versões, com muita lantejoula, do clássico teatro de variedade: um pouco de música (com playback), um pouco de dança (que não vai o surpreender), um pouco de água com gás escorrendo pelas calças, se é que as calças estiverem presentes. Além de alguns números de mágica.

Nota: Embora todos os esforços tenham sido feitos para manter o cenário volátil das apresentações de Las Vegas, tenha em mente que as seguintes críticas podem não representar o show que de fato você verá, mas o conceito básico e a ideia serão os mesmos. Além disso, o show pode ter sido encerrado, por isso, é uma boa ideia ligar para o local e verificar.

American Superstars *Crianças* Um, dentre uma série de shows com sósias de celebridades (bem, é mais barato do que com as celebridades reais), o *American Superstars* é um dos poucos em que os referidos sósias realmente cantam ao vivo. Cinco artistas compõem o show; as celebridades imitadas variam, dependendo da noite.

Uma noite de sexta-feira típica incluiria Britney, Christina e Ricky Martin, sem mencionar grandes nomes como Madonna, Michael Jackson e Diana Ross. Não é como se esses artistas fossem tomar o lugar dos originais, mas eles não são maus. Na verdade, suas vozes eram mais parecidas às das celebridades em questão, do que o seu visual (metade dos artistas negros eram interpretados por atores brancos), o que é algo incomum para os sósias de Vegas. No Stratosphere Casino Hotel & Tower, 2000 Las Vegas Blvd. S. ✆ **800/99-TOWER [99-86937]** ou 702/380-7711. www.stratospherehotel.com. Ingressos US$42 adultos, US$31 crianças de 5-12 (incluindo imposto e taxa de manutenção); pacotes com jantar e show disponíveis. De quarta e sexta-sábado, às 18h30 e 20h30; de domingo a terça, às 19h.

Bette Midler ✰✰✰ A Divina Miss M trouxe sua deliciosa presença a uma residência de mais de 2 anos no Caesars, superando a marca notável de Celine Dion. As piadas ousadas de Midler e seus vocais abrangentes desmentem seus 60 e alguns anos, enquanto ela apresenta um show clássico. Você sabe, cantando, dançando, contando piadas, carismática, sem mencionar as fantasias de sereia e homenagens a Sophie Tucker. Os preços dos ingressos são altos para os melhores lugares, é claro, mas a dama faz um ótimo show; sua voz e presença de palco estão mais fortes do que nunca. Este é o tipo de entretenimento de Vegas como ela costumava ser – grandes artistas fazendo o que eles fazem de melhor, sem chamarizes – a menos que você conte aquelas sereias dançando em cadeiras de rodas - e a única mágica do tipo de que um grande artista sabe realizar, noite após noite. Haverá 100 shows durante todo o ano, geralmente em blocos de 4 semanas, de terça, quarta e sexta a domingo, às 20h. No Caesars Palace, 3570 Las Vegas Blvd. S. © 877/7BETTEM [723-8836], ou através do www.ticketmaster.com. Ingressos, US$95-US$250 (além da taxa de reserva).

Blue Man Group ✦✦✦ Eles são azuis? De fato, são – três homens carecas, que não falam, cobertos por tinta azul, fazendo números decididamente estranhos com marshmallows, objetos de arte, membros do público, toneladas de papel e uma surpreendente seleção de instrumentos de percussão fabricados astuciosamente com canos de PVC. Se isso não parece muito Vegas, não é mesmo. Esta é a mais recente franquia de um grupo de performances artísticas originado em Nova York, que parece ter chegado à cidade por uma porta paralela, aberta pelo sucesso estrondoso do Cirque du Soleil. Não fique com a

---

Crianças Espetáculos Adequados para Famílias

Considerando o cada vez mais alto preço dos ingressos de shows em Vegas, uma família com quatro pessoas pode precisar pensar duas vezes antes de levar as crianças para sair à noite. E não adianta nada o fato de Vegas estar mostrando sua preferência por adultos com idade já legalizada, com produções que mostram cada vez mais a pele nua. Até mesmo **Lance Burton** (p. 175), cuja apresentação é, do contrário, inteiramente adequada a crianças, exibe showgirls, com trajes que são um tanto econômicos na parte de trás. Além de Burton, será melhor você levar as crianças para o show de sósias **American Superstars** (p. 170), que oferece um ingresso com preço especial para crianças, e o show de mágica vespertino, **Mac King** (p. 160). As crianças artísticas vão adorar o **KÀ** (p. 174), o **Mystère** (p. 176) ou o **O** (p. 177), mas espere até que eles tenham, no mínimo, 8 anos de idade, por causa do ritmo e das imagens surreais. E, embora os adultos possam ficar entediados, as crianças adoram o barulho e a agitação das batalhas medievais apresentadas no **Tournament of Kings** (p. 179) - os adolescentes também podem gostar, mas eles se acham legais demais para admitir. E **O Rei Leão** (que será inaugurado no Mandalay Bay) é um espetáculo surpreendente, que é sofisticado o bastante para agradar adultos e crianças.

impressão errada, esse não é nenhum clone do Cirque. Não há acrobacias nem coreografias flutuantes, nenhuma tentativa de criar um universo paralelo, apenas uma série de números desconexos. Mas mesmo que o todo não seja maior do que a soma das partes, as partes em si são bastante grandes. É engraçado das maneiras mais estranhas e inesperadas e o público, geralmente, fica extasiado no final. Os fãs dos shows típicos de Vegas podem sair coçando a cabeça, mas nós estamos felizes de que haja outra cor no espectro do entretenimento de Vegas. No The Venetian, 3355 Las Vegas Blvd. S. ✆ **877/833-6423**. www.venetian.com. Ingressos, US$S85-US$140 além de impostos e taxas de serviço. Todas as noites, às 19h30 com um show adicional às 22h30 aos sábados.

Cher ★★★ Cherilyn Sarkisian teve uma boa carreira – do tipo que rendeu a ela um espaço renomado no Caesar's Palace, juntamente com Elton John e Bette Midler. E do tipo que confere a você o símbolo de status de estrelato máximo, fazendo com que todo o mundo o conheça pelo seu primeiro nome. Essa é a Cher que, embora às vezes tenha sido desconsiderada como uma mera companheira, em "I Got You Babe", do ex-marido Sonny, a personagem da era disco, romancista serial de alto perfil e relíquia anacrônica já provou ser, muitas vezes, uma das figuras mais ressaltantes da cultura pop, quase que apenas por força de sua vontade própria (e espírito esportivo). Convenhamos, ela não é uma grande cantora, não sabe dançar muito bem, não é conhecida por ser compositora ou música. Ainda assim, ela é agradável – e sabe como aproveitar ao máximo sua personalidade, seu senso de humor (geralmente retraído) e seus talentos. O fato de ela ter seu nome em dezenas de hits e em um dos principais programas de variedade da TV dos anos 70, e de ter recebido um Oscar de melhor atriz em 1988, pelo seu papel no filme "Feitiço da Lua", não são coisas que devem ser esnobadas. Ah, e ninguém veste trajes de Bob Mackie como ela!

Então, ela terá sucesso com seu novo show em Vegas? É só dizer o título de um de seus hits assinatura da sua volta. Não, nós não estamos falando de "Half Breed"! Estamos falando de "Believe". Às terças, quartas, sábados e domingos às 19h30. No Caesars Palace. 3570 Las Vegas Blvd. S. ✆ **866/ 510-2437**. Ingressos, US$95-US$250 mais taxa.

Criss Angel: *Believe with Cirque de Soleil* Essa colaboração, recém inaugurada, entre o carismático Angel e o sempre impressionante Cirque, recebeu críticas tão atrozes que deve haver alguma dúvida quanto ao futuro dessa produção (não obstante seu contrato de 10 anos de duração). Embora "enredo" possa ser um termo muito forte para ser associado a uma produção do *Cirque*, esta produção prometeu uma narrativa de tipos, provavelmente fazendo uma homenagem fantasiosa ao amor de Angel por Houdini (assim como o título). Isso provou ser uma atitude otimista. Quanto às ilusões hipnóticas e fantásticas de Angel e aos cenários escapistas, muitas foram as reclamações quanto à sua baixa qualidade. Pelo menos, os efeitos especiais surreais criados por humanos próprios do Cirque continuam emocionantes. De sexta a terça, às 19h e 22h. No Luxor, 3900 Las Vegas Blvd. ✆ **800/288-1000**. Ingressos, US$59-US$150.

Crazy Girls O *Crazy Girls*, apresentado em um teatro intimista, é um exemplo típico de uma vigorosa apresentação da Strip. Ele apresenta sensuais showgirls com corpos perfeitos, em números eróticos de música e dança, acompanhadas por inovadores efeitos de iluminação. Pense nas poses da *Penthouse* tomando vida. Talvez um senhor de Kentucky tenha resumido melhor: "É bom se você gosta de seios e bundas. Mas a maioria das garotas não sabem nem dançar". No Riviera Hotel & Casino, 2901 Las Vegas Blvd. S. ✆ **800/892-7469** ou 702/794-9433. www.rivierahotel.com. Ingressos, US$55-US$75 (mais taxa). Apenas pessoas com mais de 18 anos. De quarta a segunda, às 21h30.

Danny Gans: *The Man of Many Voices* 🌟🌟 Em uma cidade onde os espetáculos que sempre têm os ingressos esgotados são extravagâncias elaboradas e caras, é um tributo ao carisma e charme de Danny Gans o fato de que seu número de variedade, de um só homem, atraia as mesmas multidões com nada além de uma banda de apoio e alguns acessórios. Gans é "o homem das muitas vozes" – mais de 400 delas – e seu show apresenta imitações de 80 celebridades diferentes, geralmente uma mistura diferente a cada noite, dependendo da demografia do público. Ele sabe agradar a platéia consistentemente e a falta de elementos bombásticos pode ser uma mudança refrescantes no ritmo. De quarta, sexta e sábado às 20h. No Wynn, no momento da publicação, não havia informações de preços de ingressos ou horários disponíveis.

Jersey Boys Vegas 🌟🌟 Entre 1962 e 1975, Frankie Valli and the Four Seasons obtiveram uma sequência surpreendentemente longa de hits pop cativantes e bem feitos que são tão conhecidos – e tão amados – como qualquer outro grupo na música pop. Essas músicas colocadas à prova pelo tempo são o atrativo central de *Jersey Boys*, ganhador do Tony (por Melhor Musical). Mas ele é muito mais que uma revista musical habitual ou mais do que apenas outra recriação de uma peça popular antiga. É uma peça musical verdadeira, com uma narrativa atraente da rua à casa, uma boa porção de drama e humor e exaltação suficientes para satisfazer veteranos de teatro e a família que esteja de férias (com um suave aviso sobre a linguagem picante de Jersey). Uma produção visual fascinante que crepita de energia e brilha com uma precisa arte de escrever, *Jersey Boys* já teve uma temporada entusiástica pós-Broadway. Com seu fator de atração visual e um emocionante renascimento da música de Four Seasons, esse musical é o veículo perfeito para quebrar a má sorte teatral de Las Vegas (que viu a retirada de *Hairspray*, *Os Produtores*, *Spamalot* e *Avenue Q*) e permanecer com uma temporada longa e luminosa. The Palazzo, 3325 Las Vegas Blvd. ✆ **866-641-SHOW [7469]**. S65-$135. Seg, Qui, Sex, Sáb às 19h, Ter e Sáb às 19h e 22h.

Jubilee! ✪✪ Um espetáculo clássico de Las Vegas, cheio de canto, dança, mágica, acrobacias, figurinos elaborados, cenários, e, claro, peitos nus. É teatro revista básico, tendo suas produções com versões homogêneas de padrões (Gershwin, Cole Porter, alguns números de Fred Astaire) às vezes cantados ao vivo, às vezes com sincronia labial e sempre acompanhado por garotas com figurinos excessivos e frequentemente fazendo topless. Cenas cômicas de Sansão e Dalila e o naufrágio do *Titanic* (!) afundando mostram cenários impressionantes (eles vinham fazendo o *Titanic* muito antes de um certo filme e quem assistiu recentemente disse que o efeito de afundamento do navio no palco era uma produção melhor que a do filme). O final conta com figurinos aerodinamicamente impossíveis, com penas e jóias e objetos utilizados na cabeça desenhados por Bob Mackie. Em Bally's Las Vegas, 3645 Las Vegas Blvd. S. ✆ **800/237-7469** ou 702/739-4567. www.ballys.com. Maiores de 18 anos somente. Ingressos US$68-$110. Sáb-Qui 19h30 e 22h30.

KÀ ✪✪✪ *Crianças* A quarta apresentação do Cirque du Soleil, exibida na Strip, tem tema asiático (embora seu nome seja, na verdade, egípcio e signifique "espírito duplo", mas não vamos ser exigentes quanto a isso), com uma narrativa verdadeira (o enredo sobre gêmeos separados buscando um ao outro é um pouco vago, mas fácil o bastante para ser seguido), perfeito para aqueles que gostam que seu espetáculo seja um pouco menos dadaísta e um pouco mais literal. Isso é para não dizer que *KÀ* não tem a aparência de uma produção do Cirque. O divino talento artístico, a magia técnica, os figurinos fabulosos, os passos rápidos e as acrobacias que são a marca oficial do Cirque du Soleil estão ainda muito presentes e contabilizados. Mas, se seus irmãos aprendem mais com Fellini e Dali, então *KÀ* é mais Kabuki e kung fu. As duas cenas de abertura, com a coreografia *Tigre e o Dragão*, já valeriam o preço da entrada. Esse show é provavelmente o mais acessível das produções Cirque para o público jovem. Na MGM Grand, 3799 Las Vegas Blvd. S. ✆ **877/880-0880** ou 702/891-7777. www.ka.com. Acima de 4 anos.Tickets US$69-$150. Sex a Ter 19h30 e 22h30.

Lance Burton: *Master Magician* ✭✭✭ *Crianças* Os shows de mágica são muito baratos em Las Vegas. Por isso, quando aparece alguém com algo original – sem mencionar alguém charmoso e, sim, verdadeiramente bom no que faz – há um alívio. Bonito e sociável, Burton tem talento e cativa, evitando ao máximo os efeitos especiais de alto custo que invadiram a maioria dos shows da cidade. Em vez disso, ele oferece uma produção extremamente simpática, que começa pequena, com uma mágica "ilusionista". Esses truques adoráveis, ele nos conta, foram os que o fizeram vencer várias competições de mágica prestigiosas. Elas são verdadeiramente extraordinárias. (Juramos que ele arremessou um pássaro no ar e o coitadinho virou confete na nossa frente. Sério.) Seu modo seco, breve e singelo é muito divertido e contrasta-se bem com outros performistas da cidade, que parecem ter passado muito tempo no Starbucks. Junta-se a ele o ilusionista cômico, fora do comum, Michael Goudeau: o cara faz ilusão de uma serra, de uma bola de boliche e uma tocha *de uma vez só*. Em Monte Carlo Resort & Casino, 3770 Las Vegas Blvd. S. ✆ **877/386-8224** ou 702/730-7160. www.montecarlo.com. Entradas $61-$73.Ter e Sáb 19h e 22h; Qua a Sex 19h.

Le Rêve ✭ *Le Rêve*, teve esse nome recebido pelas pinturas mais significantes de posse de Steve Wynn e é uma peça que conta com elementos comuns: performistas atléticos lindamente esculturais, que se torcem, se contorcem e, muitas vezes, fazem pose antes e depois de mergulhar e se arremessar para fora da piscina gigante. Palhaços engraçados fazem sua parte, intermitentemente. Figuras de Magritte flutuam. Fontes surgem do palco. O resultado é puro espetáculo, com uma narrativa leve que sugere que os acontecimentos são os sonhos de uma mulher lidando com um problema passional turbulento. Assemelha-se à maior e mais impressionante produção de Esther Williams que você pode imaginar. Falando nisso, é melhor não sentar nas primeiras cadeiras, a menos que não se importe em passar 90 minutos se secando com as toalhas que são fornecidas - na apresentação, não somente os performistas deixam espirrar água a todo momento, mas também os longos e tênues figurinos, quando retirados dessa água e jogados bem alto no ar, fazem muita água cair e molhar muito as duas primeiras filas. Pelo fato de nenhum lugar ser muito longe do palco e, pelo fato de quanto mais longe você puder imaginar, não há realmente um lugar ruim; por isso, fique lá atrás e fique seco. Segunda, Quinta, e Domingo 19h e 21h30; Sexta às 20h30; e Sábado às 20h e 22h30. Em Wynn Las Vegas, 3131 LasVegas Blvd. S. ✆ **888/320-7110**. www.wynnlasvegas.com. Para maiores de 12 anos. Ingressos $99-179.

LOVE ✯ Está entre o sucesso do Cirque e a rara falha do Cirque, e sua medida realmente depende de que tipo de fã dos Beatles você é. Estamos partindo do pressuposto de que ninguém quer saber quem gosta muito ou pouco – quem não gosta não vai sentir vontade de ir no show. Se você é daquele tipo que fica feliz sempre que está ao alcance da voz dos Fab Four, você vai adorar esse espetáculo, desfocado e animado. Se você é um tipo de fã que acha qualquer tipo de comercialização de músicas consagradas (desconsiderando o carimbo oficial do envolvimento de Sir George Martin e o selo de aprovação de Paul, Ringo, Yoko e da viúva de Georges, Olivia) repugnante, e/ou fica assombrado com apresentações literais das músicas (você pode até adivinhar o que acontece durante "Being for the Benefit of Mr. Kite"), vai ter sentimentos diversos. Ainda assim, a qualidade é inegavelmente impressionante e as crianças vão dar boas risadas. Em The Mirage, 3400 Las Vegas Blvd. S. ✆ **800/963-9637** ou 702/792-7777. www.beatles.com. Ingressos $94-$150. Todas as noites, 19h30 e 22h30.

MGM Grand's *Crazy Horse Paris* ✯ A prova maior de que Las Vegas está tentando se distanciar do fiasco "Las Vegas é para a família", o novo slogan é "entretenimento para adultos elegantes", com *Crazy Horse Paris* liderando o grupo. Supostamente, o mesmo show que tem sido apresentado por anos, em uma picante boate famosa francesa, *Crazy Horse Paris* é um monte de garotas tirando suas roupas. Exceto o fato delas serem absolutamente lindas, com tipos de corpos que não são encontrados entre as simples mortais, e elas tiram suas roupas de formas curiosas e, por que não, artísticas: rodando da *pointe* dos sapatos enquanto, seguram-se em cordas ou argolas e caindo em sofás, enquanto dublam canções populares francesas sobre amor não correspondido. Em resumo, isso é o que o striptease deveria ser e, caramba (!), se os clubes de strip fossem tão bem representadas no palco, iríamos a elas toda hora. Mas por $60 o ingresso, é uma boa pagar por divertimento de nu artístico. Em MGM Grand, 3799 Las Vegas Blvd. S. ✆ **877/880-0880** ou 702/891-7777. www.mgmgrand.com. Para maiores de 18 anos. Ingressos $59. Qua-Seg 20h e 22h30.

Mystère ✯✯✯ *Crianças* Os anúncios publicitários internos de *Mystère* (lê-se mis-*tér*) do *Cirque du Soleil* dizem "As palavras não fazem justiça a si mesmas" e, definitivamente, isso não é mentira. O show é tão visual que tentar descrevê-lo é perda de tempo. E simplesmente chamá-lo de circo é como chamar o Diamante da Esperança de gema ou o Taj Mahal de construção: é o nome certo mas não faz jus a ele. O show conta com um ato simplesmente inacreditável atrás do outro (contorcionistas e acrobatas que parecem não ter ossos, manobras aéreas de tirar o fôlego), entremeados por palhaços dadaístas/commedia dell'arte e todo mundo com figurinos que não se parecem com nada que você já tenha visto.

O show é como um sonho, cheio de suspense, engraçado, erótico, fascinante e simplesmente gracioso. Às vezes, você pode se deparar em lágrimas. Para algumas crianças, entretanto, pode ser muito sofisticado e artístico. Mesmo que você tenha visto o Cirque antes, vale a pena conferir, graças aos grandes valores de produção. É um show de nível mundial, não importa onde esteja sendo exibido; é impressionante estar sendo exibido em Las Vegas. Em TI no The Mirage, 3300 Las Vegas Blvd. S. ✆ **800/392-1999** ou 702/894-7722. www.cirquedusoleil.com. Ingressos $60-$95 (mais impostos e taxa de serviço).Qui a Sáb 19h30 e 22h30; Dom 16h30 e 19h30.

O ✯✯✯ *Achados Crianças* Como descrever a magia e arte praticamente indescritíveis da exibição mais deslumbrante do Cirque du Soleil? Um espetáculo de Esther Williams-Busby Berkeley sobre peyote? Uma pintura de Salvador Dalí ganhando vida? Um filme de Fellini? A trupe francesa se superou com essa produção e não simplesmente porque suas acrobacias, de tirar o fôlego, ficam em cima, dentro, em volta e acima de uma piscina de 1,5 milhões de galões de água (*eau* - pronuncia-se 'O' - é a palavra francesa para água). Mesmo sem essas façanhas impossíveis, o preço é justo para ver a apresentação, um quadro vivo de fuga para o sonho, sempre mudando, que é uma maravilha de imaginação e teatro. Se você nunca viu um show do *Cirque*, prepare-se pois seu cérebro será contorcido. Sabemos – estes preços de ingressos – *ai!*. Queremos dizer: podemos garantir que vale a pena, mas essa é uma decisão que só você pode tomar. Podemos dizer: assista a esse show e você saberá para onde uma boa parte de seu dinheiro está indo (em outras palavras, eles gastam muito a cada noite para montar essa coisa). Observe que não são permitidas blusinhas decotadas, shorts ou tênis. Em Bellagio, 3600 Las Vegas Blvd. S. ✆ **888/488-7111** ou 702/693-7722. www.bellagio.com. Ingressos $94-$150. Qua a Dom 19h30 e 22h30.

Penn & Teller ✯✯✯ *Momentos* O show mais inteligente de Las Vegas, como esses dois - mágicos? ilusionistas? eles lêem sua sorte? artistas de besteiras? gênios? – em 90 minutos de, sim, mágica e ilusionismo, mas também de humor ácido, façanhas maldosas e grande beleza discreta. Parecendo dois personagens de Dr. Seuss, o grande falador Penn e o pequeno e quieto Teller (para reduzi-los a suas características básicas) fazem mágicas, revelam os segredos de alguns dos principais truques de mágica, discutem por que a mágica não é nada mais que um monte de mentira e depois mostram por que a mágica é uma arte tão adorável quanto qualquer outra. No Rio All-Suite Hotel & Casino, 3700 W. Flamingo Rd. ⓒ **888/746-7784**. www.riolasvegas.com. Para maiores de 5 anos. Ingressos $75-$85 (mais impostos). Sáb a Qui às 22h.

Fantasma da Ópera (Phantom of the Opera) ⓡ Uma peça de 90 minutos, sem interrupção, concentrada no básico - um cara de máscara, a garota que ele ama, o cara que ela ama, cavernas e canais, romance, tragédia, mistério e assassinato e uma ópera suave - do maior sucesso de Andrew Lloyd Webber. Os fãs (e eles são dedicados e cheios de opinião) podem berrar frente a essa versão, sem recursos especiais, mas o valor da produção (apresentado no antigo local do falido museu Guggenheim transformado em um teatro de $40 milhões, mais outros $30 milhões para fazer a produção ter mais alta tecnologia do que a produção original da Broadway – conta com shows pirotécnicos, além da famosa queda do lustre) pode agradar outros espectadores potenciais, sem mencionar que dá um ar legítimo de Broadway a uma cidade que raramente suporta isso. No The Venetian, 3355 Las Vegas Blvd. S. ⓒ **888/641-7469** ou 702/414-7469. www.venetian.com. Ingresso $80-$150 (mais impostos). Seg a Sáb 19h; Seg e Sáb 22h30; Qui, 22h30.

Rita Rudner ⓡⓡ Ela fica em frente de um público, por cerca de uma hora, e diz a verdade. Simples assim. É também muito rápido e estranhamente amável, enquanto os gritos agudos de Rudner a apresentam como Every Woman (Toda Mulher), sem mencionar Best Friend Forever (Melhor Amiga Pra Sempre) da platéia. Ela, de forma pervertida e seca, lança piadas curtas sobre relacionamentos na tentativa de explicar o problema da idade avançada - What Do Women Want? And Why Don't Men Understand It's Shoes? (O que as mulheres querem? E por que os homens não entendem que elas querem sapatos?) No Harrah's, 3475 Las Vegas Blvd. S. ⓒ **702/369-5222**. Ingressos $54-$105.

The Second City ⓡⓡ *Econômico* Second City é o grupo de comédia com sede em Chicago que gerou, não só a SCTV, mas também alguns dos melhores comediantes modernos (Gilda Radner, John Belushi, Martin Short, Mike Myers). Esse é um show de comédia de improvisação e esquetes, com o elenco fazendo acrobacias similares àquelas vistas em *Whose Line Is It Anyway?* Você sabe, pegar sugestões do público e criar pequenas cenas bizarras a partir delas, tudo isso feito muito rapidamente, com sagacidade e rapidez. Algumas podem ser restritas para maiores de 18 anos, por isso tome cuidado ao levar as crianças e não hesite em assistir você mesmo. E participe – qualquer grupo de improvisação é somente tão bom quanto o material que o alimenta (por isso, lembre-se: um grupo pode fazer muitas piadas sobre sexo e vômito, especialmente se toda platéia pensar que esse é um material engraçado com o qual se pode trabalhar). Um dos shows de melhor valor e da mais alta qualidade de Las Vegas. Em Flamingo Las Vegas, 3555 Las Vegas Blvd. S. ✆ **800/221-7299** ou 702/733-3333. www.secondcity.com. Ingressos $45 (mais impostos e taxas). Quinta, Sábado, Domingo, 8 e 22h30; Terça, Quarta, Sexta, 20h.

Tournament of Kings ★★ (Crianças) Este é para os amantes do tempo medieval ou famílias procurando um entretenimento saudável. Por um preço fixo, você recebe um jantar, que é melhor do que pode esperar (galinhas Cornish, batata assada bem fina e mais), que você come com as mãos (para manter o tema), enquanto Merlin (ou alguém parecido com ele) passa bastante tempo tentando alcançar o pessoal, fazendo-os acompanhar músicas. Há espaço para uma competição entre os reis de vários países medievais, competindo por títulos em torneios de cavaleiros (justa, corridas de cavalo etc) que não são ensaiados e sim espontâneos, como uma luta profissional. No final, o bem triunfa sobre o mal e toda aquela história.

Cada seção da arena ganha um rei para ser o objeto e por quem torcer, e a platéia é encorajada a vaiar, gritar e bater nas mesas, o que as crianças adoram, mas os adolescentes ficarão exaustos (embora saibamos que alguns tenham falado "da hora" espontaneamente algumas vezes, sem perceber). Muitos adultos podem achar isso cansativo. As acrobacias são incríveis e certos performistas entusiastas compõem um tipo diferente de entretenimento. Em Excalibur, 3850 Las Vegas Blvd. S. ✆ **800/933-1334** ou 702/597-7600. Ingressos $55 (inclui jantar). Diariamente, às 18h e 20h30.

Zumanity É chocante ver quanta reputação o Cirque du Soleil desperdiçou nesse show de pouca imaginação. Com a intenção de ser dedicado à celebração da sexualidade humana, é o show menos refinado da Strip (estou sendo apenas sincero), um cabaré erótico do tipo que parou de ser chocante na Paris do *fin de siècle*, não que isso interrompa as pessoas de engolir um bando de atos, todos com a intenção de ser lascivos ou tentadores, ou os dois. Mas se você prestar

> **Econômico Vendo o Rei... Não, não aquele lá**
>
> Uma das melhores vantagens de Las vegas é um show à tarde no Harrah's. **Mac King** oferece uma comédia deliberadamente menos que pretensiosa, charmosa e agradável, bem como mágica de entretenimento (Harra's, 3475 Las vegas Blvd. S.; ℂ **800/427-7247** ou 702/369-5222; Ter a Sab, 13h e 15h; $25). *Dica*: Você torna essa vantagem ainda maior ao se increver no clube de apostas do Harra's. O clube normalmente oferece dois ingressos de shows gratuitos (você ainda terá que pagar o mínimo de uma bebida) para os novos cadastrados e não terá que apostar um centavo.

atenção, eles são apenas atos básicos do Cirque (e, pior, apenas atos básicos de striptease, que você pode ver em qualquer lugar da cidade por muito menos dinheiro), embora ao invés de dar a ilusão de quase nudez, eles dão a ilusão de nudez total (uma ilusão que funciona melhor, quanto mais longe você sentar do palco). Enquanto eles se contorcem e estremecem e fingem prazer ou apatia, sentimos compaixão pelos pais que gastaram dinheiro em ginástica e aulas de balé durante anos para que suas crianças terminassem assim. Veja, o Cirque é naturalmente sexy e erótico, então tudo isso acaba sendo um exagero que apaga toda a beleza original. Economize seu dinheiro para o *La Femme*, que fica do outro lado da rua, ou apenas vá ao Sapphire e dê gorjetas à melhor dançarina de lá. Em New York-New York, 3790 Las Vegas Blvd. S. ℂ **866/606-7111** ou 702/740-6815. www.zjmanity.com. Somente para maiores de 18 anos. Ingressos $85-$95 (assentos do teatro), $69 (banquinhos de cabaré e balcão, com visão parcialmente prejudicada), $79 (orquestra), $99 (assentos do teatro), $129 por pessoa (sofá duplo, vendido em pares), mais impostos e taxa de serviço. Sex a Ter, 19h30 e 22h30.

2 Salões de Eventos

O entretenimento de Las Vegas fez seu nome com salões de show, embora seus dias de glória estejam, de alguma forma, deixados para trás, junto com os próprios Rat Pack. Por um longo tempo, os grupos de Las Vegas eram uma piada, apenas aqueles da parte do declive da fama podiam se apresentar lá. Mas, com todos os novos espaços de performance – e altos preços – oferecidos pelos hotéis novos, Las Vegas, de repente, tem crédito novamente, especialmente, acima de todas as coisas, na cena de rock. The Joint e House of Blues do Hard Rock Hotel estão atraindo atos muito atuais e populares, que consideram moderno, em vez de humilhante, apresentar-se na Cidade do Pecado. Entretanto, o salão de shows clássico de Las Vegas parece ser direcionado para dinossauros; muitos hotéis fecharam os seus.

SALÕES DE EVENTOS

Como lembrete, um é muito parecido com o outro, com exceção do Hard Rock e HOB (por causa de suas descrições detalhadas) e, em qualquer caso, o público vai atrás da pessoa que se apresenta, ao invés do espaço em si. Verifique em seu hotel ou naquelas revistas gratuitas em seu quarto para ver quem estará na cidade quando você for para lá.

Hard Rock Hotel's The Joint ☆ Antigamente, o único divertimento na cidade, em termos de boas reservas de rock, The Joint, com sua capacidade de 1.400 assentos, enfrenta uma dura concorrência com a House of Blues. Por exemplo, quando Alanis Morrisette veio para a cidade, ela tocou no Hard Rock, mas sua apresentação de abertura, Garbage, foi feita na House of Blues. Por outro lado, foi aqui onde os Rolling Stones escolheram fazer um show durante seu arena tour - esse foi o menor lugar em que a banda tocou depois de anos, e, como você pode imaginar, foi um objeto de desejo. Quando o Hard Rock Hotel abriu, em 1995, os Eagles foram os primeiros a aparecer. Desde então, o local apresentou Bob Dylan, Ziggy Marley, Marilyn Manson, Green Day, Black Crowes, David Bowie, Donna Summer, Stephen Stills, Jimmy Cliff, Tears for Fears, Lyle Lovett e James Brown. O local não é o predileto, no entanto; só vale a pena ir para ver seu artista favorito tocar ou se é uma oportunidade de ver um grande artista se apresentar em uma sala menor que o normal.

No momento desta impressão, o The Joint estava fechado para toda uma re-concepção; o clube está mudando de local, o que permitirá um espaço muito maior, ao abrir no final de 2008. Espere um grande rival para a House of Blues que sobrepujou seu rival a um tempo atrás.

Política da casa de show: O assento é pré-designado ou geral, dependendo do artista que se apresenta. **Preço:** $20 a $500, dependendo do artista (taxas e bebidas a parte). **Horários dos Shows:** 22h30 (as noites de apresentação variam). **Reservas:** Você pode fazer reservas com até 30 dias de antecedência. No Hard Rock Hotel & Casino, 4455 Paradise Rd. ✆ **800/693-7625** ou 702/693-5000. www.hardrockhotel.com.

House of Blues ☆☆ A House of Blues fica emparelhada com o The Joint no Hard Rock Hotel, o que se traduziu em reservas bem melhores de rock no geral, graças à competição. Em seus próprios méritos, a House of Blues é uma sala boa e íntima com um piso confortável, cercado por uma área de bar e um balcão no andar superior que tem assentos de teatro reais. (O balcão pode ser realmente um local melhor para ver o show, pois a vista não é obstruída, diferentemente do que acontece embaixo, onde colunas podem atrapalhar a visão). É provavelmente o lugar mais confortável e de fácil acesso para se ver um show de rock em Las Vegas.

A House of Blues tem shows de rock e blues quase toda noite, com shows nacionalmente reconhecidos, enchendo o lugar, incluindo Bob Dylan, Seal, X, Garbage, Taylor Dayne, Etta James, Al Green, James Brown, Go-Go's, e os Neville Brothers. Durante o verão, o Mandalay Bay recebe concertos ao ar livre, em sua praia ao lado da piscina. Entre as apresentações, estão Go-Gos e B-52s.

Política da casa de show: Os assentos são pré-designados ou gerais, dependendo do artista (alguns shows têm entrada geral, com todo mundo ficando em pé). **Preço:** De $20 a $250, dependendo do artista. **Horários dos Shows:** Variam, mas normalmente às 20h. **Reservas:** Os ingressos podem ser comprados assim que os shows são anunciados, o tempo varia, de acordo com cada artista. Em Mandalay Bay, 3950 Las Vegas Blvd. S. ✆ **877/ 632-7400** ou 702/632-7600. www.hob.com.

3 Clubes de Comédia

Comedy Club O clube de comédia do Riviera, no segundo andar do Mardi Gras Plaza, apresenta diversos comediantes todas as noites. Geralmente, são pessoas das quais você nunca ouviu falar e o lugar tende a atrair uma espécie de comediantes que apostam no tipo de "humor" nojento, que insulta todas as minorias em vez do humor de verdade. No Riviera Hotel & Casino, 2901 Las Vegas Blvd. S. ✆ **800/634-6753** ou 702/734-9301. Entradas US$25. Diariamente, às 20h30 e 22h30.

Comedy Stop Assim como os outros clubes de comédia da cidade, o *Comedy Stop* apresenta diversos nomes da comédia "conhecidos nacionalmente", todas as noites. No Tropicana Resort & Casino, 3801 Las Vegas Blvd. S. ✆ **800/468-9494** ou 702/739-2411. Entradas US$ 20 (inclui imposto, gorjeta e 1 bebida). Diariamente, às 20h e 22h30.

The Improv 🞰 Esses são artistas talentosos – os principais comediantes do circuito, que provavelmente você verá nos programas do Leno ou do Letterman. No Harrah's Las Vegas, 3475 Las Vegas Blvd. S. ✆ **800/392-9002** ou 702/369-5111. Entradas US$29 e US$45 (mais imposto). Quartas, sextas e domingos, às 20h30 e 22h30, fechado as segundas, terças, quintas e sábados.

4 Bares Gays

Os locais modernos e antenados de Las Vegas sabem que alguns dos melhores ambientes e danceterias podem, de fato, ser encontrados nos bares gays da cidade. E não, eles não pedem documento de identificação de sexualidade na porta. Todos são bem vindos em qualquer um dos seguintes estabelecimentos – contanto que você não tenha problemas com as pessoas do lado de dentro, elas não terão problemas com você. Para as mulheres, este pode ser um jeito divertido de dançar e não ser incomodada por conquistadores exagerados. As lésbicas, aliás, também são bem-vindas em qualquer um dos bares gays.

Se você quiser saber o que está acontecendo no cenário gay de Las Vegas durante sua visita arranje uma cópia do *QVegas*, um jornal gratuito orientado ao público gay que é disponibilizado em qualquer um dos lugares descritos abaixo. Ou então, ligue *C* **702/ 650-0636** ou confira a edição online em **www.qvegas.com**. Você também encontrará listas com casas noturnas gay na Web em **www.gaylasvegas.com** ou **www.gayvegas.com**.

The Buffalo *C* Próximo ao Gipsy, este bar repleto de couro/Levi's é popular entre os clubes de motocicletas. Ele apresenta especiais com cerveja (toda a cerveja que você conseguir beber por um preço pequeno) e outros especiais de bebidas durante toda a semana. Mesas de sinuca, dardos e vídeos de música são os destaques do ambiente não tão surpreendente. No entanto, os preços são muito baratos, com cervejas longnecks saindo por cerca de US$3 e o lugar fica bastante agitado tarde da noite (às 3h ou 4h). Aberto 24 horas. 4640 Paradise Rd. (em Naples Dr.). *C* **702/733-8355**.

Cidade da Exploração

Você não vai sentir falta de boas casas noturnas em Vegas, cada uma tentado superar a outra até o ponto em que, francamente, todas meio que se parecem. Um aspecto excessivamente desanimador, que faz com que as casas noturnas se pareçam é o chamado "bottle service" (serviço por garrafa); você pode se arrepender de ter colocado modernos sapatos de salto alto quando perceber que não vai conseguir se sentar em nenhum desses lugares a menos que tenha reservado uma mesa, onde você precisa comprar um mínimo de duas garrafas de bebida, por cerca de US$350 cada. E isso depois das taxas de entrada, e sem contar as taxas das mesas, que podem chegar aos milhares. É uma total extorsão. A menos que você tenha muita renda discricionária, não reserve uma mesa e use sapatos baixos.

CAPÍTULO 7 · LAS VEGAS APÓS O ANOITECER

Gipsy ⭐ Durante anos, o Gipsy reinou supremo como a melhor danceteria gay da cidade, e por bons motivos: uma ótima localização (Paradise Rd., próximo ao Hard Rock), um layout excelente (pista de dança afundada e dois bares) e muito pouca concorrência. Há alguns anos, concorrentes poderosos roubaram um pouco da atenção, juntamente com uma boa parte da clientela e, por isso, o Gipsy revidou com uma renovação de US$750.000 que pareceu recapturar as glórias passadas. Mas, aparentemente, eles não estão dispostos a deixar de lado seus louros. Os especiais de bebidas, juntamente com os eventos especiais, shows, dançarinos e noites temáticas sempre fizeram deste lugar um bom bar para festas. Aberto diariamente, das 22h às 6h. 4605 Paradise Rd. (em Naples Dr.). ☎ **702/731-1919**. www.gipsyiasvegas.com. O couvert varia, mas geralmente sai a partir de US$5 nos fins de semana, menos ou até mesmo gratuito nos dias de semana.

Goodtimes Night Club ⭐ Este calmo bar de bairro é localizado (para aqueles com gosto por uma ironia sutil) no mesmo complexo que o Liberace Museum, a alguns quilômetros ao leste do MGM Grand. Há uma pequena danceteria, mas ninguém a usa de fato, em vez disso, o público prefere tomar partido da confortável área do bar. Uma pequena área para conversa é o lugar perfeito para um bate-papo íntimo. É claro, há a piscina e o vídeo pôquer onipresentes se você não está interessado em uma resposta espirituosa. Nós nos lembrávamos desse lugar como sendo muito mais cheio do que era durante nossa visita mais recente (mas talvez nós tivéssemos ido numa noite ruim). É um bom lugar para descansar depois de ir ao Liberace Museum (depois do qual você pode muito bem precisar de uma bebida forte). Aberto 24 horas. No Liberace Plaza, 1775 E. Tropicana Ave. (na Spencer St.). ☎ **702/736-9494**. www.goodtimeslv.com.

KRAVE ⭐⭐ Mais notadamente, o primeiro clube gay da Strip, não que alguém esteja admitindo mais que esse seja um clube gay. ("Alternativo" é a palavra da vez). O resultado é um público mais misto do que você encontraria em outros clubes abertamente gays. O interior é uma explosão gótica bem projetada, com uma pista de dança e algumas plataformas para go-go, que podem apresentar dançarinos de ambos os sexos. No geral, o lugar é um achado; claramente mais dinheiro será investido no estabelecimento e o acesso à Strip é importante, já que dá um pouco de trabalho para chegar à maioria dos outros bares gays locais. Por outro lado, ele tem horários limitados e um público possivelmente ainda mais competitivo. Observe que se você não pagar o serviço de valet do clube terá que estacionar no estacionamento regular do hotel e isso pede uma longa caminhada pelo shopping center Desert Passage que fica deserto à noite, o que pode ser

> ## Momentos: Supremo dos Pilantras
>
> Todos aqueles falsos artistas modernos, que interpretam lamentáveis personagens de teatro em Hollywood e Nova York, queriam poder ser o **Mr. Cook E. Jarr**, cuja sinceridade e óbvio impulso artístico deixa os meros artistas performáticos com vergonha de si mesmos. Com o bronzeado de George Hamilton, o primeiro corte de cabelo armado de Cher (certamente não é o cabelo original de fábrica dele) e um catálogo sem fim e sem limites de rock, pop, soul, swing e os preferidos padrão, ele é mais Vegas do que Wayne Newton.
>
> Cook tem um culto de seguidores composto por frequentadores e apostadores dos cassinos, e o grupo de jovens atrás dos coquetéis, que ouvem entretidos, conforme ele toca o jukebox humano, completo com gravações de fundo ao estilo de karaoquê, piadas terríveis, uma gama de luzes da era disco, e (seu favorito) uma máquina de fumaça. Ele é, na verdade, um grande cantor, com boa voz e um talento para imitações, conforme vai de Ben E. King aos Bee Gees, a Tony Bennett. E seu tributo à noite em que Sinatra morreu – uma versão de "My Way" na qual ele vocaliza, alternativamente, Sammy, Dino e Elvis recebendo o Ol' Blue Eyes no paraíso – foi inestimável.
>
> Você pode assisti-lo na **Carnaval Court Lounge no Harrah's**, em 3475 Las Vegas Blvd. S. (© **702/369-5222**). Não perca! E, se o espetáculo não estiver mais em cartaz quando você ler isso, tente encontrá-lo.

desconfortável vestindo as roupas mais finas para ir ao clube – o acesso limitado pode explicar porque dois outros clubes noturnos já faliram nesse espaço. Aberto de terça a domingo, das 20h até tarde (após o horário, até o amanhecer na sexta e no sábado). No Planet Hollywood Hotel & Casino, 3667 Las Vegas Blvd. S. (entrada em Harmon). © **702/836-0830**; www.kravelasvegas.com. O couvert varia.

5 Outros Bares

Além dos lugares abaixo, considere passar um tempo, como os moradores locais rapidamente passaram a fazer, no **Aureole**, no **Red Square** e no **House of Blues**, todos no **Mandalay Bay** (p. 38). Há um bar separado no Aureole, virado para a torre de vinhos, onde o seu pedido de vinho faz com que graciosas moças voem quatro andares, uma cortesia dos equipamentos de amarração ao estilo Peter Pan, para buscar sua garrafa desejada. No Red Square mantenha sua bebida gelada no bar de gelo, criado a partir da água que é despejada e congelada todos os dias. Ou vá para curtir e sentir o blues no pequeno bar, decorado com tampas de garrafa, no canto do restaurante

House of Blues, que fica agitado com os moradores locais que saem do trabalho após a meia-noite. O **Zuri**, no MGM Grand, é o melhor dos bares dos hotéis cassino que não cobram por entrada (embora as bebidas sejam caras), provavelmente devido à sua construção – um enclave semi cercado por cortinas, próximo aos elevadores (em oposição a um espaço apertado, próximo ou bem no meio de um cassino). Em meio a madeiras maciças e poltronas de veludo vermelho, dá até para ouvir os doces sussurros do seu parceiro.

Você também pode conferir a incrível vista noturna no bar no topo do **Stratosphere** – nada a supera.

Há também a **Viva Las Vegas Lounge** no Hard Rock Hotel, por onde todas as pessoas ligadas em rock, em Vegas, uma hora passarão.

E o **Petrossian Bar,** no Bellagio, oferece classe juntamente com seus coquetéis (para não dizer nada do caviar e de outras delicadezas) – mas venha pelos coquetéis, como as pessoas que são conhecidas do assunto dizem que este não é apenas o melhor bar de Vegas nesse quesito, como também pode ser o melhor bar do Ocidente.

Caramel ✰✰ O lugar é pequeno, mas fica a mundos de distância do aspecto comercial normal do Bellagio, mesmo estando do outro lado da porta. Como o público de vinte e poucos anos é feliz nesse ponto de encontro, com música hip hop, taças de bebidas cobertas com caramelo e chocolate, bar com luzes, em um ambiente não intimidante (e não euro-enfadonho), com um cenário intenso no meio do Bellagio. Isso prova ou não que o Bellagio está tentando atrair o público do ghostbar, fazendo com que eles deixem o Palms? Não que isso seja o suficiente, mas se você estiver aqui e for jovem, este é o lugar onde você deveria estar. Aberto diariamente, das 17h às 4h. No Bellagio, 3600 Las Vegas Blvd. S. ✆ **702/693-7111**.

Champagnes Cafe ✰✰ Você está se perguntando para onde foi a antiga Vegas? Ela se petrificou bem aqui. O papel de parede vermelho e dourado e outros ornamentos semelhantes, repletos de "glamour" nunca morrem – na verdade, com essa iluminação ultra baixa, eles nunca irão desaparecer. Um abatido e velho bar com homens assustadores, abatidos e velhos olhando de soslaio. Alguns podem sair correndo desse lugar, enquanto outros podem pensar que eles morreram e foram para o paraíso. Apenas lembre-se – esse é o tipo de lugar que o diretor Quentin Tarantino ou o filme de sucesso alternativo-cult desse ano, tornará famoso. Não deve demorar muito tempo. E então ele ficará lotado de pessoas antenadas. Evite a agitação, vá agora e gabe-se por conhecer o lugar antes de ele ter se tornado tão moderno, é até passé. Novamente. Aberto diariamente, 24 horas. Karaoquê às sextas e sábados, das 22h às 2h. 3557 S. Maryland Pkwy, (entre a Twain Ave. e a Desert Inn Rd.). ✆ **702/737-1699**.

Coyote Ugly ✪ Se você já viu o filme (Show Bar), agora pegue um pouco daquela diversão para você. Ah, convenhamos – você não acha mesmo que aquelas bartenders realmente dançam em cima do bar e atiçam o público simplesmente porque elas são cheias de um espírito espontâneo, para serem festeiras, acha? Não quando o estabelecimento original construiu sua reputação (e inspirou um filme ruim) apenas por tal comportamento, criando um sucesso forte o bastante para dar início a toda uma cadeia de lugares divertidos, como esse, para universitários. Aberto diariamente, das 18h às 4h. No New York-New York, 3790 Las Vegas Blvd. S. (na Tropicana Ave.). ✆ **702/740-6969**. O couvert varia, geralmente sai a partir de US$10 nos fins de semana.

The Dispensary Lounge ✪ Uma cápsula do tempo presa nos anos 70 (a roda d'água e as samambaias dão o aviso, embora as músicas de Muzak confirmem), este é um bom lugar para uma boa, longa e calma bebida. Um que dura décadas, talvez. O lugar é muito calmo, discreto e, geralmente, mais vazio. As coisas esquentam nos fins de semana, mas ainda não é o tipo de lugar que atraia bêbados escandalosos. É claro que se ele ficasse na Strip em vez de ficar escondido, provavelmente atrairia) "Nós o deixamos em paz se você não quer ser incomodado", diz o proprietário. Nós ainda nos preocupamos com o que acontece se você ficar sentado aqui por muito tempo. Se você é moderno, mas de uma maneira mais discreta, vai adorar. Aberto diariamente, 24 horas. 2451 E. Tropicana Ave. (na Eastern Ave.). ✆ **702/458-6343**.

Double Down Saloon ✪✪ *Achados* "Regra da casa: Você vomitou, você limpa." Certo, isso resume o que é o Double Down. Bem, não, isso não faz muita justiça ao lugar. Este é um grande ponto de encontro local e a gerência cita uma antiga descrição da revista Scope sobre sua clientela: "Antenados, apostadores, lunáticos abastados". Rumores de pessoas que já foram vistas aqui indicam: o diretor Tim Burton e Dr. Timothy Leary. Precisa saber mais? Certo, desenhos graffiti como uma viagem alucinógena cobrem as paredes, o teto, as mesas e possivelmente você se ficar sentado lá por muito tempo. A decoração inclui cadeiras do tipo Abby Rents e poltronas e sofás usados de brechó, algumas mesas de sinuca e uma jukebox que tem de tudo, desde Germs e Frank Zappa a Link Wray, Dick Dale, e o Reverendo Horton Heat. Nas quartas à noite, eles apresentam uma banda de blues ao vivo, enquanto nas outras noites você pode encontrar bandas locais de música alternativa, punk ou ska se apresentando. Não é cobrado couvert a menos que eles tenham uma banda de fora da cidade que, de fato tenha um contrato com gravadora, esteja se apresentando. Aberto diariamente, 24 horas. 4640 Paradise Rd. (na Naples Dr.). ✆ **702/791-5775**. www.doubledownsaloon.com.

Drop Bar ✯ Bem no meio do cassino do Green Valley Ranch, com go-go girls inspiradas nos anos 60 dançando pelo local. Aberto diariamente, 24 horas. No Green Valley Ranch Resort, 2300 Paseo Verde Pkwy., Henderson. ✆ **702/ 221-6560**. O couvert varia, geralmente a partir de US$10.

Eiffel Tower Bar ✯ Desse espaço chique e elegante, no restaurante, no 11º andar do Eiffel Tower, você pode olhar para baixo e ver todo mundo (em Vegas) – assim como um legítimo parisiense! Estamos só brincando, francófilos... Mas realmente este é um bar para impressionar em seus encontros e, já que não há couvert, ou o valor é mínimo, é uma alternativa econômica aos preços muito inflacionados das comidas no restaurante. Apareça para tomar uma bebida, mas tente parecer sofisticado. E então você pode botar banca e recusar tudo como sendo inadequado – ou ruim, dependendo de como você se sente. Aberto diariamente, das 11h às 23h30. No Paris Las Vegas, 3655 Las Vegas Blvd. S. ✆ **702/948-6937**.

Forty Deuce ✯✯ Importado de Los Angeles, onde é um bar noturno de grande sucesso (e um ponto de encontro regular para todas as jovens celebridades do momento que você possa imaginar e, portanto, a franquia de Vegas muito provavelmente se tornará isso também), esse lugar faz parte da tendência dos novos clubes "burlescos" – um bar com performances regulares. A cerca de cada 90 minutos, garotas escassamente vestidas aparecem e requebram destramente, tirando as roupas até ficarem apenas com adesivos cobrindo os seios, pequenos shorts masculinos e tapa sexo. Há um bar (com bebidas obscenamente caras) e um adequado espaço de cabaré – as garotas se apresentam tanto no palco como em cima do bar – onde os DJ's tocam seus discos entre os pontos de apresentação. Aos fins de semana, o lugar fica tão lotado que não cabe nem um pedaço de papel a mais. Aberto de quinta a segunda, das 22h30 até o amanhecer. Os shows começam às 00h30 e às 3h. No Mandalay Bay, 3930 Las Vegas Blvd. S. ✆ **702/632-9442**. www.fortydeuce.com. O couvert varia.

Ghostbar ✯✯ Provavelmente, o aspecto mais interessante desse espaço desesperado para entrar nas páginas de fofoca, como o bar do momento (decorado com aquele ar dos anos 60/aspecto prateado e futurístico), deve-se ao fato de ele ficar no 55º andar – ele, na verdade, fica no 42º. Há uma superstição sobre o número 4 significar má sorte nas culturas asiáticas. Mesmo assim, a vista ainda é fabulosa, o que é a principal razão para vir aqui, e para olhar aquelas beldades de cabelos despenteados botando banca nos sofás e ver se qualquer uma delas tem algum nome que pode fazer as manchetes das páginas de fofocas de amanhã. Este pode ser o bar do momento até você chegar lá (vista-se de acordo), ou então, todo mundo já pode ter seguido para outro lugar. Aberto diariamente, das 20h até as primeiras horas da manhã. No Palms Resort & Casino, 4321 W. Flamingo Rd. ✆ **702/942-7778**. O couvert varia, geralmente a partir de US$10.

Gordon Biersch Brewing Company ✪ Esse lugar faz parte de uma cadeia e, embora essa seja a sensação que você tem, ele é melhor do que outros lugares médios como ele. O interior, ao mesmo tempo contemporâneo e rústico, é mais acolhedor do que sua aparência semi industrial geralmente pode aparentar ser. Ele é espaçoso, por isso você não se sente espremido aos outros fregueses. A cerveja da casa (eles se especializam em cervejas alemãs) é saborosa e o nível de ruído é aceitável. Esse é um bom lugar para beber umas. Aberto de domingo a quinta, das 11h30 às 2h, sexta e sábado até a hora em que eles quiserem fechar. 3987 Paradise Rd. (ao norte da Flamingo Rd.). ✆ **702/312-5247**. www.gordonbiersch.com.

Griffin ✪✪ Parte de uma promissora tendência para revitalizar o Fremont East District (a apenas algumas quadras da Fremont Street Experience), a diversão começa com a fachada, em pedras antigas, e uma placa com o nome do lugar, e continua do lado de dentro com os pilares de pedra, um teto arqueado, como de caverna, e dois espaços para lareira. Simplesmente é o que você quer num bar cheio de estilo, que se deleita em sua história, mas que ao mesmo tempo não tenta demais. Dado a sua proximidade a outros pontos de encontro de alto nível do centro, como o Beauty Bar e o Downtown Cocktail Lounge, esse é um ponto de parada obrigatória no passeio anti-Strip, em meio a bares de hotéis. Há DJs nos fins de semana. Aberto de segunda a sábado, das 17h até a hora do fechamento, aos domingos, das 21h até o fechamento. 511 E. Fremont St. ✆ **702/382-0577**.

Hogs & Heifers Saloon ✪ Embora haja uma cadeia de clubes noturnos Coyote Ugly (incluindo um aqui em Vegas), o filme *Show Bar* foi, na verdade, baseado nas festas barulhentas que aconteciam na versão de Nova York deste agitado salão com estilo de estalagem. Inaugurado na Cidade do Pecado, em 2005, quem ocupa as estalagens aqui são as motocicletas e o lugar, definitivamente, atrai uma multidão que pode parecer intimidante, mas geralmente os grupos são amigáveis (e barulhentos). Atendentes atrevidas e faladeiras, e churrascos, ao ar livre, em fins de semana selecionados, fazem deste uma das poucas opções para a vida noturna na área do centro. Aberto geralmente todos os dias, das 10h às 6h (ligue para verificar os horários, pois eles variam de acordo com o mês). 201 N. 3rd St. (entre Ogden e Stewart, a uma quadra da Fremont Street Experience.). ✆ **702/676-1457**.

Peppermill's Fireside Lounge ✶ *Achados* Caminhe pela clássica cafeteria Peppermill's (não é um lugar ruim para comer, aliás) na Strip, e você chegará à sua lounge escura, confortável e aconchegante. Uma vista fabulosamente datada como moderna, o espaço tem assentos de banquetas baixas e circulares, folhagens florais artificiais, luz neon baixa e velas elétricas. Mas o melhor de tudo, é o espaço de águas e a lareira, como peça de centro – uma peça kitsch embora já tenha desaparecido há muito tempo da terra, atraindo entusiastas de itens nostálgicos, como as mariposas são atraídas pela luz. Tudo isso soma-se a uma ambiente confortável, como um ventre, perfeito para relaxar um pouco depois de passar um tempo na agitada Strip. As enormes e exóticas bebidas tropicais, cheias de frufrus (incluindo as margaritas, assinatura do tamanho de uma banheira) assegurarão que você entrará naquele nível de estupor confortável. Aberto 24 horas. 2985 Las Vegas Blvd. S, ✆ **702/735-7635**.

Sand Dollar Blues Nightclub & Lounge ✶ Esse é o tipo de bar moderno, sem decoração (pense em pôsteres e anúncios de cerveja), intenso em sua atmosfera, ligeiramente sujo e amigável que você vai desejar que a sua cidade tivesse um igual ou vai esperar que isso nunca aconteça. Subindo a rua do *Treasure Island,* este é um grande antídoto à Vegas artificial. Atraindo uma mistura sólida de locais e turistas (os funcionários dizem que os turistas incluem tudo, desde ciclistas a membros da câmara do comércio), o Sand Dollar apresenta blues ao vivo (elétrico e acústico, com um pouco de estilo Cajun e zydeco adicionado), tocado pelos músicos locais, todas as noites. A pista de dança é pequena e geralmente fica cheia. O couvert mínimo sempre vai para a banda. Dependendo do que você quer, esse lugar é, refrescantemente, nada parecido com Vegas ou, justamente, é o tipo de lugar do qual você queria escapar ao vir para Vegas. Vá antes que alguém tenha a ideia de construir um hotel temático baseado nele. Aberto 24 horas. 3355 Spring Mountain Rd. (na Polaris

OUTROS BARES

Ave.). ℂ **702/871-6651**; www.sanddollarblues.com. O couvert varia, mas geralmente não passa de US$7.

Triple 7 Brew Pub ୧ *(Achados)* Esta é uma, dentre as muitas coisas, que a Main Street Station fez certo. Entrar em seu pub microcervejaria faz parecer que você está saindo de Vegas. Exceto, talvez, pelo contrastante entretenimento do piano. Ele tem um aspecto moderno, em partes parecido com um armazém (canos expostos, equipamentos de microcervejaria visíveis pelo vidro exposto no fundo e um teto muito alto), mas o teto de latão forjado segue a decoração vitoriana do hotel; o efeito geral parece sair diretamente de North Beache, em São Francisco. É um tanto yuppi, mas não chega a ser pretensioso. E, francamente, é um toque moderno muito necessário para a área do centro. Esse lugar tem o seu próprio mestre cervejeiro, uma série de micro cervejas prontas para a degustação, e um bar de ostras e sushi, além de elegantes hambúrgueres e pizzas. O espaço pode ficar agitado, durante o número de duelo de pianos mencionado, mas o barulho do cassino fica para fora. Já que todo o centro é muito pesado, com o lado antigo de Las Vegas (o que é bom, mas não durante todo o tempo), o ambiente é bom para um alívio adequado. Aberto diariamente, das 11h até as 7h. **Na Main Street Station, 200 Main St.** ℂ **702/387-1896**.

Whisky Bar ୧୧ Esta é, provavelmente, sua melhor aposta para um lugar moderno que pode, de fato, ter belos moradores locais ou celebridades de fora da cidade procurando por um momento de diversão, mas que querem ser discretos, graças à localização tão fora de mão da Strip e também ao seu criador, o moderno mestre de bares, Rande Gerber (o marido de Cindy Crawford). Pense em camas, em vez de sofás, e você terá uma noção do ambiente. Aberto diariamente, das 16h até as 4h. **No Green Valley Ranch Resort, 2300 Paseo Verde Pkwy., Henderson.** ℂ **702/617-7560**. O couvert varia, geralmente a partir de US$10.

UM BAR DE KARAOQUÊ

Ellis Island Casino – Karaoquê ୧ Admita. Você canta no chuveiro. E quando a acústica está certa, acha que pode competir com um cantor de lounge de Vegas pelo seu dinheiro. Eis aqui sua chance de testar essa teoria, sem o conforto da acústica dos azulejos. Nesse estabelecimento pequeno e esfumaçado, repleto com couro e velas, qualquer número de pessoas, de todos os estilos de vida, se levantam e realizam suas fantasias de serem cantores de lounge. Você pode se juntar a eles. Com mais de 6.000 títulos, incluindo diversas seleções de Engelbert Humperdinck, Mac Davis e Tom Jones, há muitos números cafonas, perfeitos para esse tipo de ambiente. E se você ficar aqui por tempo o suficiente, você ouvirá todos os números. O Karaoquê é oferecido diariamente, das 21h às 3h, 4178 Koval Lane (saindo da Flamingo Rd, atrás do Rally's). ✆ **702/733-8901**.

6 Danceterias

Além das opções listadas, os fás de música country podem querer seguir para **Toby Keith's I Love This Bar & Grill, Harrah's**, 3475 Las Vegas Blvd. S. (✆ **702/369-5084**). Nem tanto pela parte do grill – a comida fica definitivamente na categoria daquelas com preço alto e não excepcionais – mas pela parte do bar do programa, com entretenimento ao vivo, de quarta a domingo, das 21h às 2h.

The Bank ✮✮ Porque Vegas nunca para como está, o outrora atraente clube noturno Light teve que ser demolido, enquanto ainda era novo, para abrir espaço para outro ponto de encontro. A entrada, ornamentada com 500 garrafas de Crystal, com cristais pendurados do teto, o bar enfeitado com couro de crocodilo dourado, confere contabilidade a seus fregueses; este é um clube de alto padrão. Procure taxas de couvert altas (embora as mulheres geralmente não precisem pagar) e, como resultado, o lugar atrai um público com bolsos recheados. O fato de oferecer tudo da mais alta qualidade quase justifica os preços; as luzes respondem à música, dez máquinas de neve jogam efeito de neve sobre o público acalorado, os membros da equipe vestem trajes da alta costura. Eles podem ou não deixar que você entre, se não estiver vestido nos trinques. De quinta a domingo, das 22h30 às 4h. No Bellagio, 3600 Las Vegas Blvd. S. ✆ **702/693-8300**.

Body English ✮✮ Da maneira como nós vemos, isso é exatamente o que um clube de Las Vegas deve ser – porque todos os outros clubes noturnos modernos da cidade se parecem exatamente com os clubes noturnos de qualquer outra cidade e, por isso, nós sempre queremos que os lugares de Vegas sejam Vegas – exagerado e só um pouco desajustado. Por isso, essa batalha, entre Anne Rice e uma decadência excêntrica de Cher, com tema gótico, tecidos cobrindo as molduras que cobrem os espelhos, sem mencionar o tipo de layout que permite cantos íntimos e vistas voyeurísticas da galeria para a pista de dança, é exatamente o tipo de sobremesa rica de um lugar que nós adoramos. Nós também gostamos de muitos outros; este não é um dos lugares mais quentes da cidade e a espera na fila é tão grande que você pode, muito bem terminar de ler um romance de Rice enquanto estiver esperando.

Bem, você tem que passar o tempo de alguma maneira. Espere também uma taxa de *couvert* alta. Aberto de sexta a domingo, das 22h às 4h30. No Hard Rock Hotel, 4455 Paradise Rd. ✆ **702/693-5000**. www.bodyenglish.com. O couvert varia, mas pode chegar a US$30.

Cherry ✪ Tudo em Vegas significa estilo em detrimento à substância e, considerando como os clubes noturnos da cidade podem parecer semelhantes, após um tempo, esse espaço, fantasticamente projetado – graças, novamente, a Rande Gerber –, tem uma quantidade suficiente de tal estilo para torná-lo instantaneamente fabuloso. Ele ecoa o tom vermelho do Red Rock Canyon e da cereja, fruta que dá o seu nome. A entrada por um túnel coberto é só o início da experiência. Um bar circular e uma pista de dança circular e levantada dominam o lado de dentro, enquanto do lado de fora a ação decadente acontece na área da piscina, incluindo uma lareira e cama giratória. Não perca os banheiros – nós não queremos entregar nada, mas há muitas surpresas te esperando. No Red Rock Resort, 11011 W. Charleston Rd. ✆ **702/423-3112**. O couvert varia.

Cleopatra's Barge Nightclub ✪ Este é um clube noturno pequeno e único localizado parcialmente em uma barca flutuante – você pode sentir o balanço. O coreto, uma pequena pista de dança e algumas mesas (geralmente reservadas) ficam aqui, enquanto outras mesas são localizadas ao redor do barco em "terra". É um atrativo, mas que torna esse bar muito mais divertido do que os outros bares de hotel mais terrestres. O ambiente, bastante escuro, é adequado para o romance, mas os níveis altos do volume significam que você terá que gritar os agrados doces. Tome cuidado com a figura de um busto com seios nus na proa do navio, que se sobressai no corredor, passando pela entrada. Ela pode arrancar o olho de alguém. Aberto todas as noites, das 22h30 até as 4h. No Caesars Palace, 3570 Las Vegas Blvd. S, ✆ **702/731-7110**. Mínimo de 2 bebidas.

Drai's After Hours ✪ Os jovens executivos do cinema de Hollywood e tipos das gravadores provavelmente serão encontrados aqui se exibindo e dançando ao som de música house, techno e tribal. Aberto de quarta a domingo, da meia-noite até o amanhecer. No Barbary Coast, 3595 Las Vegas Blvd. S. ✆ **702/737-0555**. O couvert varia, geralmente é de US$20.

Jet ✪ Pegue tudo o que eles fizeram de certo em um clube menor e adicione mais dinheiro, mais espaço e mais tudo, com resultados misturados. O clube é incrível, com três pistas de dança e quatro bares em andares múltiplos para mantê-lo entretido e oferecer algo para o qual você possa olhar, mas a combinação de taxas de couvert mais altas do que a média e a vibração de "clube do momento" pode ser uma pouco exaustivo para qualquer pessoa que procure uma experiência menos competitiva. Se esse for o seu caso, visite o clube irmão deste. Aberto de sexta, sábado e segunda, das 22h30 até tarde. No The Mirage, 3400 Las Vegas Blvd. S. ✆ **702/632-7600**. O couvert varia, geralmente, a partir de US$30.

Monte Carlo Pub & Brewery ✮ *Achados* Após as 21h, todas as noites, esse imenso pub que lembra um armazém e que tem uma microcervejaria (consulte os detalhes no capítulo 4) se transforma, de um restaurante casual em algo parecido com uma danceteria. Vídeos de rock são exibidos em uma grande tela e 40 monitores de TV espalhados pelo espaço, enquanto no palco há duelos de piano que oferecem música e entretenimento com participação do público. É permitido fumar charuto no Pub e ele mantém um espaço para conservação do tabaco úmido. Há um bar completo e, é claro, as microcervejas da casa são oferecidas; você também pode pedir pizza. Aberto de quarta, quinta e domingo, até a 1h, sexta e sábado até as 2h. No Monte Carlo Resort & Casino, 3770 Las Vegas Blvd. S. ✆ **702/730-7777**.

Playboy Club ✮ É compreensível o fato de que, após passar muito tempo em Vegas, fazendo o tipo de coisa que faz com que você não olhe para o seu relógio, você possa não saber que horas são. Ou até mesmo que dia é hoje. Mas isso faz com que nós consideremos seriamente o ano em que estamos. Sim, o primeiro e insuperável Clube para Cavalheiros, quando essas palavras significavam alguma coisa, mais ou menos, está de volta, e mais pomposo do que nunca. O futuro agora já chegou em todos os lugares, menos aqui, onde o estilo retrô é rei e as atendentes dão aquela inclinada quando derrubam suas bebidas. Gloria Steinem está se perguntando onde ela errou, mas todas as outras pessoas estão se divertindo demais para ligar. Secretamente, nós não a culpamos. Aberto diariamente, às 20h. No Palms, 4321 W. Flamingo Rd. ✆ **702/942-7777**. O couvert varia, geralmente é de US$40, incluindo entrada ao clube noturno Moon, no andar de cima.

Privé and the Living Room ✮✮✮ Pelo menos uma vez, um clube agradável que é moderno, mas não intimidante. Embora seja tão deslumbrante quanto qualquer outro estabelecimento de alto padrão na Strip, este clube é surpreendentemente igualitário. Não há código de vestimenta (mas se arrume mesmo assim, é mais divertido), o que significa que todos os tipos de clientes vão interagir. E eles interagem mesmo; com a exceção de uma fileira de mesas com garrafas, todos os assentos e todas as áreas do clube são abertas a todos os fregueses – não há áreas VIP nem outras barreiras, é só andar pelo espaço, com deposição inspirada em um anfiteatro, o quanto você desejar. Não importa onde você esteja, há uma boa vista. Além disso, se você ficar animado, pule em cima das mesas e sofás e dance; eles encorajam isso. Os ambientes surpreendentes incluem um palco (eles dizem que performances espontâneas ocorrem ocasionalmente), uma lareira de dois andares, telas de projeção exibindo filmes de Godzilla e afins, além de verdadeiros coordenadores de dança para as garçonetes, que dançam em cima das mesas. Devido à mistura eclética da clientela, a energia é ótima. Além disso, um couvert o leva a dois clubes: o Living Room é um espaço muito menor, reforçando seu nome com uma lareira, sofás de couro, lustres e um sistema de som arrojado e ensurdecedor. Aberto de segunda, sexta e sábado, das 22h às 2h. No Planet Hollywood, 3667 Las Vegas Blvd. S. ✆ **702/492-3960**. Couvert de US$20 para mulheres, US$30 para homens.

PURE ✶✶✶ O maior clube da Strip (ele ocupa o antigo lar do falecido, lamentado e muito mais familiar Caesars Magical Empire), o PURE é tudo o que um grande e agitado clube noturno deve ser. O tema é refletido pela decoração – ou falta dela, já que quase tudo é tão branco quanto sabão de coco (entendeu?) – que é minimalista e brilhante ou então reflete o fato de que até mesmo os designers de Vegas se cansam. Em qualquer evento, o barulho e falta de cantos confortáveis significam que este é definitivamente um tipo de lugar para mexer o corpo, embora haja um espaço amplo (há hangares de linhas aéreas que são menores) apenas para ficar parado, observando os outros dançarem. Há também um clube no telhado, maior do que a maioria dos clubes regulares de Vegas, com vistas para a Strip, para aqueles que precisam tomar um ar. Aberto de sexta a domingo e de terça, das 22h às 4h. No Caesars Palace, 3570 Las Vegas Blvd. S. ✆ **702/731-7110**. O couvert varia.

Rain ✶✶✶ Um dos clubes noturnos mais quentes de Vegas – pelo menos até que todo mundo se mude para o próximo. O que significa que você (e nós – não pense que nós não estaremos lá com você, o amparando em solidariedade) provavelmente gastará a maior parte do seu tempo tentando convencer alguém, qualquer pessoa, a deixá-lo entrar. Mas nós também temos que ser honestas: se você puder aguentar a espera, as multidões e o mau comportamento, você entrará em um clube que fez tudo certo, desde o layout de múltiplos níveis, que permite acomodar a multidão e permite que essas multidões possam ficar observando as pessoas, DJs que tocam as músicas certas de house e techno (em um ritmo de aumentar a pulsação, por isso, não espere que as suas cantadas infalíveis serão ouvidas), aos andaimes que suportam os efeitos pirotécnicos e outros efeitos para aumentar os ânimos, às onipresentes go-go girls vestidas de strippers. Se essa for a sua escolha, então observe que a fila começa muito antes do horário de abertura. Aberto de quinta, a partir das 23h, sexta e sábado, a partir das 22h até o amanhecer. No Palms, 4321 W. Flamingo Rd. ✆ **702/940-7246**. Couvert a partir de US$25.

Rumjungle ✪✪ Agora, nossas sensibilidades, normalmente delicadas, estremeceriam em face de tal superestimação, e nós tendemos a descrever esforços como este como sendo um pouco exagerados. Mas surpreendentemente, o Rumjungle realmente oferece a grande diversão que promete. A entrada pela parede guarda-fogo abre espaço para uma parede de água; o bar de dois andares é repleto com a maior coleção de variedade de rum de todos os lugares, cada garrafa sendo iluminada com um raio de luz laser; go-go girls dançam e se exibem entre as garrafas de vinho, até duelos de conga; e todas as comidas vêm espetadas em espadas. Tudo é um pouco exagerado, mas funciona, mesmo. Chegue cedo (antes das 22h) para evitar filas/listas de convidados/taxa de couvert, e considere jantar (servido até as 23h), é caro, mas diversos pratos são servidos, além de um banquete, sirva-se à vontade de comida brasileira com uma estação de alimentos cozidos na brasa. Pela quantidade de comida e a falta de taxa de couvert, o jantar é um bom negócio. Depois, dance a noite toda (o clube fica aberto até as 4h, nas noites de sexta e sábado e até as 2h, no restante da semana). No Mandalay Bay, 3950 Las Vegas Blvd. S. ✆ **702/632-7408**. O couvert varia, geralmente é de US$10-US$20, "as mulheres entram sempre de graça".

Studio 54 O lendário Studio 54 foi reestruturado aqui em Las Vegas, mas contando todos os elementos ruins e nenhum dos bons. Esqueça Truman, Halston e Liza fazendo coisas ilegais (ou pelo menos imorais) nos banheiros; essa parte do Studio 54 permanece sendo apenas uma lembrança boa. A atitude esnobe e exclusiva na porta, no entanto, permanece. Viva! As políticas do cordão vermelho valem se você está tentando construir uma atmosfera de mistério, em um clube regular, mas para uma atração turística, onde provavelmente os fregueses estarão lá uma única vez (ou, na melhor das hipóteses, uma vez por ano), é odioso. A grande pista de dança tem um terraço virado para ela, a decoração é industrial (canos expostos e coisas do tipo), a música é hip-hop e eletrônica, e não há nada para fazer além de dançar. Se o verdadeiro Studio 54 tivesse sido tão enfadonho assim, ninguém se lembraria dele hoje. Aberto

DANCETERIAS

de terça a sábado, das 22h até o amanhecer. No MGM Grand, 3799 Las Vegas Blvd. S. ☎ **702/891-1111**. www.studio54lv.com. O couvert varia, geralmente a partir de US$20.

Tabu ⭐ Este badalado clube noturno, apesar do nome, é menos atrevido e cheio de strippers do que as outras novas "ultra lounges" (o que significa "bar barulhento e com preço alto") e, consequentemente, é mais adulto e tão barulhento quanto os outros. Com um interior no estilo do final dos anos 90, em que a alta tecnologia/estilo industrial encontra com o estilo cafona dos estabelecimentos para solteiros dos anos 80, o lugar não tem nada de esteticamente especial, embora haja algumas áreas boas para namorar. Mas procure um lugar no sofá circular se quiser ouvir os seus próprios pensamentos. Aberto de terça a sábado, das 22h até "o começo da manhã". No MGM Grand, 3799 Las Vegas Blvd. S. ☎ **702/891-7183**. O couvert varia, mas sai por cerca de US$10, para homens, e gratuito para mulheres.

Tao ⭐ Até o momento da publicação deste livro, este era o mais quente dos pontos de encontro de Vegas. Sim, isso já foi dito em outras críticas aqui e, sim, esse título é alterado quase que em uma base diária, mas seja bem vindo ao cenário dos clubes de Las Vegas. Construído como um templo budista incontrolado, este clube com múltiplos níveis está atraindo os fiéis das festas e as celebridades em massa, por isso, esteja preparado para longas filas e taxas de *couvert* muito altas. Alguns podem achar as multidões que vão de uma parede a outra, as luzes piscantes, a música alta e o caos geral algo esmagador, mas obviamente o lugar está fazendo algo certo. Aberto de quinta a sábado, das 22h até o amanhecer. No The Venetian, 3355 Las Vegas Blvd. S. ☎ **702/388-8588**. O couvert varia.

Tryst ⭐ A primeira tentativa do Wynn ao abrir um clube noturno, o La Bete, não deu certo. Meses após sua inauguração, em abril de 2005, eles fecharam o lugar, trouxeram uma nova gerência, reformaram o espaço e tentaram novamente. O resultado é muito mais sutil do que do que o original, com tema animalesco, mas este é o cenário dos clubes noturnos de Vegas, por isso, é algo definitivamente incerto. Afinal de contas, a pista de dança se abre para uma cascata de 28 metros, portanto, tudo é relativo. Espere um público ligeiramente mais refinado do que você geralmente encontraria em lugares como esse, o que pode ser algo bom ou ruim, dependendo do seu ponto de vista. Aberto de quinta a domingo, das 22h às 4h. No Wynn Las Vegas, 3131 Las Vegas Blvd. S. ☎ **702/770-3375**. O couvert varia.

VooDoo Lounge 🞰 Ocupando, juntamente com o *VooDoo Cafe*, dois andares do novo prédio do Rio, o Lounge combina quase que com êxito o vudu haitiana e o estilo Creole de Nova Orleans, em sua decoração e tema. Há dois espaços principais: um com uma grande pista de dança e um palco para música ao vivo, e um espaço disco, que é repleto de grandes telas de vídeo e sérios efeitos de luz. Grandes poltronas de clube agrupadas formam as áreas para bate-papo, onde você pode realmente conseguir conversar. O grande atrativo? Os bartenders dão um show, a la Tom Cruise em *Cocktail*. Eles mexem, sacodem e põem fogo nas coisas. Supostamente, a música ao vivo inclui números em estilo Cajun, mas quando a ação começa, o rock parece dominar o dia. O público, com idade de 25 a 30, anos é composto mais fortemente por moradores locais do que você pode esperar; o código de vestimenta pede "social casual", sem shorts, jeans, nem camisetas que não tenham colarinho para homens. Aberto todas as noites, das 17h às 3h ou até mais tarde. No Rio, 3700 Las Vegas Blvd. S. ✆ **702/ 252-7777**. Couvert a partir de US$10.

7 Clubes de Strip

Não, nós não estamos falando sobre os estabelecimentos de entretenimento no Las Vegas Boulevard South. Nós estamos falando de outro tipo de "strip". Sim, as pessoas vêm à cidade pelo jogo e pelas capelas de casamento, mas os chamarizes de Vegas não param por aí. Embora a prostituição não seja legal na cidade, a indústria do sexo está ativa e obviamente em vigor. A maioria dos táxis carregam uma placa anunciando um clube de strip e, passando pela Strip à noite, você verá dezenas de pessoas distribuindo folhetos dos clubes, serviços de acompanhamento, linhas de telefones de pornografia etc. E alguns de vocês podem querer conferir.

E por que não? Uma parte essencial do fascínio de Vegas é sua decadência, e a pele nua, certamente, se classificaria nessa categoria, assim como a emoção de experimentar algo novo e ousado. É claro que, em grande parte, os melhores bares não são exatamente ousados e, se você for a mais de um em uma só noite, o aspecto emocionante vai se desgastar e você não vai reparar mais tanto nos seios nus.

Além das listas abaixo, fique de olho numa nova atração deste cenário, o **Tommy Rocker's Mojave Beach Topless Bar**. Em um movimento "se você não pode contra eles, junte-se a eles", o proprietário de bares de longa data e músico local, Tommy Rocker, decidiu reformular seu espaço preferido por universitários, em 4275 Dean Martin Dr. (✆ **702/261-2688**; www.tommyrocker.com; diariamente, 24 horas.; happy hours das 6h às

18h; US$20 couvert), e o transformou em um clube de strip, dizendo alegremente que o lema de seu novo estabelecimento será "Diversão para toda a família, exceto para a sua esposa e filhos". Tommy toca nas noites de sábado, além de contar com as outras atrações.

Cheetah's ⭐ Este é o clube de striptease usado como set do filme Showgirls, mas graças à mágica de Hollywood e a posteriores renovações do clube, apenas o palco principal se parecerá vagamente familiar àqueles que procuram por Nomi Malone. Há também um palco menor, além de três minúsculos "palcos para gorjeta" para que você possa realmente se aproximar (e dar muito dinheiro) das mulheres que escolher. Oito TVs estão dispostas nas paredes; o clube fica agitado durante os principais eventos esportivos. A gerência acredita que se você tratar as pessoas bem, elas continuarão a voltar, por isso, a atmosfera é mais amigável do que em outros clubes. As lap d*ances* custam US$20. Aberto 24 horas. 2112 Western Ave. ✆ **702/ 384-0074**. Topless. Couvert de US$20, após as 20h, até as 5h. Permitida a entrada de mulheres desacompanhadas.

Club Paradise ⭐ Antes dos novos lugares monstruosos terem se mudado para a cidade, este era o melhor dentre os clubes de striptease. O que não quer dizer que ele ainda não seja bom – apenas que agora ele tem concorrentes. O interior e a atmosfera são parecidos com aqueles de um clube noturno moderno, onde a maioria das mulheres, por acaso, estão fazendo topless. O palco brilhante parece algo saído de um salão de exposição em miniatura: as luzes brilham e a música dance toca, há duas grandes telas de vídeo (uma exibindo pornô leve e a outra mostrando esportes!), as cadeiras são estofadas e confortáveis, o lugar é relativamente claro, de acordo com os padrões para um clube de striptease, e eles oferecem champagne e charutos. Não é de surpreender que eles recebam um público composto, em grande parte, por executivos. O resultado não é terrivelmente ruim, o que pode agradar a alguns e desanimar outros. As lap dances custam US$20. Aberto de segunda a sexta, das 17h às 8h, e aos sábados e domingos, das 18h às 8h. 4416 Paradise Rd. ✆ **702/734-7990**. Topless. Covert de US$20, mínimo de 2 bebidas (bebidas a partir de US$4,50). Permitida a entrada de mulheres não acompanhadas.

Déjà Vu Showgirls ⭐⭐ Administrado pelos mesmos proprietários do Little Darlings (consulte abaixo), este lugar nos perturba profundamente e, ao mesmo tempo, nos entretém demais. Ele nos agrada, pois é um dentre os raros clubes de striptease onde as mulheres realmente apresentam números. Em vez de apenas aparecer e tirar um ou dois artigos de vestimenta e então se exibirem de maneira desultória, antes de receber algumas gorjetas, e se retirarem para solícitas lap dances, cada stripper aparece e apresenta uma rotina de dança – tudo bem, talvez não seja tanto assim, mas ela despe as roupas ao som de uma música escolhida pessoalmente, tirando um traje que foi feito sob medida, de acordo com sua opção de música. Foi assim que nós vimos uma das garotas que gosta de punk-rock fazer o striptease ao som de "Anarchy in the U.K." As lap dances custam de US$20 a US$30. Aberto de segunda a sábado, das 23h às 6h, e de domingo, das 18h às 4h. 3247 Industrial Rd. ✆ **702/894-4167**. Nu completo. Permitida a entrada de mulheres não acompanhadas. Taxa de couvert US$15. A partir de 18 anos. Proibido álcool.

Glitter Gulch ✰ Bem no meio da Fremont Street Experience, o Glitter Gulch é algo terrível para os olhos ou a última fortaleza da antiga Las Vegas, dependendo do seu ponto de vista. Considerando sua localização conveniente, este é o lugar perfeito para aqueles que estão meramente curiosos – você pode facilmente aparecer, conferir as coisas, observar e cobiçar e, depois, puxar o carro, com a dignidade pessoal intacta. As danças nas mesas custam US$20. Aberto diariamente, das 13h às 4h. 20 Fremont St. ✆ **702/385-4774**. Topless. Mínimo de 2 bebidas (bebidas a partir de US$7) antes das 20h. Após as 20h o couvert é de US$20 e inclui uma bebida. Permitida a entrada de mulheres não acompanhadas.

Little Darlings ✰ Eles se auto-denominam a "Pornocopia do Sexo" e, considerando o número de serviços que eles oferecem, dá para ver por quê. Além de uma loja para adultos completamente equipada, eles apresentam danças de nu privadas nas cabines. Este é um dos poucos clubes onde não é permitido que as mulheres façam qualquer contato físico com os clientes. Também há espaços onde você pode assistir uma mulher nua tomando banho (em teoria, fazendo coisas eróticas com o sabonete) e os "Fantasy Rooms" onde um painel de vidro o separa de uma mulher que apresenta números ainda mais eróticos. Apesar de todas as apresentações de nus, a atmosfera resultante não é particularmente obscena, apenas agitada. A dança particular de nu completo na cabine custa US$20. Fantasy Room de US$100 a US$300. Aberto de segunda a sábado, das 11h às 6h; domingo, das 18h às 4h. 1514 Western Ave. ✆ **702/366-0145**. Nu completo. Couvert de US$20 (inclui refrigerante e suco). Não são permitidas mulheres não acompanhadas.

Olympic Gardens Topless Cabaret ✰ Já tendo sido considerado o maior dos clubes de striptease, este quase parece ser uma lugar familiar, devido às mulheres de meia idade que ficam na porta. Ele também tem uma butique que vende lingeries e trajes sensuais. O público é uma mistura de apostadores, em seus 20 a 30 anos, e aficionados em tecnologia. Conforme o lugar vai enchendo e as cadeiras são espremidas umas contra as outras, é difícil ver como uma lap dance pode ser proveitosa ou íntima quando o cara perto de você também está recebendo uma. Ah e, a propósito, eles também têm strippers homens na maioria das noites da semana, por isso, mulheres, não se sintam excluídas. As lap dances custam US$20, mais na sala VIP. Aberto diariamente, 24 horas. 1531 Las Vegas Blvd. S. ✆ **702/385-8987**. Topless. Couvert de US$30 após as 18h. Permitida a entrada de mulheres não acompanhadas.

Palomino Club ✮ Já tendo sido considerado o melhor clube de striptease da cidade, este lugar agora está próximo do lado mais desgastado. Ele também fica um pouco fora de mão. Por outro lado, oferece nudez completa em um ambiente clássico, com paredes vermelhas. E sua localização fora dos limites da cidade de Vegas significa que ele é um dentre os poucos clubes que oferecem nudez total e álcool. As lap dances com *topless* custam US$20; as danças com nu completo custam US$40. Aberto diariamente, das 17h às 5h. 1848 Las Vegas Blvd. N. ✆ **702/642-2984**. Nu completo. Permitida a entrada de mulheres não acompanhadas.

Sapphire Gentleman's Club ✮✮✮ Senhoras e senhores, especialmente os senhores, Las Vegas, lar de tudo o que há de maior, agora traz a vocês – que toquem os tambores – o maior clube de striptease do mundo! É isso mesmo, 6.596 metros quadrados de nudez. É claro que você tem que conferir – e é claro que eles estão contando com isso. Mas digamos uma coisa: embora o lugar não seja realmente diferente de tudo o que você já viu, em termos de clubes de striptease, se você não foi a um clube de strip antes, este é o lugar por onde você deve começar, considerando que ele é moderno e limpo – embora, francamente, ele não seja assim tão diferente, em termos de aparência, do Rain, o clube noturno supermoderno no Rio. As lap dances custam US$20. Aberto 24 horas. 3025 S. Industrial Rd. ✆ **702/796-0000**. Couvert de US$30. Das 18h às 6h. Permitida a entrada de mulheres não acompanhadas.

Spearmint Rhino ✮ Você sabia que até mesmo os bares de striptease têm cadeias? É verdade, e este é um nome familiar dentre os conhecedores ou para aqueles que leem os outdoors próximos aos aeroportos. A passarela (onde algumas das dançarinas ficam um pouco mais íntimas umas com as outras) fica, na verdade, em uma área separada, nos fundos, por isso, é possível tomar uma bebida na parte da frente (onde há muitas TVs e outras diversões para homens) e nem chegar a ver uma garota nua (com exceção do palco menor e do post de dança ali perto). Em uma noite mais cheia, o lugar fica lotado de universitários já adultos desfrutando de um espaço de clube. Pode haver uma verdadeira linha de montagem industrial de lap dances, durante os períodos mais agitados, o que, francamente, parece o oposto de algo excitante para nós. As lap dances custam US$20. Aberto 24 horas. 3444 Highland Dr. ✆ **702/796-3600**. Topless. Couvert de US$30. Permitida a entrada de mulheres não acompanhadas.

8 Viagens Paralelas de Las Vegas

Você pode não saber, mas há um mundo imenso fora de Vegas e partes dele são extraordinárias – principalmente, se sua sensibilidade estética favorecer os mistérios totais e surpreendentes das paisagens do deserto. Há muito com o que se maravilhar lá fora, assim como dentro dos limites de Vegas, e os dois cenários causam um contraste curioso entre o inteiramente artificial e o completamente natural.

Mas, além da simples admiração, há muito o que fazer, desde fazer excursões pela verdadeira maravilha arquitetônica que é o Hoover Dam, a escalar o Red Rock Canyon, além de poder nadar e andar de barco pelo Lake Mead. Você tomará uma dose tão necessária de ar fresco – possivelmente até mesmo um pouco de exercício – e seus filhos poderão "pôr as asinhas para fora".

As excursões cobertas nesse capítulo, com exceção das viagens ao Grand Canyon mencionadas abaixo, o levarão de 32 a 96 quilômetros para fora da cidade. Cada uma delas oferece uma experiência de viagem memorável.

EXCURSÕES PELO GRAND CANYON

Dezenas de excursões turísticas saem da cidade, diariamente. A principal operadora, a **Scenic Airlines** (© 800/634-6801 ou 702/638-3300; www.scenic.com), opera excursões de luxo, por ar ou solo para o dia todo, por US$279 por pessoa (US$249 para crianças de 2-11 anos). O preço inclui uma excursão de ônibus pelo parque nacional, um voo sobre o canyon e almoço. Todas as excursões cênicas incluem vistas de pontos turísticos. A empresa também oferece excursões para o dia inteiro ou noturnas com caminhadas e também oferece excursões para outros pontos de interesse e parques nacionais, incluindo o Bryce Canyon e o Monument Valley. Peça detalhes quando você ligar.

A **Gray Line Tours** (© **800/634-6579**; www.grayline.com) também opera excursões ao Grand Canyon. Ligue ou visite o website para obter detalhes.

1 Hoover Dam & Lake Mead

48 quilômetros ao sudeste de Las Vegas

Essa é uma das excursões mais populares de Las Vegas, visitada por 2.000 a 3.000 pessoas, diariamente. Por que você deve se juntar a elas? Porque o Hoover Dam é uma maravilha da engenharia e da arquitetura e alterou a região Sudoeste para sempre. Sem ele, você nem ao menos estaria indo a Vegas. As crianças podem ficar entediadas, a menos que elas gostem de maquinários ou simplesmente de coisas enormes, mas mostre o lugar de qualquer maneira, para o bem delas. (Compre um sorvete e um globo de neve do Hoover Dam como meio de convencê-las). Obviamente, se você for ficar no Lake Mead, é uma maravilha.

A excursão em si é um tanto superficial e comercial, mas você consegue se familiarizar e conhecer a represa. Vista sapatos confortáveis, a excursão envolve um pouco de caminhada. Experimente fazê-la de manhã para evitar o calor do deserto e as multidões muito grandes. Você pode almoçar em Boulder City e, em seguida, talvez dirigir de volta pelo **Valley of Fire State Park** (descrito, posteriormente, neste capítulo), que fica a cerca de 96 quilômetros, magnificamente cênicos, do Lake Mead (ponha gasolina antes de começar!). Ou então você pode passar a tarde fazendo atividades no Lake Mead – caminhando, andando de barco, até mesmo fazendo scuba diving quando for temporada ou, talvez, fazendo raft pelo Colorado River.

CHEGANDO LÁ

Siga para o leste na Flamingo ou na Tropicana até a U.S. 515 ao sul, que automaticamente vira a I-93 e o leva diretamente à represa. Isso envolverá uma viagem um tanto drástica, como você terá que passar por Boulder City e uma subida, então o Lake Mead aparecerá de repente diante de você. É uma linda vista. Nesse ponto, a estrada se estreita para duas pistas e o trânsito pode ficar consideravelmente mais lento. Em dias com muitos turistas, isso significa que a viagem pode levar um hora ou mais.

Passe pelo desvio até o Lake Mead. Ao se aproximar da represa, você verá um estacionamento de cinco andares escondido na parede do canyon à sua esquerda. Estacione lá (taxa de US$5) e pegue os elevadores ou as escadas até a passarela que leva ao novo centro de visitantes.

Se você prefere fazer uma **excursão organizada**, confira a **Gray Line** (© **800/634-6579**; www.grayline.com), que oferece um pacote para Hoover

Dam, que inclui cadastro e uma excursão pela represa, além de um almoço em um buffet e uma viagem extra, até a Ethel M Chocolate Factory. Quando você estiver em Las Vegas, procure cupons de desconto nas inúmeras publicações gratuitas disponíveis nos hotéis. A excursão de 7 horas e meia do **Deluxe Hoover Dam Tour** tem saída diária às 7h30, o preço é de US$49, sendo a entrada para a Discovery Tour da represa por um adicional de US$11.

HOOVER DAM ☘☘☘

A Vegas que nós conhecemos não existiria sem Hoover Dam. Certamente seu neon e brilho não existiriam. Na verdade, o crescimento de toda a região Sudoeste pode ser ligado diretamente à eletricidade criada pela represa.

Até a construção do Hoover Dam, grande parte do sudoeste dos Estados Unidos era afligida por dois problemas naturais: um terreno arenoso seco, que sofria de falta de irrigação durante grande parte do ano, e grandes enchentes na primavera e no início do verão, quando o impetuoso Colorado River, alimentado pela neve que derrete em sua nascente nas Rocky Mountains, alagava suas margens e destruía lavouras, vidas e propriedade. No lado positivo, correndo livre durante eras, as águas turbulentas e impetuosas do rio esculpiram o Grand Canyon.

Em 1928, com estímulo dos sete estados pelos quais o rio corre durante o curso de sua viagem de 2.256 quilômetros até o Golfo da Califórnia, o Congresso autorizou a construção de uma represa no Boulder Canyon (posteriormente alterado para Black Canyon). A declaração de intenção do Senado foi a de que "Um rio forte, que agora é fonte de destruição, será refreado e posto para trabalhar pelos interesses da sociedade". A construção começou em 1931. Devido ao seu amplo escopo e aos problemas, sem precedentes, envolvidos na sua realização, o projeto gerou avanços significativos em muitas áreas de produção de maquinário, engenharia e construção. Um exército de mais de 5.200 trabalhadores foi montado, e o trabalho prosseguiu 24 horas por dia. Concluído em 1936, 2 anos antes do cronograma, e tendo gasto US$15 milhões a menos do que o orçamento (este é, sem dúvida, uma Maravilha do Mundo Fiscal Moderno), a represa acabou com as enchentes anuais e conservou água para a irrigação, uso doméstico e industrial. Igualmente importante, ela se tornou uma das principais instalações de geração de energia elétrica do mundo, oferecendo energia hidrelétrica de baixo custo, sem causar poluição a uma série de comunidades que a cercam. O custo de US$165 milhões de Hoover Dam foi pago com juros por meio da venda de energia barata a uma série de cidades da

Excursões de Las Vegas

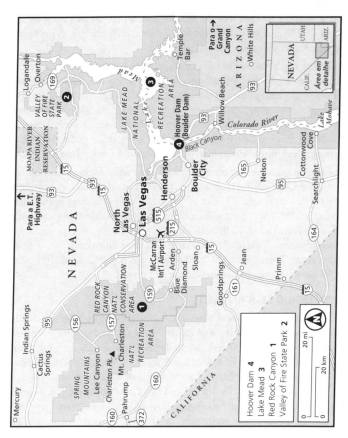

Califórnia e para os estados de Arizona e Nevada. A represa é um projeto do governo que pagou por si próprio – um feito quase tão inspirador quanto a sua engenharia.

A represa em si é uma maciça parede curva, com grossura de 200 metros na parte inferior e afilando-se a 14 metros onde a estrada a cruza na parte superior. Ela se ergue por 221 metros acima do leito de pedras (aproximadamente a altura de um arranha-céu de 60 andares), e age como um conector entre as paredes do canyon para comportar até 9,2 trilhões de galões de água no Lake Mead, o reservatório criado com sua construção.

Quatro torres de concreto de influxo no lado do rio despeja a água por cerca de 183 metros para ativar as turbinas e criar energia, depois disso, a água é despejada no rio e segue para o sul.

Toda a arquitetura segue uma escala grande e o projeto tem lindos elementos com estilo Art Deco, incomuns em uma projeto de engenharia. Observe, por exemplo, a monumental escultura em bronze, com 9 metros, denominada *Winged Figures of the Republic*, ao lado de um mastro de 43 metros na entrada de Nevada. De acordo com seu criador, Oskar Hansen, a escultura simboliza "a calma imutável da resolução intelectual, e o enorme poder da força física treinada, igualmente virtuosa no plácido triunfo das conquistas científicas".

Onze quilômetros ao noroeste da represa, na U.S. 93, você passará por **Boulder City**, que foi reconstruída para abrigar trabalhadores administrativos e de construção. O calor opressivo do verão (durante muitos dias ele chega a 125°F/52°C) impediu a construção da área de acampamento próxima à represa e a elevação mais alta de Boulder City oferecia temperaturas mais amenas. A cidade cresceu dentro de um único ano, transformando uma terra deserta em uma comunidade de 6.000 pessoas. Por volta de 1934, ela era a terceira maior cidade de Nevada.

PASSEANDO PELA REPRESA

O excelente **Hoover Dam Visitor Center**, uma ampla estrutura circular de concreto, com três níveis e vista da cobertura, foi inaugurado em 1995. Você entrará pelo Lobby de Recepção, onde pode comprar as entradas; examinar as exposições informais, fotografias e artigos e ver três apresentações com vídeos de 12 minutos (sobre a importância da água para a vida, os eventos que levaram à construção de Hoover Dam e a construção em si, assim como os muitos benefícios que ela confere). As exposições no nível Plaza incluem exibições interativas do meio ambiente, habitação e desenvolvimento do Sudoeste, as pessoas que construíram a represa e tópicos relacionados.

Ainda outro andar acima, as galerias no nível Overlook demonstram, por meio de painéis de bronze esculpidos, os benefícios de Hoover Dam e do Lake Mead aos estados de Arizona, Nevada e Califórnia. O nível Overlook oferece ainda uma vista sem obstruções para o Lake Mead, a represa, a planta de energia, o Colorado River e o Black Canyon. Há diversas oportunidades de tirar fotos nessa viagem.

Você pode visitar um centro de exposições, do outro lado da rua, onde uma apresentação de 10 minutos em um pequeno teatro se foca em um mapa topográfico do Colorado River, de 2.253 quilômetros. Há também uma cafeteria. Observe, a propósito, como os banheiros do centro têm apenas secadores elétricos, sem toalhas de papel. Um tributo?

O centro fecha às 18h, e às 17h15 é o último horário para entrada, embora os horários variem ocasionalmente. Há duas excursões disponíveis, a Power Plant Tour e a Hoover Dam Tour. A entrada para a primeira custa US$11, para adultos, US$9 para idosos, militares e seus dependentes, todas as crianças de 4 a 16 anos e gratuito para militares uniformizados e crianças até 3 anos. A Hoover Dam Tour, mais extensa, custa US$30 por pessoa, crianças com menos de 7 anos não são permitidas; o estacionamento custa US$7, independentemente da excursão que você escolher e eles aceitam apenas dinheiro. Não há necessidade de ligar com antecedência para reservar um lugar, mas para mais informações, ligue ✆ **866/ 730-9097** ou 702/494-2517.

As excursões, a propósito, são "não recomendadas para claustrofóbicos ou pessoas com desfibriladores".

No momento dessa publicação, graças às medidas de segurança contra ataques terroristas pós 11 de setembro de 2001, as excursões à represa continuam mudando de formato e são um tanto restritas. Na excursão à Planta de Energia, os visitantes vão até o centro, assistem a um filme e caminham pela represa. Embora ambas as excursões incluam uma descida de 161 metros, por elevador, para dentro da represa, para a visualização dos enormes geradores, a excursão à Planta de Energia é autoguiada, auxiliada pelos ocasionais quiosques de informações ou guias/docentes localizados em intervalos pelo caminho; a excursão mais cara oferece as mesmas atrações e oportunidades de vista, mas é guiada, dura uma hora e meia e é limitada a 20 pessoas. Se você planeja fazer essa excursão, esteja ciente que ela cobre mais de 1.610 metros de caminhada sobre concreto e cascalho, sem acesso para deficientes. A excursão por Hoover Dam é oferecida a cada meia hora, com a última excursão às 15h30, enquanto a entrada final para a Planta de Energia é às 17h15.

Nenhuma dessas excursões são tão emocionantes quanto as antigas excursões "de capacete", mas ainda há muitos curiosos pequenos detalhes de informações para aprender. Obviamente, o acesso à edificação atual não poderia ter diminuído mais, nem a segurança poderia estar mais rígida, embora a diminuição do acesso seja, infelizmente, mais provável.

Alguns fatos divertidos que você pode ouvir pelo caminho: demorou 6 anos e meio para que o lago se enchesse. Embora 96 trabalhadores tenham sido mortos durante a construção, ao contrário do mito popular, nenhum trabalhador foi enterrado acidentalmente conforme o concreto era despejado (ele foi despejado apenas em um nível de 20 centímetros por vez). Procure por um monumento aos trabalhadores mortos do lado de fora – "eles morreram para fazer com que o deserto florescesse" – juntamente a um monumento para o cão mascote que também morreu, embora isso tenha ocorrido após a conclusão da represa. Compare o salário dos trabalhadores de US$0,50 por hora àqueles dos seus colegas da era da Depressão, que conseguiam de US$0,05 a US$0,30.

Para obter mais informações sobre a represa e, às vezes, cupons de desconto, visite **www.usbr.gov/lc/hooverdam**.

LAKE MEAD NATIONAL RECREATION AREA 🎣🎣

Sob a proteção do National Park Service, o Lake Mead National Recreation Area, com 1,5 milhões de acres, foi criado, em 1936, ao redor do Lake Mead (o lago reservatório que resultou da construção de Hoover Dam) e, posteriormente, foi também criado o Lake Mohave, ao sul (formado pela construção de Davis Dam). Antes de os lagos emergirem, essa região de deserto era brutalmente quente, seca e severa – inadequado para a habitação humana. Hoje, ela é um dos parques mais populares do país, atraindo cerca de 9 milhões de visitantes, anualmente. Os dois lados abrangem 754 quilômetros quadrados. Em uma elevação de 1.221 pés, o Lake Mead, em si, se estende por 177 quilômetros contra a corrente, em direção ao Grand Canyon. Sua margem de 885 quilômetros, com fundo de espetaculares cenários de montes e canyons, forma um ambiente perfeito para uma ampla variedade de esportes aquáticos e caminhadas pelo deserto.

O **Alan Bible Visitor Center**, 6,5 quilômetros ao nordeste de Boulder City, na U.S. 93, na NV 166 (📞 **702/293-8990**), pode oferecer informações sobre todas as atividades e serviços da área. Você pode arranjar mapas de trilhas e brochuras lá, ver filmes informativos e descobrir sobre passeios cênicos, acomodações, caminhadas com guias, programas naturalistas e palestras, observação de pássaros, canoagem, acampamento, parques de caravanas e instalações para piqueniques. O centro também vende livros e fitas de vídeo sobre a área. Aberto diariamente, das 8h30 às 16h30, exceto no Dia de Ação de Graças, Natal e Dia de Ano Novo.

Para obter informações sobre acomodações, aluguel de barcos e pesca, ligue para o **Seven Crown Resorts** (📞 **800/752-9669** ou 702/293-3484;

www.sevencrown.com). Você também pode encontrar informações sobre o Lake Mead na Web em **www.nps.gov/lame**.

A **taxa de entrada** para a área é de US$5, por veículo, que cobre todos os passageiros, ou US$3 por pessoa, se você estiver caminhando, com motocicleta ou de bicicleta.

OUTRAS ATIVIDADES AO AR LIVRE

Esta é uma área agradável para passeios cênicos, em meio ao cenário dramático do deserto. Uma rota popular segue as estradas Lakeshore e Northshore Scenic, ao longo das margens do Lake Mead. Dessas estradas há vistas panorâmicas para o lago azul, contra o fundo dos tons de marrom, preto, vermelho e cinza das montanhas do deserto. A Northshore Scenic Drive também o leva por áreas de brilhantes pedras vermelhas arredondadas e formações rochosas e você descobrirá uma área para piqueniques no caminho.

BARCO E PESCA Uma loja no **Lake Mead Resort and Marina**, sob a proteção do Seven Crown Resorts (© **800/752-9669** ou 702/293-3484; www.sevencrown.com), aluga barcos de pesca, skis, embarcações pessoais e iates. Ela também oferece alimentos, roupas, artigos marinhos, bens esportivos, equipamentos para ski aquático, equipamentos de pesca, iscas e aparelhagens. Os não-residentes podem obter uma licença de pesca aqui (US$69, por um ano ou US$18, por 1 dia, mais US$7, para cada dia adicional; há descontos disponíveis para crianças com até 14 anos, taxas adicionais se aplicam para classificações de pesca adicionais, incluindo trutas, o que requer um selo de US$10 para a tomada ou posse desse peixe). A equipe é instruída e pode informá-lo sobre bons pontos de pesca. Achigãs, robalos riscados, bagres americanos, peixes de água doce e bluegills são encontrados no Lake Mead; trutas arco-íris, achigãs e robalos riscados no Lake Mohave. Você também pode planejar aqui de alugar um barco com abrigo totalmente equipado na **Echo Bay**, 64 quilômetros ao norte.

Outras marinas convenientes no Lake Mead, que oferecem aluguéis e equipamentos semelhantes, são a **Las Vegas Boat Harbor** (© **702/565-9111**; www.lasvegasbaymarina.com), que é ainda mais perto de Las Vegas, e a **Callville Bay Resort & Marina** (© **800/255-5561** ou 702/565-8958; www.callville-bay.com), que é a menos cheia dentre as cinco em Nevada Shore.

Nota: Diversos anos de seca reduziram drasticamente o tamanho do *Lake Mead* e alteraram suas margens. Como resultado, muitas das marinas do lago são ameaçadas de transferência ou até mesmo encerramento de suas atividades, e algumas atividades em algumas áreas do lago e ao seu redor foram restringidas. Assegure-se de ligar com antecedência para verificar as últimas condições do lago.

ACAMPAMENTO As margens do Lake Mead são repletas de áreas para acampamento, todas equipadas com água corrente, mesas de piquenique e grelhas. Disponíveis na base de "quem chegar primeiro leva", elas são administradas pelo **National Park Service** (✆ **702/293-8990**; www.nps.gov). Há uma taxa de US$10, por noite, em cada área de acampamento.

CANOAGEM O **Alan Bible Visitor Center** (consulte acima) pode oferecer uma lista de fornecedores que alugam canoas para viagens no Colorado River. Há um problema, no entanto: É necessário ter uma licença de canoagem (US$10 por pessoa), com antecedência, para certas áreas próximas à represa que são disponibilizadas pelo **Bureau of Reclamation**. Ligue ✆ **702/293-8204** ou visite www.usbr.gov/lc para obter informações.

CAMINHADA A melhor estação para caminhadas vai de novembro a março (o restante do ano faz calor demais). Algumas caminhadas, com guias, são oferecidas pelo **Alan Bible Visitor Center** (consulte acima), que também oferece mapas de trilhas detalhados. Três trilhas, variando, em comprimento, de 1,2 km a 9,6 km, se originam no centro de visitantes. A trilha de 9,6 km passa pelas ruínas da estrada de ferro construída para o projeto da represa. Assegure-se de tomar todas as precauções necessárias para caminhadas no deserto (consulte "Conselhos para Caminhadas no Deserto", no capítulo 5).

CRUZEIROS NO LAGO Uma maneira deliciosa de aproveitar o Lake Mead é fazendo um cruzeiro a bordo do barco **Desert Princess** ⭐, do **Lake Mead Cruises** (✆ **702/293-6180**; www.lakemeadcruises.com), um barco com roda de pá, ao estilo de Mississippi. Os cruzeiros fazem viagens o ano todo, saindo do terminal próximo ao **Lake Mead Lodge**, em 322 Lake Shore Rd., Boulder City. É uma viagem relaxante e cênica (aproveitada de um tombadilho aberto ou de um dos dois decks totalmente cobertos, com clima controlado) pelo Black Canyon e passando pelas formações rochosas coloridas, conhecidas como "Arizona Paint Pots", no caminho até Hoover Dam que é iluminado à noite. As opções incluem cruzeiros narrados no meio do dia (US$22 adultos, US$10 crianças), cruzeiros com coquetel/jantar (US$46 adultos, US$25 crianças), cruzeiros, ao pôr do sol, com jantar/

dança, música ao vivo (US$58 adultos, não são permitidas crianças) e cruzeiros com brunch aos domingos (US$37 adultos, US$18 crianças). O jantar é servido em um salão de jantar agradável, com janelas e ar condicionado. Há um bar completo a bordo. Ligue para saber os horários de partida.

BOULDER CITY

Você pode querer dar uma olhada em Boulder City no seu caminho de volta a Vegas. Literalmente, uma cidade empresarial para aqueles que construíram Hoover Dam, foi criada pelas esposas que vinham com seus maridos e transformavam um lugar temporário em uma verdadeira comunidade, já que contava com o auxílio das atrações recreativas e serviços de atendimento do Lake Mead. A cidade não parece ser nada demais à primeira vista, mas quando você chega ao centro, descobre que ela é bastante charmosa. Há algumas lojas de antiguidades e curiosidades e uma série de restaurantes, casas de hambúrguer e estabelecimentos mexicanos estilo família, incluindo o **Totos**, um restaurante mexicano com preço razoável em 806 Buchanan Blvd. (*C* **702/ 293-1744**), fica no shopping center Von's.

2 Valley of Fire State Park

96 quilômetros ao nordeste de Las Vegas

A maioria das pessoas visualiza o deserto como uma vasta extensão de areias ondulantes, entremeada por ocasionais cactos ou oásis com palmeiras. Mas o deserto do Sudoeste dos Estados Unidos tem pouca relação com essa imagem estilo Lawrence da Arábia. Estendendo-se por centenas de quilômetros ao redor de Las Vegas em todas as direções fica uma tundra, aparentemente sem vida, de uma terra vermelho vivo, moldada pelo tempo, pelo clima e por elevações subterrâneas que formam *canyons*, montes e cumes majestosos.

O Valley of Fire State Park, com 36 mil acres, tipifica o Deserto Mojave, uma região vermelha e montanhosa. Seu nome vem das brilhantes formações de arenito que surgiram há 150 milhões de anos por uma grande deslocação na areia, e que continuam a ser moldadas por processos geológicos, com a erosão pelo vento e a água. Essas são formações rochosas como você nunca viu em nenhum outro lugar. Não há nada verde, apenas rochas de um vermelho flamejante, trançando-se invariavelmente, até onde o olho possa enxergar. Não é de se surpreender que vários filmes de ficção científica usaram este lugar como set para outro planeta. Todo o lugar é muito misterioso, cheio de petróglifos e completamente inóspito. Não é

CAPÍTULO 8 · VIAGENS PARALELAS DE LAS VEGAS

difícil acreditar que para os índios americanos este era considerado um lugar sagrado, onde os homens vinham para pôr a teste sua masculinidade. É uma maravilha natural que deve ser vista para ser apreciada.

Embora seja difícil imaginar devido ao sufocante calor de Nevada, durante bilhões de anos elas estiveram centenas de metros abaixo do oceano. Esse solo começou a se levantar há cerca de 200 milhões de anos e as águas se tornaram mais rasas. Por fim, o mar recuou completamente, deixando um terreno lamacento transpassado por correntes que, cada vez, diminuíam mais. Um grande deserto arenoso cobriu grande parte da área sudoeste do continente americano, há cerca de 140 milhões de anos. Com as eras, os ventos, a ação das grandes falhas e a erosão da água, esculpiram-se fantásticas formações de areia e calcário. A oxidação do ferro, nas areias e na lama, e o efeito do lençol de água infiltrando-se pelo ferro oxidado transformou as rochas com muitos tons de vermelho, rosa, ferrugem, lavanda e branco, que podem ser vistos hoje. As árvores derrubadas de antigas florestas que foram trazidas pelas águas de terras altas distantes e se tornaram fósseis petrificados, podem ser vistas de acordo com duas trilhas de interpretação.

Os humanos ocuparam a região, então mais úmida e fresca, há 4.000 anos. Eles não viviam no Valley of Fire, mas durante o período Gypsum (2.000 a.C.-300 a.C.) os homens caçavam carneiros silvestres (uma fonte de alimento, roupas, cobertores e coberturas para cabanas) aqui com lanças entalhadas chamadas *atlatls*, que são representadas nos petróglifos do parque. As mulheres e as crianças pegavam coelhos, tartarugas e outras caças menores. Na fase seguinte, de 300 a.C. a 700 d.C., o clima se tornou mais quente e mais seco. Os arcos e flechas substituíram os *atlatls* e os caçadores e ceifeiros descobriram a agricultura. O povo ancestral de índios pueblos começou a cultivar milho, abóbora e grãos e as comunidades começaram a substituir pequenos grupos familiares nômades. Esses povos antigos teciam cestas à prova d'água, tapetes, redes de caça e roupas. Por volta do ano 300 d.C., eles aprenderam a fazer cerâmicas secas ao sol. Outras tribos, notadamente os Paiutes, migraram para a área. Por volta do ano 1150 d.C., eles haviam se tornado o grupo dominante. Diferentemente dos antigos Pueblos, eles ainda eram nômades e usavam a região do Valley of Fire ocasionalmente. Esses foram os habitantes que os conquistadores brancos encontraram quando chegaram à área do início ao meio dos anos de 1800. Os recém-chegados desviaram a água de rios e de nascentes para irrigar suas terras cultivadas, destruindo o modo de vida baseado na natureza dos Paiutes. Cerca de 300 descendentes dessas tribos Paiute ainda vivem na Reserva Indígena de Moapa, que foi estabelecida ao longo do Muddy River, em 1872.

VALLEY OF FIRE STATE PARK

CHEGANDO LÁ
De Las Vegas, pegue a I-15 ao norte até a saída 75 (desvio Valley of Fire). Entretanto, a rota mais cênica é pegar a I-15 ao norte, então, passe pelo Lake Mead Boulevard, ao leste, até a Northshore Road (NV 167), e siga na direção norte, até a saída do Valley of Fire. A primeira rota leva cerca de uma hora, a segunda uma hora e meia.

Há uma taxa de entrada de US$5 por veículo para o parque, independentemente de quantas pessoas você espremer dentro do carro.

Planeje passar o mínimo de uma hora no parque, embora você possa passar muito mais tempo. Pode fazer muito calor ali (não há nada que alivie os raios de sol e todo aquele vermelho os refletindo) e não há água, por isso, não deixe de trazer um litro, ou talvez dois, por pessoa, no verão. Sem um guia, você deve permanecer nas estradas pavimentadas, mas não se preocupe se elas terminarem, pois você pode sempre se virar e voltar para a estrada principal novamente. Dá para ver bastante do carro e também há trilhas para caminhada.

Inúmeras **excursões turísticas** passam pelo Valley of Fire. Pergunte no balcão turístico de seu hotel. Cher Cruze, da **Creative Adventures** (p. 149), também oferece uma excursão fantástica.

O *Valley of Fire* também pode ser visitado juntamente com o *Lake Mead*. Do **Lake Mead Lodge**, pegue a NV 166 (Lakeshore Rd.) ao norte, faça uma curva à direita na NV 167 (Northshore Rd.), vire à esquerda na NV 169 (Moapa Valley Blvd.) a oeste – um passeio cênico espetacular – e siga as placas. O *Valley* fica a cerca de 105 quilômetros de *Hoover Dam*.

O QUE VER & O QUE FAZER
Não há estabelecimentos de comida ou postos de gasolina no parque, no entanto, você pode comprar comida e gasolina na NV 167 ou na **Overton**, ali perto, (24 km ao noroeste, na NV 169). Overton é uma cidade vale fértil, repleta de árvores, lavouras de agricultura, cavalos e rebanhos de gado – uma mudança e tanto no cenário. Em seu caminho para entrar e sair da atribulada metrópole dê uma parada no **Inside Scoop**, 395 S. Moapa Valley Blvd. (℅ **702/ 397-2055**), aberto de segunda a sábado, das 10h até as 20h e aos domingos, das 11h às 19h. É uma sorveteria agradável e com estilo antigo, administrada por pessoas extremamente simpáticas, com um cardápio adequado que além dos sanduíches e outras opções clássicas apresenta algumas escolhas surpreendentes: um sanduíche vegetariano e uma salada de peixe com siri e camarão, por exemplo. Tudo é muito saboroso e fresco. Eles também

oferecem marmitas, perfeitas para fazer um piquenique dentro do parque. Nós recomendamos fortemente que você venha até aqui, em seu caminho, até o parque para almoçar e, depois, volte para um sorvete tão necessário.

Na região mais ao sul da cidade, fica o **Lost City Museum** ✫, 721 S, Moapa Valley Blvd. (📞 **702/397-2193**), um agradável e pequeno museu, muito bem projetado, celebrando uma antiga vila dos ancestrais Pueblos, que foi descoberta, na região, em 1924. As construções restauradas em taipa, dos pueblo, cercam o museu. A entrada é de US$3 para adultos, US$2 para idosos com mais de 65 anos, e gratuita para crianças até 17 anos. O museu fica aberto diariamente, das 8h30 às 16h30. Fechado no Dia de Ação de Graças, Natal e Dia de Ano Novo.

A central de informações do Valley of Fire é o **Visitor Center** na NV 169, 10 km, a oeste da Northshore Road (📞 **702/397-2088**; http://parks.nv.gov/vf.htm). Fica aberto diariamente, das 8h30 às 16h30 e vale a pena fazer uma parada rápida para obter informações e um pouco de conhecimento histórico, antes de entrar no parque.

Há **trilhas de caminhada**, **áreas para piquenique**, **na sombra**, e **dois terrenos para acampamento** no parque. A maioria das áreas são equipadas com mesas, grelhas, água e banheiros. Uma taxa de acampamento de US$12 por veículo, por noite, é cobrada para usar a área de acampamento.

Os **petróglifos** no Atlatl Rock e no Petroglyph Canyon são facilmente acessíveis. No verão, quando as temperaturas geralmente ficam acima de 100°F (38°C), você pode preferir dirigir pelo parque em um carro com ar condicionado.

3 Red Rock Canyon ✫✫✫

30 quilômetros a oeste de Las Vegas

Se você precisa de um descanso da agitação de Las Vegas, o Red Rock Canyon é um alívio para a sua alma super estimulada. A menos de 32 km de distância – mas separado por um mundo – esta é uma área panorâmica magnificamente intocada que deve purificá-lo e refrescá-lo. Você pode dirigir pelos 21 km panorâmicos, pela **Scenic Drive** (aberta, diariamente, das 7h até o amanhecer) ou explorar o canyon com mais profundidade a pé, o que é perfeito para atletas e tipos esportistas. Há muitas vistas interessantes e trilhas pelo caminho. A **National Conservation Area** (📞 **702/515-5350**; www.nv.blm.gov/redrockcanyon) oferece trilhas de caminhada e oportunidades de escalada de rochas internacionalmente aclamadas (um ponto especialmente notável é o Mt. Wilson, com 2.154 m, o pico de arenito mais alto dentre os montes). Há áreas de piquenique pelo caminho e no **Spring Mountain Ranch State Park**, ali perto (✆ **702/875-4141**; http://parks.nv.gov/smr.htm), 8 km ao sul, que também oferece peças em um teatro ao ar livre durante o verão.

CHEGANDO LÁ

Dirija na direção oeste, na Charleston Boulevard, que se transforma na NV 159. Praticamente assim que você sair da cidade, as rochas vermelhas começam a se erguerem ao seu redor. O centro de visitantes aparecerá à sua direita.

Você também pode fazer uma **excursão organizada**. A **Gray Line** (✆ **800/ 634-6579**; www.grayline.com), entre outras empresas, opera excursões de ônibus ao Red Rock Canyon. Pergunte no balcão turístico de seu hotel.

Por fim, você pode ir **de bicicleta**. Não muito longe, fora da cidade (no Rainbow Blvd.), o Charleston Boulevard é cercado por uma ciclovia, que segue por cerca de 18 km, até o centro de visitantes/passeio cênico. O caminho tem subidas, mas isso não é problema, se você está em forma. Entretanto, apenas ciclistas excepcionalmente preparados e com experiência devem tentar explorar o Red Rock Canyon de bicicleta.

Saindo da NV 159, você verá o **Red Rock Canyon Visitor Center** (✆ **702/515-5350**), que marca a entrada do parque. Lá, você pode obter informações sobre as trilhas e ver exposições históricas sobre o canyon. O centro fica aberto diariamente, das 8h30 às 16h30.

O QUE VER & O QUE FAZER

Comece pelo centro de visitantes; não apenas há uma taxa de US$5 por veículo para pagar, mas você pode obter uma série de folhetos úteis: sobre a história, guias, mapas de trilhas e exposições da flora e da fauna local. Você verá um vídeo fascinante aqui sobre os milhares de cavalos e burros selvagens de Nevada, protegido por uma lei do Congresso desde 1971. Além disso, você pode obter licenças para caminhadas e trilhas de mochileiros. Ligue com antecedência para descobrir sobre excursões com guia, bem como caminhadas informativas, oferecidas por grupos como o Sierra Club e a Audubon Society. E, se você estiver viajando com as crianças, pergunte sobre o livro gratuito *Junior Ranger Discovery Book*, repleto com atividades familiares divertidas.

A coisa mais fácil de se fazer é **dirigir pelo circuito cênico de 21 quilômetros** ✶✶ Este é, de fato, um circuito, e ele segue apenas uma direção, por

> ## *Dicas* Clima Selvagem
>
> Embora possa fazer muito calor em Red Rock durante o verão, também pode fazer muito frio durante o inverno. Em uma visita recente em março ao Red Rock nós o encontramos fechado – por causa da neve!

isso, uma vez que você começa está comprometido em passar por todo o circuito. Você pode parar o carro para admirar qualquer número de vistas e paisagens fabulosos no caminho, fazer um piquenique, passear ou caminhar. Conforme você dirige, observe a forma dramática como o calcário branco se alterna, com as rochas vermelhas, ricas em ferro. Mais à frente, as montanhas se tornam pedras calcárias sólidas, com *canyons* correndo entre elas, que levam a uma floresta perene – uma inclusão surpreendente ao deserto.

Se você estiver disposto, no entanto, nós não cansamos de dizer que a melhor maneira de realmente ver o *canyon* é fazendo uma caminhada. Todas as trilhas são incríveis – analise suas opções e decida de acordo com aquilo que você pode estar procurando. Você pode começar no centro de visitantes ou dirigir pelo circuito, pelo parque, e começar de alguns pontos ali. As trilhas de caminhada vão desde um passeio por um circuito de 1 km até uma cachoeira (seu fluxo variando sazonalmente), no *Lost Creek*, as trilhas mais longas e extenuantes. Na verdade, todas as trilhas envolvem uma certa quantidade de esforço, já que você tem que passar pelas rochas até mesmo nas trilhas mais curtas. Pessoas não preparadas ou não hábeis devem tomar cuidado. Certifique-se de usar sapatos confortáveis, pois as pedras podem ser escorregadias. Você deve ter um mapa; você não vai se perder para sempre (geralmente, a cada uma hora, aparecem outros caminhantes por perto para ajudá-lo), mas pode se perder por alguns momentos. Geralmente é difícil encontrar um marco e, depois que você se aprofundar nas pedras, tudo vai parecer igual, até mesmo com o mapa. Consequentemente, dê a si mesmo um tempo extra para cada caminhada (pelo menos uma hora adicional), independentemente da extensão planejada para compensar quaisquer confusões no caminho e desorientações e, simplesmente, para poder diminuir o ritmo e admirar a paisagem.

Ir de **bicicleta** é outra opção, e seria uma maneira extraordinária de passar pelo circuito. Há também incríveis trilhas de bicicleta fora da estrada e nas montanhas, com níveis que vão desde amador a expert.

Consulte o capítulo 5 para obter detalhes adicionais sobre **trilhos**.

Apêndice: Fatos Rápidos

AGENTES DE VIAGEM Se decidir usar um agente de viagem, assegure-se de que o agente é membro da Associação Brasileira dos Agentes de Viagens (ABAV). ABAV Nacional: Avenida São Luis, 165 - 1º andar Cj. 1B - Centro/SP. ABAV-Rio: Rua Senador Dantas, 76 - Sobreloja - Centro/RJ (www. abavrio.com.br). Demais cidades consulte o site oficial da ABAV – www.abav.com.br, para maiores informações.

ALUGUEL DE CARROS Consulte "Conhecendo o Lugar," no capítulo 2.

AMERICAN EXPRESS Há uma agência Amex Travel localizada no **The Fashion Show Mall**, 3200 Las Vegas Blvd. S., Las Vegas, NV 89109 (© **702/739-8474**).

BABÁS Entre em contato com a **Around the Clock Child Care** (© **800/798-6768** ou *702/365-1040*). Em atividade, desde 1987, esta empresa de renome confirma o nome das babás no departamento de saúde, na polícia e no FBI e busca cuidadosamente por referências. O preço é de US$70 por 4 horas para uma ou duas crianças e US$15 para cada hora adicional, com sobretaxas para crianças adicionais e nos feriados. As babás ficam de plantão 7 dias por semana, 24 horas por dia e vão até o seu hotel. Ligue com 3 horas de antecedência, no mínimo. O horário de funcionamento do escritório é das 10h às 22h.

BANCOS Os bancos geralmente ficam abertos das 9h ou 10h às 17h e, às vezes, até as 18h, sendo que a maioria tem expediente aos sábados. Há muitos caixas eletrônicos pela cidade. Quando os bancos estão fechados, observe que a maioria dos caixas dos cassinos descontam cheques pessoais e podem trocar moedas estrangeiras.

CASAMENTOS Las Vegas é um dos lugares mais fáceis do mundo para se casar. Não há nenhum teste de sangue ou período de espera, a cerimônia e a licença são baratas, as capelas ficam abertas o tempo todo (embora você não consiga mais obter uma licença de casamento 24 horas durante os finais de semana, o que também pode não significar nada), e o destino para sua lua de mel fica logo ali. Mais de 101.000 casamentos são realizados todos os anos. Obtenha uma licença no centro no **Clark County Marriage License Bureau**, 201 Clark Ave. (© **702/455-4415**), que fica aberto diariamente, das 8h até a meia-noite. O custo da licença de casamento é de US$55; o custo da cerimônia varia dependendo de onde você a realizar. Consulte a seção "Casando-se," no capítulo 5, para obter detalhes sobre as capelas de casamento locais.

APÊNDICE: FATOS RÁPIDOS

CONDIÇÕES DAS ESTRADAS Para obter informações registradas, ligue ⓒ 702/486-3116.

CONVENÇÕES Las Vegas é um dos principais destinos de convenções nos Estados Unidos. Grande parte da ação acontece no **Las Vegas Convention Center**, 3150 Paradise Rd., Las Vegas, NV 89109 (ⓒ **702/892-7575**), que é o maior centro de convenções de andar único do mundo. Seu espaço de 300 mil metros quadrados abriga 144 salas de reuniões. E esta imensa instalação é aumentada pelo **Cashman Field Center**, 850 Las Vegas Blvd. N., Las Vegas, NV 89101 (ⓒ **702/386-7100**). Sob o mesmo teto, o Cashman oferece outros 9.100 metros quadrados de espaço para convenções. Adicionalmente, há enormes instalações para convenções em muitos dos grandes hotéis, incluindo o MGM Grand, o The Mirage, o Mandalay Bay, o The Venetian, entre outros.

CORREIO A agência de correio mais eficiente fica imediatamente atrás do Stardust Hotel em 3100 Industrial Rd., entre a Sahara Avenue e a Spring Mountain Road (ⓒ **800/297-5543**). Fica aberto de segunda a sexta, das 8h30 às 17h. Você também pode enviar letras e pacotes no seu hotel e há uma agência de correio U.S. Post Office que oferece serviços completos no The Forum Shops, no Caesars Palace.

DENTISTAS & MÉDICOS Os hotéis geralmente oferecem listas com dentistas e médicos. Além disso, os profissionais são listados nas *Centel Yellow Pages*. Consulte também a seção "Hospitais" abaixo.

Para referências de dentistas, você pode ligar para a **Southern Nevada Dental Society** (ⓒ *702/733-8700*), em dias de semana, das 9h ao meio-dia e das 13h às 17h; quando o escritório estiver fechado, uma gravação o informará para quem você deve ligar em caso de serviço de emergência.

Para referências de médicos, ligue **Desert Springs Hospital** (ⓒ *702/388-4888*; www.desertspringshospital.net). Os horários são de segunda a sexta, das 8h às 20h, e no sábado, das 9h às 15h.

EMBAIXADAS & CONSULADOS O **Brasil** não possui **consulado** em Las Vegas. O mais próximo está situado em Los Angeles. 8484 Wilshire Blvd., suites 730-711 Beverly Hills, CA 90211 ⓒ **(323) 651-2664** Fax: (323) 651-1274. Jurisdição: Arizona, Hawaii, Idaho, Montana, Nevada, Utah, Wyoming, e na Califórnia os condados de Imperial, Kern, Los Angeles, Orange, Riverside, San Bernardino, San Diego, San Luis Obispo, Santa Barbara e Ventura.

APÊNDICE: FATOS RÁPIDOS

A **embaixada dos Estados Unidos no Brasil** fica no endereço SES - Av. das Nações, Quadra 801, Lote 03 70403-900 - Brasília, DF. ✆ **(61) 3312-7000** Fax: (61) 3312-7676. **http://www.embaixada-americana.org.br/**

Consulado Geral dos Estados Unidos no Brasil
- Para solicitação de visto e serviços para cidadãos norte-americanos:
Rua Henri Dunant, 500, Chácara Santo Antonio
CEP 04709-110 - São Paulo - SP

- Para correspondência, entregas e outros serviços:
Rua Henri Dunant, 700, Chácara Santo Antonio
CEP 04709-110 - São Paulo - SP
✆ **(011) 5186-7000** e (011) 5181-8730 (horário não comercial, fins de semana, feriados) fax: (011) 5186-7199
www.consuladoamericanosp.org.br

- E-mail para Visto para os Estados Unidos: **visainfo@amcham.com.br**.
- Site para visto para os Estados Unidos: **www.visto-eua.com.br**

Consulado Geral dos Estados Unidos no Rio de Janeiro - RJ
Av. Presidente Wilson, 147 - Castelo
CEP 20030-020 - Rio de Janeiro - RJ
✆ **(021) 3823-2000** fax (021) 3823-2003

- Email para imigração aos Estados Unidos: **immigrationrio@state.gov**

EMERGÊNCIAS Ligue ✆ **911** para entrar em contato com a polícia ou com o corpo de bombeiros para pedir uma ambulância.

ESTACIONAMENTO O estacionamento com valet é um dos grandes prazeres de Las Vegas e valem muito a gorjeta de um ou dois dólares (dada quando o carro é devolvido) para não precisar andar uma quadra, especialmente quando a temperatura está acima de 100°F (38°C). Outra vantagem no verão: o valet ligará seu ar condicionado para que você não precise entrar num "forno sobre rodas."

FARMÁCIAS Há uma farmácia **Walgreens** 24 horas (que também tem um serviço de revelação de fotos de 1 hora) em 3763 Las Vegas Blvd. S. (✆ **702/739-9638**), quase diretamente do outro lado da rua do Monte Carlo. A **Sav-On** é uma grande drogaria e farmácia 24 horas próxima à Strip em 1360 E. Flamingo Rd., em Maryland Parkway (✆ **702/731-5373** para a farmácia, 702/ 737-0595 para mercadorias gerais). A **White Cross Drugs**,

1700 Las Vegas Blvd. S. (© **702/382-1733**), aberta diariamente, das 7h à 1h, faz entregas de farmácia no seu hotel durante o dia.

FUSO HORÁRIO Las Vegas fica no Horário do Pacífico, com 3 horas de antecedência do que a Costa Leste e 2 horas de antecedência do que o Centro-oeste.

HOSPITAIS Os serviços de emergência estão disponíveis 24 horas por dia no **University Medical Center**, 1800 W. Charleston Blvd., em Shadow Lane (© **702/383-2000**; www.umc-cares.org); a entrada da sala de emergência fica na esquina entre ruas Hastings e Rose. O **Sunrise Hospital & Medical Center**, 3186 Maryland Pkwy., entre Desert Inn Road e Sahara Avenue (© **702/731-8080**; www.sunrisehospital.com), também tem uma sala de emergência 24 horas.

Para problemas menores, tente o **Harmon Medical Center**, o mais próximo à Strip, com médicos e máquinas de raio X; fica localizado em 105 E. Harmon at Koval, próximo ao MGM Grand (© **702/796-1116**; www.harmonmedicalcenter.com). Fica aberto 24 horas. Há uma farmácia no local.

IMPOSTOS O imposto sobre quarto de hotel de acordo com o Clark County é de 9% e em Henderson é de 10%; o imposto sobre vendas é de 7%.

JORNAIS & PERIÓDICOS Há duas publicações diárias em Las Vegas: o *Las Vegas Review-Journal* e o *Las Vegas Sun*. A edição de sexta-feira do *Review-Journal* tem uma seção útil chamada "Weekend", com um guia abrangente de shows e buffets. Um jornal alternativo e gratuito – o *Las Vegas Weekly* – tem listas de clubes e muitas críticas imparciais sobre restaurantes e bares. Em todos os balcões de hotel, você encontrará revistas locais gratuitas repletas de informações – embora elas sejam provavelmente do tipo com anúncios pagos, geralmente apresentam excelentes cupons de desconto para restaurantes e espetáculos na segunda (e terceira) fileiras – vale a pena procurar um desses nas revistas.

LEIS DE FUMO Em Dezembro de 2006, os votantes de Las Vegas aprovaram a lei Nevada Clean Indoor Air Act, que proíbe o fumo em todos os restaurantes, todos os bares que oferecem comida, mercearias, escolas, shoppings e estabelecimentos de varejo, entre outros lugares. Essencialmente, a lei bane o fumo sempre que menores estejam presente ou onde a comida é servida. Observe que fumar ainda é permitido nos cassinos com certa extensão de espaço (quase em todos os cassinos de Vegas) e bares, mas o fumo é banido em bares que servem comida.

APÊNDICE: FATOS RÁPIDOS

LEIS SOBRE BEBIDAS & JOGOS Você deve ter 21 anos para beber ou jogar. Um documento que confirme a idade é necessário e geralmente é pedido em bares, clubes noturnos, cassinos e restaurantes, por isso, é sempre bom levar uma identificação quando você sair. Não há horários de encerramento para a venda ou consumo de álcool, nem mesmo aos domingos. Nem pense em dirigir enquanto estiver sob a influência de álcool ou tiver um recipiente de bebida alcoólica aberto em seu carro. Cerveja, vinho e destilados são vendidos em todos os tipos de loja, praticamente o dia inteiro; não será difícil encontrar uma bebida nessa cidade. É até mesmo legal ter um recipiente de bebida alcoólica aberto nas ruas da Strip e na Fremont Street, mas não no Centro.

LINHAS DE SERVIÇOS As linhas de serviço de emergência incluem o **Rape Crisis Center** (✆ 702/366-1640), **Suicide Prevention** (✆ 702/731-2990) e o **Poison Emergencies** (✆ 800/446-6179).

PASSAPORTES Se você ainda não tem um passaporte, acesse o site da Polícia Federal, www.dpf.gov.br ou ligue ✆ **0800-9782336**, para obter informações sobre como tirar o passaporte brasileiro. Dúvidas sobre o preenchimento de solicitação ou sobre o serviço de expedição de passaporte (e-mail: **css.serpro@serpro.gov.br**); ou se tiver dúvidas sobre outros assuntos (e-mail: **dcs@dpf.gov.br**).

POLÍCIA Para casos que não sejam emergência, ligue ✆ **702/795-3111**. Para emergências, ligue ✆ **911**.

SEGURANÇA Em Las Vegas, grandes quantidades de dinheiro estão sempre sendo expostas e os criminosos encontram muitas presas fáceis. Não seja uma delas. Nas mesas de jogo e máquinas caça-níquel, os homens devem manter as carteiras bem guardadas e fora de alcance de batedores de carteira e as mulheres devem manter as bolsas de mão à vista (em seus colos). Se você ganhar uma grande aposta, peça que o representante da mesa ou o atendente da máquina faça um cheque a você em vez de dar o valor em dinheiro, que pode parecer uma boa alternativa, mas ao ser exibido pode atrair o tipo errado de atenção. Do lado de fora dos cassinos, alguns pontos populares para batedores de carteira e ladrões são os restaurantes e apresentações ao ar livre, como o vulcão no *The Mirage* ou a batalha de piratas no Treasure Island. Fique alerta. A menos que seu quarto de hotel tenha um cofre, deixe seus pertences em uma caixa de depósito segura no balcão de recepção.

SEGURO DE VIAGEM O custo do seguro de viagem varia muito, dependendo do destino, do custo e da extensão de sua viagem, sua idade e sua saúde, e do tipo de viagem que está fazendo, mas espere pagar entre 5% e

APÊNDICE: FATOS RÁPIDOS

8% da própria viagem. Você pode conseguir diversos orçamentos, de mais de uma dúzia de companhias, por meio da **InsureMyTrip.com**.

Brasileiros devem Consultar seu agente de viagens ou procurar no próprio aeroporto um stand de atendimento para maiores informações. Pela Internet você pode acessar os seguintes sites brasileiros: **www.mondialtravel.com.br**, **www.assist-card.com**, **www.worldplus.com.br** e **www.seguro.tur.br**.

TELEFONES & LIGAÇÕES Para ligar para o Brasil dos Estados Unidos, utilize o plano BrasilDireto. Com ele, você liga a cobrar e o pagamento é feito no Brasil, em Reais. E você ainda pode escolher em qual idioma deseja ser atendido. Sua ligação pode ser feita automaticamente, com cartão telefônico ou com o auxílio de um operador da Embratel. Digete o número ✆ **18003441055** (operadora AT&T). Para maiores informações e outros números, acesse o site **www.embratel.com.br**.

Celulares As três letras que definem muito da capacidade sem fio no mundo são GSM (Sistema Global para Comunicações Móveis), uma grande, e sem furos, rede que facilita a passagem de fronteiras para o uso de celulares na Europa. Se o seu telefone usa o sistema GSM e você tem um telefone que tem capacidade mundial multibanda, entre em contato com a operadora e peça para ativar o "roaming internacional" na sua conta. As taxas por minuto são caras – normalmente $ 1 até $ 1,50 na Europa ocidental.

Caso o seu aparelho utilize o sistema GSM das operadoras Tim ou Vivo e o mesmo puder ser habilitado mundialmente, como muitos aparelhos Sony Ericsson, Motorola ou Samsung, você poderá fazer e receber chamadas praticamente no mundo todo. Basta ligar para a operadora e pedir para ativar o roaming internacional na sua conta.

VETERINÁRIOS Se o Fido ou o Fluffy ficarem doentes ao viajarem, vá até o **West Flamingo Animal Hospital**, 5445 Flamingo Rd., próximo ao Decatur Boulevard (✆ **702/876-2111**; www.westflamingo.vetsuite. com). O local fica aberto 24 horas; aceita Discover, MasterCard e Visa e oferece também um caixa eletrônico.

VISTOS Para obter maiores informações sobre vistos para os Estados Unidos, veja o tópico "Embaixadas & Consulados" neste apêndice, e informe-se com o Consulado Geral dos Estados Unidos no Brasil ou Rio de Janeiro.

Para obter vistos para os Estados Unidos, acesse **http://www.visto-eua.com.br** ou mande um e-mail para **visainfo@amcham.com.br**. Ou acesse **http://travel.state.gov/** e clique em "Visas".

Índice Remissivo

Veja também os índices para Acomodações e Restaurantes, abaixo.

Índice Geral

AARP 31
Acampamento 210
Acomodações, Restaurantes & Vida Noturna ao East da Strip 101
agente de viagem 217
Airways Vacations 29
Alamo 20
Alan Bible Visitor Center 208, 210
Alugando um Carro 20
A luz do dia é sua amiga 134
ambulância 219
American Airlines Vacations 29
American Golf 150
Angel Park Golf Club 150
Antiques at the Market 165
Antique Square 166
áreas para piquenique 214
Around the Clock Child Care 217
Arts Factory Complex 164
Associação Brasileira dos Agentes de Viagens 217
Atlatl Rock 214
Atrações e espetáculos gratuitos 3
atrações gratuitas dos hotéis 122

Aureole 70
Avis 20

Bali Hai Golf Club 150
Bally's 154, 160
Barco & Pesca 209
Bartolotta 123
batalha das sereias e piratas no Treasure Island 123
Bathhouse 64
Bellagio 160
Bellagio Conservatory 130
Bellagio Fountains 130
Bellagio Gallery of Fine Art 126
Bell Trans 18
Ben & Jerry 83
Black Mountain Golf & Country Club 151
Blue Man Group 124
Bodies 127
Body English 192
Boliche 153
Bonanza Gift and Souvenir Shop 164
Bonnie Springs Ranch 154
Bouchon 70, 123

ÍNDICE REMISSIVO

Boulder City 206, 211
Budget 20
Buffalo Exchange 163
Bureau of Reclamation 210

C

Caesars 142
Caesars Palace 160
caixas eletrônicos 27
Calendário De Eventos De Las Vegas 14
Callville Bay Resort & Marina 209
Caminhada 210
Caminhando na Strip 2
Campeonato de Futebol 16
Canoagem 210
Canyon Ranch Spa 64
Caramel 186
Carnaval Court 162
Carnaval Court Lounge no Harrah's 185
Cashman Field Center 218
Celulares 222
Centel Yellow Pages 218
centro de visitantes 154
Champagnes Cafe 186
Chapel of the Bells 140
Char Cruze 149
Cheetah's 199
Chegando Ao Aeroporto De Las Vegas 18
Cherry 193
Cidade da Exploração 183
CineVegas Film Festival 14
Circus Circus 145, 161
Cirque du Soleil 4, 123
Cirrus 27
Citizens Area Transit (CAT) 19
Clark Country Marriage License Bureau 138
Clark County Marriage License Bureau 217
Cleopatra's Barge Nightclub 193

Clima Selvagem 216
Club Paradise 199
Comedy Club 182
Comedy Stop 182
Comendo compulsivamente nos buffets 3
Comendo fora 3
Commander's Palace 70
companhias aéreas 17
Conferindo o lado de dentro dos hotéis 3
Conselhos Para Caminhadas no Deserto 155
Conservatory at Bellagio 142
Continental Airlines Vacations 29
Copa NASCAR/Winston 14
corpo de bombeiros 219
correio 218
Cowboy Trail Rides 154
Coyote Ugly 187
Craig Ranch Golf Club 151
Crazy Girls 173
crianças 31
Criss Angel; Believe with Cirque de
  Soleil 172
Cruzeiros no Lago 210
Cupid's Wedding Chapel 141

D

Danny Gans: The Man of Many Voices 173
Déjà Vu Showgirls 199
Delta Vacations 28, 29
dentistas e médicos 218
Desert Cab Company 23
Desert Passage 162
Desert Princess 210
Desert Rose Golf Course 152
Desert Springs Hospital 218
dirigir pelo circuito cênico de
  21 quilômetros 215
Dollar 20

ÍNDICE GERAL 225

Dolphin Habitat 136, 142
Dolphin Spa 64
Double Down Saloon 187
Drai's After Hours 193
Drop Bar 188
duas áreas principais em Las Vegas 24

E

East Charleston Boulevard 165
Echo Bay 209
Eiffel Tower Bar 188
Eiffel Tower Tour 127
Ellis Island Casino 191
Embaixadas & Consulados 218
Emergências 219
Encontre uma mesa amigável 134
Enterprise 20
É Preciso um Tema 80
erupção do vulcão 123
Escalada Em Rochas 154
Esplanade At Wynn Las Vegas 161
ESPN Zone 81
Estátua da Liberdade 142
Excalibur 145, 162
excursões à represa 207
Excursões de Las Vegas 205

F

Família 31
Fantasma da Ópera (Phantom of the Opera) 178
Ficando Vegas 148
Fleur de Lys 70
Fliperamas nos Hotéis 147
fontes de água do Bellagio 123
Forty Deuce 188
Forum Shops Fountain Shows 130
Fotógrafos 142

Free Vegas 130
Fremont Street Experience 127
Frys.com Open 15

G

GameWorks 128
Gateway District 26
Ghostbar 188
Gipsy 184
Glitter Gulch 200
Gold Coast Hotel 153
Goodtimes Night Club 184
Gordon Biersch Brewing Company 189
Graceland Wedding Chapel 141
Grand Canyon 149
Grandes Ofertas para as Refeições 96
Gray Line 215
Gray Line Tours 148, 202
Greyhound 31
Griffin 189

H

Hard Rock Hotel & Casino 148
Hard Rock Hotel's The Joint 181
Harmon Medical Center 220
Harrah's 162
Help of Southern Nevada 18
Hertz 20
Hogs & Heifers Saloon 189
Hoover Dam 124, 149, 204
Hoover Dam e ao Red Rock Canyon 149
Hospitais 220
House of Blues 80, 181, 185

I

Idosos 31
Impostos 220
Informações dos Conhecedores 132
Inside Scoop 213

ÍNDICE REMISSIVO

Jersey Boys Vegas 173
Jet 193
Joël Robuchon 123
Jogue por meio de um representante 134
Jornais & Periódicos 220
Jubilee 174

KÀ 174
Krave 184
Krispy Kreme 83

Lake Mead 149, 206
Lake Mead Cruises 210
Lake Mead Lodge 210, 213
Lake Mead National Recreation Area 208
Lake Mead Resort and Marina 209
Lance Burton 124
Lance Burton: Master Magician 175
LA Pizza Kitchen 83
Las Vegas Boat Harbor 209
Las Vegas Bowl Week 17
Las Vegas Chamber of Commerce 9
Las Vegas Convention and Visitors Authority 9
Las Vegas Convention Center 218
Las Vegas Cyber Speedway/SPEED: The Ride 129
Las Vegas é para os Amantes (do Vinho) 102
Las Vegas Mini Gran Prix 129
Las Vegas Monorail 23
Las Vegas Motor Speedway 14
Las Vegas National Golf Club 152
Las Vegas Natural History Museum 146
Las Vegas Outlet Center 158
Las Vegas Premium Outlets 159
Las Vegas Trolley 23

Las Vegas Weddings and Rooms 140
Las Vegas Weekly 169
L'Atelier de Joël Robuchon 123
L'Atlier 70
Le Cirque 70
Leis De Fumo 220
Leis Sobre Bebidas & Jogos 221
Le Rêve 175
Liberace Museum 4, 123, 132
Liberace Museum gift store 164
Liberty Travel 29
Lied Discovery Children's Museum 147
Linhas De Serviços 221
Little Chapel of the Flowers 142
Little Darlings 200
Little White Wedding Chapel 143
Lost City Museum 124, 214
Love 176
Lucky Strike at the Rio 153

Madame Tussauds Las Vegas 133
Mandara Spa 64
Marjorie Barrick Museum 133
Masquerade Show in the Sky 130
Masquerade Village 162
MasterCard 27
McCarran International Airport 17
melhor bife 8
melhor bistrô 8
melhor decoração 8
melhores camas 6
melhores quartos 6
Melhor lugar para impressionar alguém 8
melhor piscina 6
Melhor restaurante italiano autêntico 8
melhor seleção de vinhos 8
melhor spa 6

ÍNDICE GERAL 227

MGM Grand Lion Habitat 135, 142
MGM Grand's Crazy Horse Paris 176
Michael Mina 70
Michelin 70
Mid-Strip 24
Mirage Volcano 130
M&M World 165
Montar a Cavalo 154
Monte Carlo 162
Monte Carlo Pub & Brewery 194
Mordidas Rápidas 83
Mount Charleston Resort 15
Mystère 176

National 20
National Conservation Area 214
National Finals Rodeo 16
National Park Service 208, 210
Nevada Commission on Tourism 10, 30
New York-New York 83
NFR Cowboy Christmas Gift Show 16
North Strip 24

O 177
O Habitat dos Golfinhos no Mirage 3
Oktoberfest 15
Olympic Gardens Topless Cabaret 200
O melhor para comidas e um jantar sexy 8
O Melhor para Famílias 5
O Melhor para Quem Viaja a Negócios 4
Onde Jantar na Strip 71
O Que Você Pode Levar Para Casa De Las Vegas 12
O Que Você Pode Levar Para Las Vegas 11
Os melhores banheiros 7
Os melhores buffets 7
Os melhores para famílias 7
Os melhores para um jantar romântico 8
Os Melhores Resorts de Luxo 5
Os melhores restaurantes de hotel 7
Overton 213

Pacotes de viagem 27
Palomino Club 201
Para ligar para o Brasil 222
Para que sua Viagem Corra Bem 43
Passaportes 221
passeando pelos cassinos 123
Pelo Grand Canyon 202
Penn & Teller 177
Peppermill's Fireside Lounge 148, 190
petróglifos 214
Petrossian Bar 186
Planet Hollywood 162
Playboy Club 194
Polícia 221
Política da casa de show 182
política de seguro de automóvel privada 21
portadoras de deficiência 30
principais cartões de crédito 22
Privé and the Living Room 194
Programa de Renúncia de Visto 11
Pure 195

Quando Bate a Tentação 134

Rain 195
Rape Crisis Center 221
Red Rock Canyon 4, 124
Red Rock Canyon Visitor Center 215
Red Rooster Antique Mall 166
Red Square 185
renúncia de dano por colisão 22
renúncia de perda/dano 22

Rio 162
Rio All-Suite Hotel and Casino 15
Rita Rudner 178
Rumjungle 196

Sam's Town 153
Sand Dollar Blues Nightclub & Lounge 190
Santa Fe Station 153
Sapphire Gentleman's Club 201
Scenic Airlines 202
Scenic Drive 214
Segurança 221
seguro de viagem 221
Serge's Showgirl Wigs 166
Seven Crown Resorts 208
Shark Reef at Mandalay Bay 135
Shopping Centers 157
Fashion Outlets Las Vegas 158
Fashion Show 157
Galleria at Sunset 157
Meadows Mall 158
The Boulevard 157
Siegfried & Roy's Secret Garden 142
Siegfried & Roy's Secret Garden &
  Dolphin Habitat 135
Silver Horse Antiques 165
Sirens of TI 131
Socorro para Viajantes Aflitos 18
Southern Nevada Center for
  Independent Living 30
Southern Nevada Dental Society 218
South Strip 24
Southwest Airlines Vacations 28, 29
Spas e Academias dos Hotéis de Las
  Vegas 67
Spearmint Rhino 201
Spring Mountain Ranch State Park 215
Springs Preserve 136

Star Trek: The Experience 145
Stratosphere Thrill Rides 137
Strip 24, 123
Studio 54 196
Suncoast 153
Sunrise Hospital & Medical Center 220
Sunset Station 153
Supremo dos Pilantras 185

Tabu 197
Tao 197
taxa de entrada 209
táxi 23
Telefones & Ligações 222
Temperaturas Médias de Las Vegas 13
Tempo 13
Tênis 154
terrenos para acampamento 214
The Adventuredome 146
The Adventuresome 145
The Arts Factory 124
The Atomic Testing Museum 126
The Attic 163
The Bank 192
The Buffalo 183
The Comedy Festival 15
The Deuce 23
The Dispensary Lounge 187
The Dolphin Habitat at The Mirage 123
The Flamingo Las Vegas 154
The Forum Shops no Caesars Palace 142
The Grand Canal Shoppes 162
The Improv 182
The Orleans 153
The Second City 178
The Venetian 64, 142
Thrifty 20
Titanic: The Exhibition 138

Tommy Rocker's Mojave Beach Topless Bar 198
Tournament of Kings 179
Transporte Público 23
Travelaxe 34
Treasure Island 145
trilhas de caminhada 214
Triple 7 Brew Pub 191
Tryst 197

Uma Maravilha da Web 34
United Vacations 29
University Medical Center 220

Vacation Together 29
Valley of Fire State Park 124, 203
Valley of the Fire State Park 4
Vendo o Rei 180
Véspera de Ano Novo 17
Véspera de Ano Novo em Las Vegas 16
Veterinários 222
Vida no Spa 64
Visa 27
Visão Geral de Las Vegas 25
Visa Waiver Program 11
Visitor Center 214
Vistos 222
Viva Las Vegas Lounge 186
Volte à escola 134
VooDoo Lounge 198

Walgreens 219
Websites Vencedores 10
Wee Kirk O' the Heather 143
Western Athletic Conference 16
West Flamingo Animal Hospital 222
Whisky Bar 191
White Cross Drugs 219

Whittlesea Blue Cab 23
World do Stratosphere 88
World Series of Poker 14
Wynn Conservatory 131
Wynn Lake of Dreams 131

Yellow/Checker Cab 23

Zumanity 179
Zuri 186

Acomodações

Bally's Las Vegas 65
Bellagio 49
Caesars Palace 50
Circus Circus 66
Courtyard by Marriott 60
Desert Rose Resort 60
Excalibur 44
Four Seasons Las Vegas 36
Green Valley Ranch Resort 40
Hard Rock Hotel & Casino 57
Harrah's Las Vegas 65
Hyatt Place 60
La Quinta 61
Las Vegas Hilton 58
Las Vegas Marriott Suites 61
Luxor 44
Mandalay Bay 38
MGM Grand Hotel & Casino 45
Monte Carlo Resort & Casino 46
New York-New York Hotel & Casino 47
Palazzo 51
Palms Casino Resort 52
Paris Las Vegas 53
Planet Hollywood Resort & Casino 48
Red Rock Resort 42
Residence Inn 62
Rio All-Suite Hotel & Casino 66

Ritz-Carlton, Lake Las Vegas 41
South Point 48
Stratosphere Casino Hotel & Tower 63
The Flamingo Las Vegas 63
THEhotel no Mandalay Bay 39
The Mirage 51
The Venetian 55
The Westin Casuarina Las Vegas Hotel and Spa 58
TI-Treasure Island Las Vegas 54
Wynn Las Vegas 56

Restaurantes

Alex 96
Alizè 83
Aureole 72
Austins Steakhouse 108
Bally's Sterling Sunday Brunch 117
Bartolotta Ristorante di Mare 97
B&B Ristorante 84
Bellagio's Buffet 117
Border Grill 76
Bouchon 90
Bougainvillea 105
Burger Bar 77
Cafe Heidelberg German Deli and Restaurant 98
Canaletto 91
Canter's 95
Capriotti's 99
Carluccio's Tivoli Gardens 104
Cathay House 111
Charlie Palmer Steak 72
Circo 91
Delmonico Steakhouse 84
Dick's Last Resort 78
Doña María Tamales 99
Dragon Noodle Co 78
Earl of Sandwich 81
Einstein Bros. Bagels 106
El Sombrero Cafe 114
Emeril's New Orleans Fish House 73
Fellini's 98
Fin 85
Fix 85
Fleur de Lys 73
Golden Nugget's Buffet 121
Grand Wok and Sushi 79
Hash House A Go Go 112
Hugo's Cellar 113
Ice House Lounge 113
Isla 93
Jason's Deli 106
Jody Maroni's Sausage Kingdom 82
Joël Robuchon at the Mansion 74
L'Atelier de Joël Robuchon 75
Lawry's The Prime Rib 100
Le Cirque 86
Lotus of Siam 107
Main Street Station's Garden Court 121
Mandalay Bay's Bay Side Buffet 115
Memphis Championship Barbecue 105
Mesa Grill 86
MGM Grand Buffet 116
Mirage's Cravings 119
M&M Soul Food 114
Mon Ami Gabi 93
Monte Carlo Pub & Brewery 82
Monte Carlo's Buffet 116
MORE, The Buffet at Luxor 116
Olives 94
Palms Fantasy Market Buffet 120
Pamplemousse 104
Paris Las Vegas's Le Village Buffet 118

ÍNDICE DE RESTAURANTES

Payard Patisserie & Bistro 94
Paymon's Mediterranean Café
   & Lounge 107
Picasso 88
Pink Taco 105
Pinot Brasserie 92
Red Square 76
Rio's Carnival World Buffet 120
Rosemary's Restaurant 110
Salt Lick 111
Sensi 95

Spago 89
Table 10 77
The Palm 87
The Range Steakhouse 89
Tiffany's at the White Cross
   Pharmacy 100
Toto's 108
Viva Mercado's 112
Wolfgang Puck Bar & Grill 79
Wynn Las Vegas Buffet 118

Este livro foi impresso nas oficinas gráficas da Editora Vozes Ltda.,
Rua Frei Luís, 100 – Petrópolis, RJ.